邓正来选译哈耶克论文集◎第一辑

民主向何处去？

——哈耶克政治学、法学论文集

[英]冯·哈耶克◎著
邓正来◎译

首都经济贸易大学出版社
Capital University of Economics and Business Press
·北京·

图书在版编目(CIP)数据

民主向何处去?:哈耶克政治学、法学论文集/(英)哈耶克著;邓正来译.
--北京:首都经济贸易大学出版社,2014.1

ISBN 978-7-5638-2173-0

Ⅰ.①民… Ⅱ.①哈… ②邓… Ⅲ.①哈耶克,F.A.(1899~1992)—政治学—文集 ②哈耶克,F.A.(1899~1992)—法学—文集 Ⅳ.①B561.59-53

中国版本图书馆CIP数据核字(2013)第275957号

The Essays of Hayek

根据The University of Chicago Press 1967/1978年版翻译

民主向何处去?——哈耶克政治学、法学论文集

[英]冯·哈耶克 著 邓正来 译

出版发行 首都经济贸易大学出版社
地　　址 北京市朝阳区红庙(邮编100026)
电　　话 (010)65976483 65065761 65071505(传真)
网　　址 http://www.sjmcb.com
E-mail publish@cueb.edu.cn
经　　销 全国新华书店
照　　排 北京砚祥志远激光照排技术有限公司
印　　刷 唐山玺诚印务有限公司
开　　本 710毫米×1000毫米 1/16
字　　数 316千字
印　　张 18
版　　次 2014年1月第1版 2022年10月第7次印刷
书　　号 ISBN 978-7-5638-2173-0
定　　价 45.00元

著作权合同登记号 图字:01-1999-2846号

出版说明

1997年,我们启动了"诺贝尔经济学奖获奖者学术精品自选集"的出版工作,计划陆续出版诺贝尔经济学奖获奖者的代表性著作,作品的遴选原则以获奖者自己选择为主,对于已经逝世的获奖者,则邀请其家人、同事、学生或国内专家学者代为确定。

1999年,我们邀请邓正来先生为我们选编、翻译哈耶克的论著,邓先生欣然应允,精选了25篇哈耶克的论文,编译为《哈耶克论文集》一书。这25篇论文涉及政治学与法学、哲学与社会科学、经济学与历史学等方面,涵盖了哈耶克的主要研究领域,全面展示了其学术成就。本书开篇,邓先生还撰写了长篇评注,系统阐释了哈耶克的主要思想。可以说,这是一部译、著并重的学术精品。书籍出版后,在学术界产生了广泛深刻的影响,此书也成为我们这一系列图书中最具影响力,学术水准和学界关注度最高的作品之一。

书籍出版10余年来,我们一直引为骄傲,也对邓先生当年的慷慨支持深为感念。然而世事难料,2013年1月24日,邓正来先生因病在上海去世,惊闻噩耗,我们甚为悲痛,也很想以合适的方式向邓先生表达哀思和纪念。经过讨论,我们决定将《哈耶克论文集》一书重新编排后出版,使这部宝贵的学术精品以更为新颖精美的方式呈现于世,既表达我们对邓正来先生的纪念,也借此进一步推动哈耶克、邓正来两位先生思想的传播。

此次出版,我们对原书重新进行了校勘,并将原书内容分为三辑,以丛书“邓正来选译哈耶克论文集”的形式推出。三辑分别是:《民主向何处去?——哈耶克政治学、法学论文集》《知识的僭妄——哈耶克哲学、社会科学论文集》《作为一种发现过程的竞争——哈耶克经济学、历史学论文集》。三辑内容对应于原书的三篇,经重新排版后,版面更为疏朗,装帧更为精美,更便于读者阅读和收藏。对于原书中的文字,除少数错讹之处和个别说明文字加以改动外,一如原貌。

在本丛书的出版过程中,我们得到了邓先生的女儿邓琳的大力支持,邓女士还为我们提供了邓正来先生的照片,对于她的理解和帮助我们深表谢意。

哲人其萎,风范长存。谨以此书纪念邓正来先生!

目 录

关于哈耶克理论脉络的若干评注

邓正来

一、引言：一个值得重视的事例

1997年，我经由很大的努力翻译出版了20世纪西方最重要的自由主义理论家弗里德利希·冯·哈耶克于1960年——亦即穆勒发表《论自由》一书整整一百年以后——出版的《自由秩序原理》[1]（*The Constitution of Liberty*）一书。1999年，我读到了一篇由香港中文大学石元康教授撰写的题为《海耶克论自由与法治》的文章[2]。石元康的论文所论涉的题域和所确定的论题，无疑是极为重要的，然而他在该文的论述过程中对下述两个问题的处理却令我在阅读的时候感到极其困惑和不解[3]。

第一，该文的标题虽说是"海耶克论自由与法治"，但是全文却只以哈耶克《自由秩序原理》一书中的观点为讨论对象，仿佛哈耶克在此后于1967年出版的《哲学、政治学与经济学的研究》（*Studies in Philosophy, Politics and Economics*）、1978年出版的《哲学、政治学、经济学与观念史的新研究》（*New Studies in Philosophy, Politics, Economics and the History of Ideas*）这两本论文集以及他于1973年、1976年和1979年发表的三卷《法律、立法与自由》（*Law, Legislation and Liberty*）[4]都与"自由与法治"这个题域或论题不涉似的。然而事实绝非如此,因为这个论题或题域恰恰是哈耶克在这些论文和著作中所讨论的核心问题之一。更为重要的是,**哈耶克在1960年以后对他于1955年在开罗所做的“法治的理想”演讲中把英国的法治观念简单地比附成欧洲大陆的法治国(Rechtsstaat)传统的做法[5]进行了修正**,正如 Jeremy Shearmur 在 *Hayek and After* 一书中对哈耶克法律观点的转换所做的极为精彩的概括:哈耶克在1967年发表的《政治思想中的语言混淆》一文和《法律、立法与自由》一书中对法律发展所给出的解释,与其早期的解释全然不同。尽管哈耶克晚期的解释与此前的解释在性质上相同,但是他讨论这个问题的方式则表明他已不再根据欧陆法典化法律的方式去看待法律,而是根据普通法的方式去看待法律[6]。

第二,石元康在该文中多处征引著名政治哲学家 John Gray 的观点以证明他对哈耶克的批评是正确的。从学术研究的角度来讲,这种做法不仅是正常的,而且也是极为必要的;更为重要的是,在我看来,哈耶克的观点,一如任何其他论者的学术观点,也是可以批判的。但是值得我们注意的是,石元康在该文中只是征引了 J. Gray 写于1981年的一篇论文。实际上 J. Gray 于1980年至1983年期间共写了五篇专门讨论哈耶克思想的论文[7];而更为紧要的是,他甚至还在1984年出版了一部研究哈耶克思想的专著:《哈耶克论自由》(*Hayek on Liberty*)[8]。在这部著作中,J. Gray 对哈耶克的自由主义思想做出了如下的一般性评价,即“本项研究的一个主要论点认为,哈耶克的论著阐发了一个思想体系,其抱负之宏大完全可与穆勒和马克思的思想体系相媲美,但是却远不如它们易于受到批判,因为哈耶克的体系乃是以一种在哲学上站得住脚的有关理性之范围和限度的观点为基础的。……仅依据上述理由,哈耶克的论著就有资格命令(command)哲学家、社会理论家和政治经济学家给予其以批判性的关注。更为根本的是,哈耶克的论著开启了社会哲学中的范式转换,并在社会理论中启动了一项新的研究纲领"[9]。当然,哈耶克所提出的法律只要遵循法治的一般性原则就必定能够保障个人自由的观点,招致了最严厉的批判,但是在我看来,这些批判却是对哈耶克法治与自由的深刻观点所做的一种极为错误的认识。关于这个问题的具体讨论,我个人认为,J. Gray 对上述批判观点所做的反批判对我们较妥切地理解哈耶克的观点极具启示意义。因为在 1984 年以前,他确实不仅赞同上述批判观点而且本人也对哈耶克的法治观进行了批判。但是在历经四年的思考以后他却坦承了自己在认识哈耶克法治理论方面的贫乏和错误,正如他明确坦言的那样,**这种批判"最强有力的提出者是 Hamowy 和 Raz,而且还得到了我的一些早期论文的赞同,而我现在认为,它只是对康德式普遍性标准在哈耶克哲学法理学中的作用和性质所提出的一种贫乏且错误的认识"**[10]。颇为遗憾的是,石元康的论文却没有注意到 J. Gray 对他自己先前观点所做的这一重大修正。

需要强调指出的是,我之所以在这里举出这个事例,并不是因为我赞同或不赞同石元康论文中的具体论辩——其实我是否赞同他的具体论辩这一点在这里并不重要,而是因为我经由分析以后认为,这个事例当中所存在的问题更加证实了我在此前所意识到的"有关思想过程分析"的重要性。我在《知与无知的知识观:哈耶克社会理论的再研究》一文的开篇中指出:"在这种'知识增量'的视角下,我们可以将'哈耶克的社会理论研究'置于相关理论脉络之中进行考量,并经由这些'设定'的理论脉络而揭示出他的社会理论所具有的知识贡献以及对我们认识社会的启示意义,亦即哈耶克立基于苏格兰启蒙思想传统和主张个人行为规则可以被视为承载着有关人类与社会的知识的工具的洞见而引发的当代社会哲学发展过程中的重大的'认识论转向'(cpistemological turn),以及经由确立与自生自发社会秩序理论紧密相关的文化进化理论这一范式转换而产生的'进化论转向'(evolutionary turn),当然这也是我撰写《哈耶克社会理论的研究》那篇论文所试图达到的目的。但是,我们必须承认,这样一种我所谓的'知识增量'的研究路径,尽管在互文性的思考方面极具意义,然而在相当大的程度上却是以'外部设定'的学术衡量标准或各种理论彼此之间的关系为其限度的,所以依据这种研究路径所获致的'哈耶克社会理论',乃是将哈耶克学术研究过程的'时间之箭'以及其间所隐含的理论问题之转换或拓深的过程'悬置'起来而达致的结果。换言之,这种'非时间'的阐释论式必定会在某种程度上将哈耶克跨度长达六十多年且经历了相当大的知识立场转换的繁复研究化约或简化为一个相当同质性的整体性的'哈耶克研究'。正是对这种'知识增量'研究路径的意义和限度的认识,为我撰写这篇以时间为维度的《哈耶克社会理论的再研究》论文做出了知识上的规定。"[11] 再者,由于上文所举的那个事例,从中国当下的学术研究情势来看,并不是一个特殊的事例,而是一种相当普遍的现象。据此我认为,这个典型事例还给当今的中国学术研究带来了一种有着相当普遍意义的启示,**因为在思想或观点存有"时间过程"的情况下,不论出于什么样的原因而将这种"时间过程"悬置起来或不加严格限定的做法,都会使研究者无法有效地洞见到被研究者在"时间过程"中所隐含的理论问题之转换或理论观点之修正和拓深的过程。**

二、选译"哈耶克论文集"* 的目的和形式框架

正是对上述问题的认识和力图反映哈耶克从1960年的《自由秩序原

* "哈耶克论文集"指本套丛书"邓正来选译哈耶克论文集",下文中不再另外注释。——编者注

理》到最后一部系统性巨著《法律、立法与自由》(全三卷)这一跨度长达25年的岁月[12]中所经历的相当繁复的知识立场转换过程和理论观点修正过程,致使我在翻译出版了哈耶克《自由秩序原理》和《法律、立法与自由》以后,决定继续选编和翻译一套能够反映哈耶克在此一期间思想发展过程的"哈耶克论文集"。正是从这个角度出发,我们也可以说,"力图反映哈耶克思想发展过程"就是我选编和翻译"哈耶克论文集"的目的之所在。

一如前述,从哈耶克建构其自由主义理论的内在逻辑上看,哈耶克所著的《自由秩序原理》与《法律、立法与自由》这两部著作之间存在着极为紧密的关系。二者之间的这种紧密关系,可以明确见之于哈耶克本人在1979年为《法律、立法与自由》第三卷"自由社会的政治秩序"所撰写的序言中对此所做的交代,"或许我还应当再次提请读者注意,本书的意图绝不在于对那些可以使自由人的社会得以维续的基本原则给出完全或全涉的阐释或揭示,而毋宁是对我在完成前一部论著以后发现的一些缺失做些许弥补;我的前一部著作就是 *The Constitution of Liberty*(即《自由秩序原理》)——在那部著作中,我曾力图以一种适合于当代问题和当代思想的形式向当代的读者重述传统上的各种古典自由主义原则或原理。职是之故,本书与《自由秩序原理》相比,阐释较欠系统,撰写更为困难,观点也更具个人性和(一如我希望的那般)更具原创性。但是,显见不争的是,本书只是对《自由秩序原理》一书的补充而非取代。因此,我建议非专业读者先读《自由秩序原理》那本书,然后再阅读我就这三卷本试图予以解答的那些问题所做的更为详尽的讨论或更为具体的论辩。需要指出的是,这部三卷本的论著所意图解释的乃是这样一个问题,即为什么我依旧认为那些长期以来一直被视作是过时了的信念要远胜于任何试图替代这些信念的并在晚近较受大众青睐的论说或原则。”[13]

然而值得我们注意的是,上述两部著作实际上只构成了(或者简化为)哈耶克于此一期间思想脉络的两极,而不是这一思想脉络的“关系链”。真正构成这一思想脉络“关系链”的,在我看来,实是哈耶克自20世纪50年代下半叶起在对自生自发社会秩序之可欲性所做的整体性研究的基础上为出版《法律、立法与自由》这部著作而撰写的涉及不同题域和不同学科的一系列极为重要的预备性研究论文,而其中的绝大部分论文都收录在了他自己选编并于1967年出版的《哲学、政治学和经济学的研究》(*Studies in Philosophy, Politics and Economics*)和1978年出版的《哲学、政治学、经济学和观念史的新研究》(*New Studies in Philosophy, Politics, Economics and the History of Ideas*)这两本论文集当中。我的这个判断,在很大程度上是以哈耶克本人所给出的下述两个解释为依凭的:第一,他在《法律、立法与自由》第一卷的序言中指出:“如果有读者急于知道本卷论辩在后两卷中的展开过程,那么阅读本卷的同时也可以参阅我在构思本书的漫长岁月中所发表的一系列预备性研究论文,并从中获致某种提示。这些预备性研究论文,部分收录在我于1967年出版的《哲学、政治学和经济学的研究》论文集之中”[14];第二,他在《哲学、政治学、经济学和观念史的新研究》这本论文集的序言中指出:“我在过去十年中所发表的绝大部分文字,都是我为《法律、立法与自由》那部著作所做的预备性研究。”[15]

再者,我之所以持有上述判断,在某种程度上也是以我本人对哈耶克这两部论文集的研究为依凭的:第一,哈耶克在这两部预备性研究论文集中,**对此前简单论涉到的某些具有极为重要意义的观点做了更为详尽且系统的阐释**,比如说对社会秩序分类学,行动结构与规则系统之框架,有限民主与无限民主之论题,社会正义的批判等一系列问题做出了详尽且系统的阐释;第二,哈耶克在这两部论文集中还**对某些已然阐明的观点做出了相当重要的修正**,比如说对"欧洲大陆法治观"的否弃并提出了"普通法的法治观",对"人之行动而非人之设计"第三范畴的系统阐释等;第三,哈耶克在这些论文中更是**提出了一些新的观点**,比如说对最高权力进行分权的制度安排做出了阐释,确立了规则研究范式,详尽阐发了规则检测"一致性"和"相容性"的否定性正义标准等。因此,从我所确定的上述目的来看,哈耶克所出版的这两部论文集便构成了我选编和翻译"哈耶克论文集"的基本范围。

从哈耶克《哲学、政治学和经济学的研究》和《哲学、政治学、经济学和观念史的新研究》当中,我选译了23篇主要与我所确定的选编目的相关的论文,并且根据我对哈耶克自由主义理论的研究,还收入了另外两篇极为重要的论文:一是《自由秩序原理》的"跋文",二是《法律、立法与自由》的"跋文"。此外,基本上根据哈耶克所提供的篇目范畴,我还为由这25篇论文构成的"哈耶克论文集"确定了这样一个形式框架:第一辑是政治学和法学,第二辑是哲学和社会科学,第三辑是经济学和历史学,后有附录。在附录中,除了收入上述两篇重要的"跋文"以外,我还专门选编了一份供论者研究参考的"哈耶克主要作品及研究参考文献"[16]。

在我对选译这些论文的理据——亦即它们与我在上文所说的"关系链"的关系——进行简要的讨论以前,我想在这里先对下述两个与选目有关的问题做一点说明。首先,一如前述,我在"哈耶克论文集"中编入了另外两篇论文:一篇是《自由秩序原理》一书的跋文《我为什么不是一个保守主义者》;还有一篇则是《法律、立法与自由》三卷本的跋文《人类价值的三个渊源》。一如我们所知,哈耶克对建构论唯理主义进行了一以贯之的批判,同时还坚定地信奉文化进化或进化论自由主义的认识进路,然而正是出于这个缘故,一些论者往往将哈耶克的思想混同于保守主义的思想,正如哈耶克本人在本丛书所收入的《建构主义的谬误》一文中明确指出的那样,“我不得不即刻提请你们注意,你们当中的保守主义者,尽管在此刻之前一直感到欣喜不已,但是现在却很可能要感到失望了,因为从我在上文中提出的种种观点中得出的恰当结论根本就不可能是这样一种结论,即**我们会极有信心地接受所有传统的和旧有的价值**;当然,它更不可能是这样一种结论,即**人类社会生活中会存在一些科学不予质疑的价值或道德原则**。那些试图理解社会发挥作用的方式并力图发现社会中可以改进之处的社会科学家必定会主张这样一项权利,即以批判的方式对我们社会中的每一项价值进行检考甚或裁定。从我所论的观点中,实际上只能得出这样一个结论,即**我们决不能在同一个时刻质疑社会中所有的价值**”[17]。立基于此,我认为选编哈耶克《我为什么不是一个保守主义者》的论文,不仅是可欲的,而且也是必要的,因为正是在这篇论文中,哈耶克比较明确地阐明了他所主张的自由主义与保守主义的区别。而我之所以将他的《人类价值的三个渊源》一文选编进来,则是因为这篇论文可以说是哈耶克本人对指导他研究的理论思想所做的最为系统且最为集中的交代,读者可以经由这篇经典文献而把握到制度进化观在哈耶克理论中的重大意义。一如哈耶克本人在 1979 年《法律、立法与自由》第三卷“序言”中所指出的:“虽然我相信自己现在多少算是实现了夙愿,可是在流逝的那段漫长的岁月里,我的思想又有了进一步的发展,因此,在没有能够对我的思想的发展脉络做出基本交代的情况下,我仍有些不愿意把它(即《法律、立法与自由》第三卷)拿出来发表,因为这部著作毕竟是我的最后一部系统性的著作了。出于这个考虑,我不仅在原本拟定的最后一章文字中增加了许多对我在此前提出的论辩所作的——亦即我所希望的——精练的重述,而且还认为有必要加写一个跋文,**以期用一种较为直接的方式阐明那个在我的整个事业中始终指导着我的道德进化观和政治进化观。"**[18]

其次,我在"哈耶克论文集"中只选译了哈耶克的两篇经济学论文:一是1962年发表的《经济学、科学与政治学》;二是1968年发表的《作为一种发现过程的竞争》。我之所以只选译两篇经济学论文,其原因主要有二:第一,哈耶克在研究的过程中一以贯之地主张一种跨学科的研究,一如他本人在《自由秩序原理》一书中所言:"我们必须把关于自由的哲学、法理学和经济学综合交融为一体,或者说为了增进我们对自由的洞见,我们必须把哲学、法理学和经济学综合起来对自由进行探究。"[19]因此,为了"更充分地洞见个人在其行动中遵循的抽象规则与那种抽象的整体性秩序之间的种种关系"[20],哈耶克并不只限于关注经济学,而主要是关注政治学、社会学、法理学、历史学和心理学方面的相关问题。第二,我选译"哈耶克论文集"的目的和篇幅在某种程度上也限制了我在这方面的选择。众所周知,哈耶克在《自由秩序原理》与《法律、立法与自由》这一时段期间主要关注的是自由主义理论、法律理论和整体社会哲学的建构,因此我也就把选译的范围大体限定在了哈耶克关于政治学、法学和哲学等研究题域的方面。

三、关于哈耶克理论发展的若干评注

在对哈耶克理论发展中的问题展开讨论之前,我认为极有必要对一个前提性问题做出限定。我曾经在其他研究哈耶克思想的论文中反复指出,**哈耶克在其理论建构过程中所达致的一系列重要命题,乃是在我称之为哈**

耶克的关于"知与无知的知识观"的转换的逻辑脉络中和有关进化论的理性主义与建构论的唯理主义框架中展开的,而且也是在其间得以实现的[21]。哈耶克在"分立的个人知识"经"知道如何"(know how)的默会知识再到"无知"概念的转换过程中,达致了从"知"意义上的主观知识观向"无知"意义上的"超验"知识观的转化——这可以典型地表述为从"观念依赖"到"观念决定"再转向"必然无知"或"理性不及"的发展过程,并且在批判建构论唯理主义的过程中逐渐形成了他所主张的**明确限定理性范围和理性存于文化进化过程之中的进化论理性主义**。因此,在理解和把握哈耶克思想发展过程的时候,我们无论如何都不能忽略哈耶克知识观的转换过程,然而考虑到我在《知与无知的知识观:哈耶克社会理论的再研究》的长文中已经对这个问题做出了比较充分的阐释,故此处也就不再赘述了[22]。

立基于上述考虑,本文将着重讨论哈耶克在建构其法律理论和政治理论的过程中所提出的下述几个在我看来比较重要的问题:第一,哈耶克"社会秩序分类学"的建构;第二,哈耶克"行动结构与规则系统"框架的确立;第三,"三分观"的确立与"文化进化"命题的阐发;第四,从"无限民主"的批判到"有限民主"的确立;第五,对社会正义的批判与否定性正义的确立;第六,从欧洲大陆法法治国向普通法法治国的转换;第七,哈耶克关于自由主义与非西方或发展中国家间关系的讨论。显而易见,对这些问题进行讨论乃是一项值得为之付出努力的工作,但是我却必须承认,我不可能在这样一篇导读性的论文中对上述每一个问题都做出详尽的分析和探究。在这里,我所能够做的主要是通过征引哈耶克不同时段的论述而将它的演化时间顺序基本交代清楚,将其间所隐含的某些重要问题开放出来并且揭示出它们可能具有的重要意义。我相信,这样一种论述方式可以为论者在认识和研究哈耶克思想的时候提供某种颇有意义的线索，同时也能够大体上反映出哈耶克基本观点的发展理路。

(一)哈耶克“社会秩序分类学”的建构

哈耶克在1960年出版的《自由秩序原理》一书中讨论自生自发秩序的时候论涉到了**命令的秩序与非命令的秩序之间的区别**[23]，但是我们必须指出，尽管哈耶克此时的讨论已经确立了“进化论的理性主义与建构论的唯理主义”框架，然而这还不足以为他的社会理论明确建构起一种“社会秩序的分类学”。根据我的研读，正是在本丛书所收入的哈耶克于1966年“朝圣山学社”发表的《自由社会秩序的若干原则》一文中，哈耶克第一次明确阐发了这个问题，他当时指出：“自生自发秩序乃是以那些允许个人自由地运用他们自己的知识去实现自己的目的的抽象规则为基础的，而组织或安排则是以命令为基础的。**对这两种秩序进行明确的界分，对于我们理解自由社会诸原则来说有着特别重要的意义**……特别需要指出的是，尽管一个自由社会的自生自发秩序中亦包含有许多组织(甚至包括最大的组织即政府)，但是这两种秩序原则却无论如何不能按照我们所希望的那种方式被混淆。”[24]

当然，在本丛书所收入的哈耶克于1967年撰写的《政治思想中的语言混淆》一文中，哈耶克可以说更为明确地建构起了他的“社会秩序分类学”。他在该文中指出，**所有社会型构的社会秩序不是生成的就是建构的：前者是指“自生自发的秩序”(spontaneous order)，而后者则是指“组织”(organization)或者“人造的秩序”(a made order)**。然而，为了更为确切地指称这两种社会秩序，哈耶克在该文中以及在此后的讨论中开始采用两个希腊术语以强调它们之间的区别：他用cosmos(即“内部秩序”)这个术语来指称自生自发的社会秩序,其特征是这种秩序不具有一种共同的目的序列,所具有的只是每个个人的目的;然而,那种由确定或实现具体目的为特征的组织形式,哈耶克则把它称之为 taxis(即"外部秩序")[25]。

从哈耶克自由主义理论的建构角度来看,哈耶克"社会秩序分类学"的确立有着极为重要的意义:第一,它经由揭示社会秩序的"自生自发"类型而使"秩序"这个术语摆脱了晚近政治学和法学赋予它的来自于外部的"控制"、"治理"或"规范"的唯一向度;第二,它为哈耶克日后建构"行动结构与规则系统"框架奠定了最为基本的分类基础,更是为他明确洞见到支配"内部秩序"的"内部规则"(即法律)与支配"外部秩序"的"外部规则"(即立法)之间的区别提供了逻辑上的可能性;第三,只有在此一分类学的基础上,哈耶克才能指出,在这两种社会秩序中,只有自生自发秩序才是自由主义社会理论的"核心概念"[26],或者说,"社会理论的整个任务,乃在于这样一种努力,即重构"存在于社会世界中的各种自生自发的秩序。这是因为在哈耶克的分析中,自生自发秩序与组织完全不同,它们的出现和进化以及它们演化扩展赖以为基础的规则机制所具有的非设计性质或非意图性质,必定会引发真正需要解释和理解的问题,因此只有自生自发秩序才需要有相应的社会理论的建构[27]。

(二)哈耶克"行动结构与规则系统"框架的确立

立基于上述社会秩序的分类学,哈耶克在 1973 年《法律、立法与自由》第一卷"规则与秩序"中最终指出,**道德、宗教、法律、语言、书写、货币、市场以及社会的整个秩序,都是自生自发社会秩序**[28]。哈耶克把所有这些社会秩序都归属于同一范畴的预设,显然是因为它们生成演化的过程极其相似。

更具体地说，亦就是它们都不是因计划或设计而生成的，而是"人之行动而非人之设计的结果"。然而，哈耶克又明确指出，**在这种自生自发的社会秩序中，仍然存在着两种无论如何都不能混淆的秩序类型：一是在进行调适和遵循规则的无数参与者之间形成的互动网络的秩序（或称为行动结构）；二是作为一种业已确立的规则或规范系统的秩序。**

值得我们注意的是，在 1960 年以前，哈耶克极少使用"规则"（rule）这个术语，而且也甚少论及这个问题。事实上，他在《感觉秩序》（*Sensory Order*）[29]一书中就是试图不用"规则"这个术语来讨论认知心理学的问题的，只是在 1960 年出版的《自由秩序原理》一书中，他才开始大量使用这个术语，但却很少对这个术语进行限定。此后，他开始对这个术语进行限定，称之为"行动规则"（rules of action），到了 1967 年，他又用"行为规则"（rules of conduct）替代了"行动规则"这个术语，并在其后的著述中一直使用这个术语。显而易见，这个问题绝非只是一个语义学的问题，因为从本丛书所收入的他于 1967 年发表的《关于行为规则系统之进化问题的若干评注》一文的副标题**"个人行为规则与社会的行动秩序之间的相互作用"**（The Interplay between Rules of Individual Conduct and the Social Order of Actions）来判断，我们便可以发现，他乃是经由对此一术语的征用而达致对"个人行动者遵循的行为规则"与由此而产生的"社会行动秩序或整体性秩序"的明确界分的[30]。此外，哈耶克更是在该文的第二节中从九个方面详尽阐释了界分群体的行动秩序与个人的行为规则的必要性，并且经由此一讨论而做出了如下的论辩："个人行为的规则系统与从个人依据它们行事而产生的行动的秩序，并不是同一事情，这个问题一经得到陈述，就应当是显而易见的，即使这两种秩序在事实上经常被混淆"[31]，因为**自生自发的社会秩序并不是自然**

生成的,而是"这些秩序的要素在回应它们的即时环境时遵循某些规则的结果",或者说"只有当个人所遵循的是那些会产生一种整体性秩序的规则的时候,个人对特定情势所做的应对才会产生一种整体性秩序。如果他们所遵循的规则都是这样一些会产生秩序的规则,那么即使他们各自的行为之间只具有极为有限的相似性,也足以产生一种整体性秩序"[32]。

哈耶克"行动结构与规则系统"框架的确立,对于我们洞见社会秩序与规则系统之间的繁复关系来说有着极为重要的意义。从哈耶克社会理论的建构来看,我们在这里至少可以指出这样几点:第一,他的这一努力里程碑似地标示着他在1960年以后对他此前设定的理论命题的转换,亦即从提出"整体性社会秩序乃是经由个人行动者之间的互动和协调而达致的"命题,向确立**"整体性社会秩序不仅是由个人行动者间的互动达致的,而且更是由行动者与表现为一般性抽象结构的社会行为规则之间的互动而形成的"**命题的转换,一如哈耶克在本丛书所收入的他于1965年发表的《理性主义的种类》一文中比较明确地提出了"个人在其行动中遵循的抽象规则与那种抽象的整体性秩序之间的种种关系"的问题,并且得出结论认为,"那种抽象的秩序乃是个人在那些抽象的规则加施于他的限度内对所遇到的具体而特殊的情形所做出的反应的结果"[33]。

第二,更为重要的是,尽管哈耶克在1960年《自由秩序原理》一书中已经发展出了一个与此相关的重要命题,即"人的社会生活,甚或社会动物的群体生活,之所以可能,乃是因为个体依照某些规则行事"[34],但是这个命题的真正完成则是本丛书所收入的哈耶克于1970年撰写的《建构主义的谬误》一文中提出的观点,即"人不仅是一种**追求目的**(purpose-seeking)的动物,而且还是一种**遵循规则**(rule-following)的动物"[35]。哈耶克的这个命题的关键之处，乃在于行动者在很大的程度上是通过遵循社会行为规则而把握他们在社会世界中的行事方式的，并且是通过这种方式而在与其他行动者的互动过程中维续和扩展社会秩序的。与此相关的是，我们也可以说这一发展是哈耶克研究知识发现和传播的机制方面的一个转折点，因为**这些社会行为规则不仅能够使行动者在拥有知识的时候交流或传播这些知识，而且还能够使他们在并不拥有必需的知识的时候应对无知**。显而易见，哈耶克在这个过程中获得了最为重要的一项成就，我将之概括成他为其社会理论所建构的认识和解释社会的**"规则研究范式"**，而这也从内在理路上为他建构他的法律理论开放出了最为重要的途径之一。"规则研究范式"的确立不仅意味着人之事件或行动受着作为深层结构的社会行为规则的支配，而且还意味着**对人之行为的解释或者对社会现象的认识乃是一种阐释某种独立于行动者的知识但却切实影响或支配行动者之行动的社会行为规则的问题**，而不是一种简单考察某些刻意的和具体的行动或事件的问题[36]。

(三)"三分观"的确立与"文化进化"命题的阐发

众所周知，哈耶克在1960年出版的《自由秩序原理》第四章第三节开篇中指出："从上述种种观念中，渐渐发展出一整套社会理论，这种社会理论表明，在各种人际关系中，一系列具有明确目的的制度的生成，是极其复杂但却条理井然的，然而这既不是设计的结果，也不是发明的结果，而是产生于诸多并未明确意识到其所做所为会有如此结果的人的各自行动。这种理论表明，某种比单个人所思的结果要宏大得多的成就，可以从众人的日常且平凡的努力中生发出来。这个论点，从某些方面来讲，构成了对各种各样的设计理论的挑战，而且这一挑战来得要比后来提出的生物进化论更具威力。

这种社会理论第一次明确指出，**一种显见明确的秩序并非人的智慧预先设计的产物，因而也没有必要将其归之于一种更高级的、超自然的智能的设计；这种理论进一步指出，这种秩序的出现，实际上还有第三种可能性，即它乃是适应性进化的结果。**”[37]然而需要强调指出的是：第一，哈耶克在1960年时对自由主义社会理论“三分观”的阐释乃是以其对笛卡尔式强调“理性万能”的唯理主义“一分观”的批判为基础的，但是**他在当时却未能对那种强调“事物之本性”的自然观进行批判**；第二，尽管哈耶克在1960年已经指出了认识社会秩序和社会制度的“第三观”，但是**他却未能对构成真正社会理论的这种“第三观”的理论渊源进行深刻的探究**。

实际上，哈耶克本人也意识到了这两个问题，因此：

第一，在本丛书所收入的他于1963年发表的《大卫·休谟的法律哲学和政治哲学》一文中对“真正的自由主义社会理论”的思想渊源进行了认真的研究。他之所以选择休谟作为研究的对象，在我看来，实是因为“休谟达致的成就，最重要的就是他提出的**有关人类制度生成发展的理论**，而正是这个理论后来构成了他赞同自由的理据，而且还成了亚当·福格森(Adam Ferguson)、亚当·斯密(Adam Smith)和斯图沃特(Dugald Stewart)这些伟大的苏格兰道德哲学家进行研究的基础。今天，这些伟大的苏格兰道德哲学家已经被公认为是现代进化人类学的主要创始者。此外，休谟的思想还为美国宪法的创制者提供了坚实的基础，当然也在某种程度上为埃德蒙·伯克(Edmund Burke)的政治哲学奠定了基础”[38]。此外还有一个原因，即“事实上，**只有为数不多的社会理论家明确意识到了人们所遵循的规则与那种因人们遵循规则而形成的秩序这二者之间的关系，而休谟便是这为数不多的社会理论家当中的一员**”[39]。哈耶克在该文中进一步指出：“休谟哲学的出发点是他所提出的反唯理主义的道德理论(anti-rational theory of morals)。该理论认为,就道德规则的产生而言,'理性本身是毫无作用的',因此,'道德的规则并不是我们的理性所能得出的结论'。休谟对此论证说,我们的道德信念既不是**先天意义上的**自然之物,也不是**人之理性的**一种刻意发明,而是一种特殊意义上的'人为制品'(artifact)。休谟在这个意义上所说的'人为制品',也就是我们所称之为的'**文化进化**的一种产物'(a product of cultural evolution)。在这种文化进化的过程中,那些被证明有助益于人们做出更有效努力的规则存续了下来,而那些被证明只有助于人们做出较为低效努力的规则则被其他的规则取代了或淘汰了。正如晚近的一位论者颇为犀利地指出的那样,道德准则和正义准则,便是休谟所谓的'人为制品',它们既不是神授的,也不是人之本性所不可分割的一个部分,更不是纯粹理性所能揭示的。它们乃是人类实践经验的结果,而且在漫长的时间检验过程中,唯一的考量就是每一项道德规则是否能够为增进人类福祉起到有益的功用。在伦理学领域中,休谟可以被认为是达尔文的先驱。实际上,休谟所宣布的乃是**一种有关人类习惯的适者生存的理论**(a doctrine of the survival of the fittest among human conventions)——当然,'适者'在这里并不是指那种野蛮的弱肉强食者,而是意指具有最大的社会效用者。"[40]

第二,哈耶克此后还对那种错误的"二分观"做出了具有修正性质的研究。一如前述,哈耶克在1960年时把"二分观"的谬误归于笛卡尔式的唯理主义,但是他却在本丛书所收入的他于1970年发表的《建构主义的谬误》一文中**把这种谬误直接追溯到了古希腊人的哲学观**:"近些年来,我对上述问题予以了某种程度的关注,但是在这样一个时间有限的讲座中,我显然无法追溯前人就这些问题所做的讨论的历史沿革。在这里,我只能指出,古希腊人早就熟知这些问题了。两千年来,古希腊人提出的‘自然’(natural)形成物与‘人为’(artificial)形成物的二分观,一直支配着这项讨论。颇为遗憾的是,古希腊人在自然之物与人为之物之间所做的那种界分已经变成了人们在推进这项讨论方面的最大障碍,因为我们知道,当这种界分被解释成一种唯一的非此即彼的选择的时候,这种界分不仅是含混不清的而且也肯定是错误的。正如18世纪的苏格兰社会哲学家最终明确认识到的那样(需要指出的是,晚期的经院论者在此之前就已经在某种程度上认识到了这个问题),绝大多数社会形成物,虽说是人之行动的结果,但却不是人之设计的产物。这种认识导致了这样一个结果,即根据传统术语的解释,这些社会形成物既可以被描述成‘自然的’,也可以被称之为‘人为的’。”[41]

当然,哈耶克乃是在本丛书所收入的他于1967年发表的《自生自发秩序与第三范畴:人之行动而非人之设计的结果》一文中最早详尽阐明这个问题的,他在该文中指出,欧洲思想界之所以坚信刻意的设计和计划(deliberate design and planning)优越于各种自生自发的社会力量(spontaneous forces of society),显然是由于笛卡尔主义者所阐发的唯理主义建构论(the rationalist constructivism)在欧洲思想界的盛行所致。但是需要指出的是,**欧洲思想界所持的这种认识进路还有一个更为古老的思想渊源,而这个渊源就是古希腊先哲所提出的那种错误的“二分观”**(dichotomy);当然,这种错误的“二分观”直至今天仍然困扰着人们的思想,并且构成了人们正确理解社会理论和社会政策这项独特任务的最大的障碍。“这种‘二分观’以一种极具误导性的方式把所有的现象都界分为下述两种现象,亦即‘自然的’现象(‘natural’phenomena)与‘人为的’现象(‘artificial’phenomena)。实际上,早在公元前5世纪,古希腊的智者们就已经同这种‘二分观’展开了思想上的斗争,并且明确指出这种按照一种非此即彼的方式把各种制度和惯例要么归因于自然(physei),要么归因于约定(thesei or nomo)的‘二分观’乃是一种谬误。尽管如此,亚里士多德还是接受了这种界分方式,而且也正是从那个时候起,这种‘二分观’的认识进路成了欧洲思想中的一个不可分割的组成部分。”[42]

正是经由上述的进一步研究,哈耶克得出了一个极为重要的结论,即**古希腊人以及此后两千多年中沿循其知识脉络的唯理主义者都没有能够也不可能发展出一种系统的社会理论,以明确处理或认真探究那些既可以归属于“自然”的范畴亦可以归属于“人为”的范畴进而应当被严格归属于另一个独特范畴下的第三类现象,亦即那些既非“自然的”亦非“人之设计的”而是“人之行动且非意图或设计的结果”**;换言之,古希腊先哲的二分法谬误观以及立基于其上的现代唯理主义根本就无力洞见社会理论以及以它为基础的法律理论所真正需要的乃是一种“三分观”,“它须在那些自然的现象(即它们完全独立于人之行动的现象)与那些人为的……现象(即它们是人之设计的产物)之间设定一种独特的居间性范畴,即人在其行动与其外部环境互动的过程之中所凸显的所有那些产生于人之行动而非产生于人之设计的制度或模式”[43]。

我个人以为,立基于上述进一步的批判和研究,哈耶克还达致了两个极为重要且构成其“**第三范畴**”建构之参照架构的相关结论:第一,建构论唯理主义式的观点经由“自然与人为”的二分观而在实质上型构了“自然与**社会**”的二元论,而此一二元论的真正谋划乃在于建构出一个由人之理性设计或创构的同质性的实体社会并且建构出一种对社会施以专断控制的关系的观点,亦即力图切割掉所有差异和无视所有不可化约的价值进而扼杀个人自由的“**一元论的社会观**”[44];第二,以这种“一元论的社会观”为基础,后又经由渊源于拉丁语 naturalis 一词对希腊语 physei 的翻译和拉丁语 positivus 或 positus 一词对希腊语 thesis 的翻译之基础上的"自然法理论"(natural law theory)和"法律实证主义"(legal positivism)的阐释[45],并在多数民主式的"议会至上"论的推动下,建构论唯理主义者最终确立起了**以人之理性设计的立法为唯一法律的"社会秩序规则一元观"**[46]。

通过上文的简要讨论,我们至少可以指出哈耶克在这两个方面的努力所具有的下述两个重要意义:第一,哈耶克经由继受上述三分观而在法律理论建构的过程中所明确提出的"社会秩序规则二元观"(即法律与立法的二元界分),才真正使得那种以"社会秩序规则一元观"和将所有社会秩序规则统一于"主权者意志"或"先验的理性设计"者为基础的法理学主流理论(其中包括唯理主义的自然法理论和法律实证主义)陷入了困境[47],并且**对现代社会将所有社会秩序规则都化约为国家立法的实践活动构成了根本性的质疑**,进而也在更为一般的意义上为人们批判那种以"社会秩序规则一元观"的意识形态为根本支撑并应合着现代民族国家建构的需要的现代性开放出了一个极为重要的路向;第二,在对进化论理性主义的阐释过程中,哈耶克更是形成了他的社会理论中的一个极为重要的命题,即**社会行为规则系统"文化进化"的命题**。而对这一核心命题的阐发则为哈耶克在法律理论建构的过程中最终确立著名的关于社会行为规则系统的"文化进化理论"奠定了基础。我之所以持有这个观点,实是因为这一有关社会行为规则系统"文化进化"的深刻命题为哈耶克提出一种新的解释路径提供了某种可能性,即这些社会行为规则不仅引导着那些以默会的方式遵循它们但对为什么遵循它们或对它们的内容并不知道的行动者如何采取行动,而且还反过来在更深的层面上设定了社会秩序的自生自发性质,亦即通过行动者对他们所遵循的社会行为规则的“文化进化”选择而达致的自生自发进程[48]。

（四）从“无限民主”的批判到“有限民主”的确立

我对哈耶克思想所做的一系列讨论，显然隐含着这样一个重要的讯息，即哈耶克思想的西方研究者大都意识到了他对西方现代社会中占据支配地位的“建构论唯理主义”、法律实证主义和唯理论自然法理论进行了根本性的批判，然而他们——当然中国的论者更是如此——常常忽略的是，哈耶克还对构成现代性的核心制度安排即“西方现代的民主制度”做出了彻底的批判。值得我们注意的是，**当下的论者在讨论民主问题的时候，首要关注的乃是如何使民主在人们的社会生活中得到切实的践履或者如何使民主得到更好的实现这样的问题（比如说直接民主与间接民主的论题），而在总体上忽略了现代民主制度的内在困境以及由此而形成的“无限民主”趋势和“反民主”的恶果**。就此而言，我个人认为，如果说托克维尔的重要性在于经由对贵族政治的批判而揭示出了民主于现代社会的不可避免之势，那么哈耶克的重要性就在于**经由揭示和批判现代民主的无限性趋势而明确指出了“有限民主”在此后社会进程中的可欲性和必要性**。据此，在评注哈耶克这个观点的时候，我将更为详尽地征引哈耶克在不同文献中的观点，以说明这个问题。

哈耶克在1979年《法律、立法与自由》第三卷“自由社会的政治秩序”之序言中指出：“读者在阅读本书的过程中很可能会得到这样一个印象，即激励我撰写这部著作的动因乃是我对那些被认为是最发达国家的政治秩序在当下的走向所产生的越来越大的忧虑。我日益相信（而本书则对我为什么持有这个信念给出了详尽的说明），**在这种被人们普遍接受的‘民主’政制类**

型的构成中,存在着某些根深蒂固的缺陷,而这些缺陷已经使得这些国家堕入全权性国家的危险趋向成了一种不可避免之势;对这个问题的洞识,使我深刻地感到有必要经由探究种种替代性安排的方式为这种'民主'制度另辟生路。我想在这里重申我所持有的这样一个主张,即尽管我深信民主的各项基本原则乃是我们迄今为止发现的使和平变革成为可能的唯一有效的方法,而且我也因此为人们越来越明显地不再把民主视作是一种可欲的政府治理方法(a desirable method of government)而深感震惊(当然,人们对民主所具有的这种幻灭感实际上还因为有些人越来越频繁地滥用民主一词并用它来指称想象出来的统治目的而变得愈发严重了),但是我却对我们正在步入死胡同这个事实也同样越来越深信不疑……”[49]

西方论者曾经对哈耶克的民主观做过如下的概括,“虽然民主不像和平、正义和自由那样是一种终极价值,但哈耶克还是将它视为受限制的政府的最好的形式。其原因有三:首先,民主政治是政治领袖变动的和平方法;其次,让多数公民来决定政治领袖的变动,有助于防止专制;再次,民主政治能够增进公众对政治问题的意识和理解”,而“所有这些都是以个人自由为依归的”[50]。但是值得我们注意的是,哈耶克也历数了“当代民主政体的四大罪状”:第一,民主机构拥有无限的权力;第二,民主政府除了拥有无限的权力以外,还会不正当地行使这种权力,而且这也是一种必然的结果;第三,如果民主政府不受制于法律,那么它就必定是一个会受制于特殊利益支配的弱政府;第四,当代民主政体的政策是由各种少数利益集团支配的,所以它一点都不民主[51]。

对于西方论者所做的这种概括,我是相当赞同的,但是我必须坦诚地指出,**哈耶克的批判乃是逐渐展开和加深的,而且他的批判所依凭的理据也是**

逐渐得到充实的。实际上,在 1960 年出版的《自由秩序原理》一书中,哈耶克在批判“多数统治”意义上的民主的时候仅仅给出了当代民主政府决定问题的范围无限扩大这一理据,他当时比较简略地指出:“就当下的情形而言,立法机构以适当形式赞成通过的任何文献,都被称之为‘法律’。但是,在这些仅具有该词形式意义的法律中,只有一些法律——就今天来看,通常只有极小的一部分法律——是调整私人间关系或私人与国家间关系的‘实质性’法律(substantive or material laws)。绝大部分这类所谓的‘法律’,毋宁是国家对其官员所发布的指令,其关注的主要问题也是他们领导政府机关的方式以及他们所能运用的手段。然而,在当今的各个国家,规定这类手段之运用方式的规则和制定一般公民必须遵守的规则,都属于同一个立法机构的任务。这虽说是一种久已确立的惯例,但毕竟不是一种必然的事态。据此,我不能不设问,防止混淆上述两类规则是否就不可能是一可欲之举?”[52]

关于这个理据,哈耶克的更为详尽的阐释,最早乃是他在本丛书所收入的他于 1967 年发表的《政治思想中的语言混淆》第七节“有限民主与民主”中做出的。首先,他在该文中指出:“人们几乎都在用‘民主’(democracy)这个术语来指称一种特殊种类的民主制度然而这种制度却根本不是 democracy(‘民主’)这个术语最初所描述的那种基本理想所导致的一种必然结果。……最初,‘民主’这个术语仅仅意指:不论存在什么样的最高权力,它都应当由人民之多数或他们的代表来掌控,但是它却并没有论涉到这种权力的权限问题。常常有人错误地认为,任何最高权力都必定是无限的或不受限制的。显而易见,我们根本无法从多数的**意见**应当占据支配地位这项要求当中推论出这样一项要求,即多数就特定问题的**意志**应当是无限的或不受限制的。事实上,权力分立这一经典理论所做出的乃是这样一项预设,即应当由一个代议机构掌控的‘立法’（legislation）工作只应当关注制定‘法律’（laws）的问题（当时的论者认为，这些法律在某种本质特性上区别于那些特定的命令）；再者，那些特定的决策并不能够仅仅因为它们是‘立法机构’颁布的这个事实而成为法律（亦即内部规则意义上的法律）。如果我们不对法律与特定决策进行界分，那么这种主张把特定的职能赋予独特且不同的机构的权力分立理念就会变得毫无意义，而且也只能是一种循环论证。”[53]此外，哈耶克还深刻地指出：“毋庸置疑，**那些主张代议政府和自由宪政的伟大理论家在要求权力分立的时候所说的法律，实际上就是我们称之为的那种内部规则。但是，他们却通过把制定另一种意义上的法律的任务（亦即制定那些决定着政府结构和运作的组织规则的任务）也委托给了同一个代议机构这种方式而糟蹋了他们自己设定的那项目标。”**[54]

其次，哈耶克在该文中更是论及了这个理据中的核心问题即**“对最高权力进行限制的问题”**，因为这个问题的讨论为他在此后更加明确地提出“有限民主”的观点奠定了基础。一如他所言，“我们在这里所要关注的只是这样一个问题，即最高权力机构拥有这种权力并不是一种必然。限制权力，并不一定要拥有另一种权力才能限制它。如果所有的权力都以意见为基础，同时意见又只承认这样一种最高权力，即它乃是通过承诺遵循普遍规则（即使在它无从控制的特殊情形当中，也要适用这些普遍规则）这种方式来证明它对其行动之正义性的信念的，那么一旦这种最高权力逾越了上述限制，它就会丧失自己的权威性。由此可见，这种最高权力未必就是一种无限的权力或不受限制的权力——它有可能是这样一种权力：只要这种权力颁布了任何不具有内部规则（亦即普遍的正义行为规则意义上的内部规则）所具有的实质性特征的决议，那么它就会失去对它来说不可或缺的意见对它的支持。……只要一个立法机构是在陈述有效的内部规则这种严格意义上实施其立法职能的,那么它就是一种最高的权力机构。最高权力之所以能够通过这种方式得到限制,就是因为存在着一些客观的检测标准(而不论它们在适用于特定情形的时候有多么困难),而根据这些标准,那些并不关注政府任何特定目的的独立且公允的法院就能够判定立法机构所做出的决议是否具有内部规则的特征,进而也就能够判定它是否是一项有约束力的法律"[55]。"据此我们可以说,代议机构中的多数完全代表了最高的权力,但是却并不享有无限的或不受限制的权力。"[56]

实际上,哈耶克在这个时候还意识到了批判当代民主制度的另一个理据,只是论题所限而没有展开而已,正如他指出的那样,"此外,我们也不准备对这样一种制度安排所导致的那种不可避免的后果做进一步的探究:在这种制度安排中,一个并不只限于制定普遍的正义行为规则的立法机构,肯定会**在有组织的利益群体的驱使下**用它的'立法'权力去为特定的私人目的服务";因此,"我们没有任何理由期望一个拥有无限权力的民主政府会始终服务于一般性利益而不去为特定的利益服务。那种可以为所欲为地为特殊利益群体谋好处的民主政府,**注定会受到有组织的利益联盟的支配**,而不可能服务于一般性利益,亦即古典意义上的那种'排除了所有偏好或私人利益的共同权利和正义'"[57]。不过,哈耶克在本丛书所收入的他于 1967 年发表的《自由国家的构造问题》一文中却对这个理据进行了更为明确的讨论:"民主理想的盛兴促使当时的人们产生了这样一种欲求,即人民的代表不仅应当能够决定正当行为规则的制定问题,而且还应当能够决定政府用它所掌控的资源为民众提供服务的那些即时性活动。然而值得我们注意的是,这原本并不意味着从事这两种活动的权力都应当交由同一个代议机构去掌控。按照民主方式进行立法活动和按照民主方式进行政府治理活动这两者很可能都是可欲的,但是把这两种职能交由同一个机构去践履,却肯定会把权力分立原则所旨在提供的保护个人自由的措施摧毁掉。如果那个指导着政府治理活动的机构可以随心所欲地制定各种法律以迎合政府的各种目的,那么我们就可以肯定地说,这样的民主政府已经不再是那种真正意义上的'法律下的政府'了;再者,按照这种方式理解的立法也完全丧失了最高权力机构因承诺遵循普遍规则而获得的那种合法性。显而易见,一个拥有无限权力的机构完全可以用这种权力去偏袒某些特定的群体或个人。因此,这种情况不可避免地会导致这样一种结果,即**那些向其支持者提供特殊好处的特殊利益群体之联盟会一步一步地成为这种机构的组成部分**。'准政府机构'(para-government,亦即那些向立法机构施压并要求它以偏袒它们的方式进行干预的有组织的利益群体)在现代的兴起和发展,便是人们把那种能够强制特定的个人或群体为特定目的服务的无限权力赋予了最高权力机构所导致的一个不可避免且必然的结果。"[58]

更为重要的是,一如我们所知,为了变革当代民主制度,哈耶克还在1979年《法律、立法与自由》第三卷"自由社会的政治秩序"中提出了一个"有限民主"的方案。他在该书的序言中指出:"我在本卷研究的基础上还提出了一个变革民主政府结构的基本方案。虽说就目前的情形来看,大多数人仍会把我提出的这项方案视作是一项完全不切实际的方案,但是我提出这项方案的意图却在于为人们提供一种从智识上来说可靠的选择方案,以便他们在现行制度面临崩溃的关头以及在我的方案一如我所希望的那样或许可以为他们指明一条出路的时候予以选用;而这一天也许为时不远了。我认为,**这一备选方案不仅能够使我们保有民主制度中真正具有价值的东**

西，而且还能够使我们否弃其间的弊端，尽管大多数人在今天仍然会把这些弊端视作无从避免的东西。”[59]

实际上，哈耶克早在1960年出版的《自由秩序原理》一书中就已经指出：“据此，我不能不设问，防止混淆上述两类规则是否就不可能是一可欲之举？对此，我们所主张的解决方式是，一方面将制定一般性规则的任务和向行政机构发布命令的任务分别委之于两个独立的代议机构，而另一方面又将它们做出的决定都置于独立的司法审查之下，使它们彼此都不跨越各自的范围。总而言之，尽管我们希望这两类决定都能按照民主的方式加以制定，但是这未必意味着它们应当由同一机构进行制定。”正是在这个观点的基础上，哈耶克萌发了一种西方盛行的现代民主制度的改革方案[60]。

然而需要指出的是，哈耶克的这一改革方案，乃是在本丛书所收入的他于1967年发表的《自由国家的构造问题》一文和他的另外一篇论文《自由经济与代议政府》（Economic Freedom and Representative Government）[61]中逐渐阐明的。他在前文中指出：“由于经由选举产生的立法机构的成员只是作为反映何为正义之意见的代表的，所以他们决不应当受意志和利益的左右，当然也肯定不应当受党派纪律的束缚。这一点可以通过选举他们担任较长时间的职务并在任职届满之后不得重新当选的制度安排而得到保证。尽管如此，为了使他们能够代表当下的意见，我建议确立一种由同龄人群体构成的代表制度：每代人在他们的一生中只进行一次选举，比如说在他们40岁的时候进行一次选举，而当选的代表则任职15年，任职届满以后还可以继续担任非专业法官这类职务。根据这种代议制度，立法机构将由那些年龄在40岁到55岁之间的男士和女士组成（他们的平均年龄很可能要大大低于现行立法机构之成员的平均年龄)。当然,他们只是在有机会在日常生活中证明了自己的品质和能力以后,他们的同龄人才选择了他们,并要求他们在余下的生活中放弃各自营生的考虑以担任一种光荣的职务。我认为,由于同龄人始终是评价一个人的能力的最佳裁判者,所以这样一种以同龄人为基础的选举制度,作为对'本阶层最成功人士'的一种褒奖,会比人们曾经尝试过的任何一种制度都更接近于实现政治理论家的理想,亦即形成一个由智者组成的参议院的那种理想。**我们可以肯定地说,这种制度将第一次使权力的真正分立、一种法律下的政府和一种有效的法治成为可能。**"[62]

当然,哈耶克在本丛书所收入的他于1967年发表的《政治思想中的语言混淆》一文中也重申了这一改革方案:"**如果我们不仅希望用民主的方式来决定那些既约束政府又约束私性公民的强制性规则,而且也希望用民主的方式来决定政府机制的治理问题,那么我们就需要设立某个代议机构来专门践履上述后者的任务**。但是需要指出的是,这个代议机构既不需要也不应当与那个制定内部规则的代议机构成为同一个机构。换言之,这个代议机构应当受另一个代议机构所制定的内部规则的支配,因为后者所制定的内部规则决定着前者所不能更改的权力限度或权力范围。据此我们可以说,这样一种政府治理的或行政指导的代议机构(从严格意义上来讲,并不是立法的代议机构),所关注的实际上是它唯有使用政府权力方能使之得到解决的多数意志的问题(亦即有关实现特定且具体的目的的问题),而不是那些有关是非的意见的问题。它会通过运用那些专门为了这个目的划拨出来的资源而致力于满足那些具体且可预见的需求。……在那些关注被他们视作是严格意义上的立法(亦即关注制定内部规则)之任务的最高机构中,那些有组织的利益联盟……根本就不应当有任何地位。……在另外两篇论文中，我曾经就选举这样一种代议机构的问题建议人们采取这样一种方法。”[63]

显而易见，哈耶克对现行民主制度安排所提出的这一基本改革方案，乃是以人们最终否弃这样一种幻想为前设的，即**一旦政府权力交由人民之多数去掌控，那么人们曾经为了防止政府滥用权力而费尽心力设计出来的那些保障措施也就完全没有必要了**。对于这一点，哈耶克甚至明确指出：“如果有人坚持认为民主必须是一种无限政府，那么我就肯定不会信奉这种民主，但是需要指出的是，我现在是而且还将继续是一个笃信上文所述的那种有限民主的人。如果我们能够通过改变术语的方式而使我们自己不再犯那些曾经不幸地与民主这个观念紧密联系在一起的错误的话，那么我们就有可能因此而成功地避免那些从一开始就困扰着民主并且在此后不断地把民主引向毁灭的危险。”[64]正是立基于这项前设，我认为，哈耶克对这一“有限民主”方案的阐发，意义极为重大：第一，它为哈耶克本人在保障个人自由的基础上建构起他的自由主义政治理论提供了一种切实的认识进路；第二，哈耶克所主张的这样一种人们必须把立法代议机构的权力只限于制定真正意义上的法律的观点，不仅有可能第一次使我们切实实现那种从未真正存在过的权力分立制度，而且也会在权力分立制度得到真正确立的情况下进一步使“法律下的真正政府”和“有效的法治”成为可能；第三，它不仅为只知道**有限“政府”**而竭力弘扬“民主”但却根本就不曾认真考虑过**有限“民主”**问题的中国论者提供了一种审视或反思当代民主制度的全新视角，而且还为我们开放出了一个全新的问题，即**我们在全力主张建构民主制度的过程中，究竟应当如何认识法律与立法的关系以及究竟应当如何防范“无限民主”的致命危害**[65]。

(五)对社会正义的批判与否定性正义的确立

一如我们所知,哈耶克在1976年《法律、立法与自由》第二卷"社会正义的幻象"中对普遍盛行的"社会正义"观念展开了实质性的批判,并在此基础上确立起了他的否定性正义观。他在该书第二卷的"序言"中指出:"在我早年致力于对社会正义这个概念进行批判的研究过程中,我始终都有一种无的放矢的感觉。最后,我试图像每个人在遇到这种情况时所应当采取的做法那样,先想方设法把支撑'社会正义'这个理想的理据视作是正确的。只是在如此尝试以后,我才真正地意识到'社会正义'这个皇帝原来没有穿衣服。这就是说,'社会正义'根本就是一个空洞无物、毫无意义的术语。就像汉斯·克里斯琴·安徒生童话中的那个男孩所说的那样,我'什么也没有看到,因为那里什么也没有'。……基于这样的情况,我认为,仅仅指出那些试图实现'社会正义'的特定努力不会奏效这一点是远远不够的,所以我还必须对这样一个问题做出解释,即社会正义这个说法本身是毫无任何意义的,而且使用这种说法的人,如果不是愚昧,那就肯定是在欺骗。……但是必须指出的是,社会正义这个信念在当下所具有的普遍性,与人们在过去普遍相信巫术或点金石的情形一样,都不能证明其目标的实在性。尽管人们长期以来一直把分配正义观念理解成个人行为的一种属性(而现在则常常被视作是'社会正义'的同义语),但是就是这个为人们信奉已久的观念,也同样不能够证明分配正义这个观念与市场过程所产生的各种状况有任何相关性。我真诚地认为,如果我能够使我的同胞为再次使用这个空洞的咒语而感到羞耻的话,那么这就是我在力所能及的情况下为他们提供的最大的服务。至少我认为自己有责任竭尽全力把人们从'社会正义'这个梦魇的支配下解救出来,因为这个梦魇正在把人们的善良情感变成一种摧毁自由文明一切价值的工具。”[66]

实际上，哈耶克早在1960年《自由秩序原理》一书第四章第八节中就已经论涉到了这个问题：“这种唯理主义观点的影响日趋增大，而其征兆也颇耐人寻味，即**在我所知道的各种语言中，都日益发生了以‘社会的’一词来替代‘道德的’一词甚或‘善的’一词的现象**。对于这种发生在术语上的替代现象进行一下简略的考察，当对我们具有重要的启发意义。当人们用‘社会的良知’(social conscience)以反对‘良知’一词时，他们是预设了人们能够意识到自己的行动对其他人所具有的特定影响，因此，人们的行动不仅应当受到传统规则的引导，而且还要受到对该行动的特定后果所具有的明确认识的引导。……颇为奇怪的是，这种对‘社会的’一词的诉求竟隐含了下述这样的要求，即应当用个人的智识，而不是用经由社会演化出来的规则，来指导个人的行动——这即是说，人们应当不屑使用那种能被真正称之为‘社会的’东西(即指非人格的社会演化进程的产物)，而应当只依赖于他们对特定境况所做的个人判断。因此，倾向于用‘社会的考虑’(social considerations)来替代对道德规则的遵循，从根本上来看，乃是无视真正的社会现象的结果，或者说是坚信个人理性具有优越力的结果。”[67]

值得我们注意的是，哈耶克在此时主要讨论的是“社会的”(social)这个术语所具有的建构论唯理主义品格，而只是在三个场合论涉到了“社会正义”的问题[68]。就此而言，据我个人的分析，**哈耶克至此还没有完全意识到“社会正义”这种思潮对于现代社会所具有的切实的危害作用，而只是停留在对“社会的”这个形容词进行批判的初步阶段**。显而易见，我们可以从本丛书所收入的哈耶克于1957年发表的《什么是社会的？——它究竟意味着什么？》一文中明确见到他在这个初步阶段的思想。他在该文中指出：“从一个语词所可能产生的这种甚少为人所知的影响力来看,我认为,在近百年的岁月当中,'社会的'(social)这个词在整个政治题域中所发挥的而且还在继续发挥的作用可以说是一个最好的范例。……我在仔细考察了这个词及其含义以后得出了这样一个基本结论:尽管'社会的'这个词是一个有着极大力量和魔力的词,但是难以置信的是,它却是一个空洞无义的词,而且也没有为我们力图解决的问题提供任何答案。……如果我在这个时候先解释一下我自己认识这个问题的转变过程,也许是颇具意义的。一开始,就我个人而言,我只是对人们使用'社会的'这个词感到有些不舒服,但是后来,我的这种感觉却变成了一种公开的反对态度,而正是这种反对态度致使我把这种做法视作是一种真正的危害。"[69]哈耶克在该文中列举了一系列流行的术语:"社会的市场经济""社会的法治国""社会问题""社会的意识""社会的良知""社会的责任""社会的活动""社会的福利""社会的政策""社会的立法""社会的正义""社会的保障""社会的权利""社会的控制""社会的民主"[70],进而明确指出:(1)这里"真正重要的乃是这样两个问题:第一,所有上述组合词都与社会力量的具体特性无甚关系;因此,第二,特别需要注意的是,以自生自发的方式发展起来的东西与国家刻意组织起来的东西之间的区别也就完全消失了。……对我来说,重要的乃是这样一个问题,即在所有上述的用法当中,尽管'社会的'这个词预先设定了一个社会共同体的活动背后存在着一些人所皆知且共同的目的,但是却没有对这些目的做出界定。具体言之,它所设定的乃是这样两项假设:第一,'社会'有着某些所有的人都知道并认可的具体任务;第二,'社会'应当指导它的个体成员去努力实现这些任务。因此,社会也就具有了一种双重人格:首先,它是一个有思想的集合体,它有着自己的愿望,而这些愿望不同于组成它的个人所具有的那些愿望;其次,通过把社会与人们等而视之,社会也就变成了对某些自称有着较深刻的洞见或较强的道德意识的个人根据这些社会愿望所持有的观点的人格化体现"[71]。(2)甚少有人能够真正解释清楚这个附加上去的形容性质的修饰词"社会的"是什么意思,因为这个词已经变成了一个使它所形容的每一个术语都不再具有其原有的清晰含义的形容词,而且也变成了一个致使这种术语演变成一种具有无限弹性的术语;因此,当我们都使用一种始终会混淆问题而根本无法阐明问题的术语的时候,显而易见,这也就是我们采取一种激进的行动进而把我们自己从这种咒语所产生的混淆影响中解放出来的时刻了[72]。(3)如果我们不只是满足于把个人在社会中的独立活动所形成的协调力量视作是社会的,而且还想把只要与社会共同体有任何联系的所有其他东西都视作是社会的,那么它们之间的本质区别就会给彻底遮蔽了。在这种情况下,生活中原本不是"社会的"东西也就所剩无几或者根本就没有了,而且从实际的角度来看,"社会的"这个词本身也就变得毫无意义可言了。"在这种情况下,我认为,**大量在今天自称是社会的东西,从'社会的'这个词所具有的更为深层且更为真实的含义来看,实际上是一些彻头彻尾反社会的东西。**"因此,现在是我们对上述各种含义做出明确界分的时候了[73]。

在我看来,哈耶克对"社会正义"所做的真正的讨论,基本上始于本丛书所收入的他于1962年发表的《经济学、科学与政治学》一文,因为正是在此以后,哈耶克开始了对"社会正义"的实质性批判。他在该文中经由比较"社会正义"与"交换正义"而阐明了"社会正义"的基本性质:"只要我们对那些不尽相同但却常常模糊不清的观念——亦即争议双方用以指称他们所谓的'社会正义'的观念——做一较为深入的分析,那么我们即刻就能够说明上文所述的问题。套用自亚里士多德以来人们所采用的术语,我们可以用这样一种方式来指出它们之间的区别,亦即明确指出自由经济始终只能够实现交换正义,而唯社会论——在很大程度上也包括那种颇为流行的社会正义理想——所要求的乃是一种分配正义。交换正义在这里意味着根据一个人提供的服务所具有的实际价值而给予回报;当然,这种实际价值乃是对于那些接受了他所提供的服务的人而言的,而且也是通过他们愿意支付的价格表现出来的。正如我们必须承认的那样,这种价值与道德品行没有什么必然的联系。……交换正义根本不考虑个人的或主观的情势,也不会考虑需要或善意,而只会考虑那些使用某人活动之成果的人是如何评价他的成果的。……从分配正义的角度来看,根据产品的价值进行酬报的结果必定是极不正义的,因为这种酬报方式的结果很难与我们所认为的某一行为所具有的主观品行相符合。"[74]

此后,哈耶克在本丛书所收入的他于1966年发表的《自由社会秩序的若干原则》一文中对"社会正义"进行了切实的批判,"如果说上述发展趋势乃是因为那些盛行于所有西方民主社会中的宪法性安排的性质而成为可能的话,那么把它引向此一特定方向的那种驱动力便是这样一种不断强化的认识:第一,把同样的或平等的规则适用于那些在事实上存在着许多重大差别的个人的行为,不可避免地会对不同的个人产生极为不同的结果;第二,为了通过政府行动来减少不同的人在实质地位方面所存在的上述非意图的但却不可避免的差异,人们就必须按照不同的规则而非相同的规则去对待不同的人。显而易见,这种主张产生了一种新的和截然不同的正义观念,亦即人们通常所说的'社会'正义或'分配'正义观念(social or distributive justice)。**这种正义观念不仅意在为个人确立行为的规则,而且还旨在为特定的群体谋**

取特定的结果,因此我们可以说,这样一种正义观念只能在一种受目的支配的组织当中得到实现,而无法在一种目的独立的自生自发秩序中获得立足之地”[75]。当然,哈耶克在批判“社会正义”的时候,给出了下述几项理据[76]:

第一,**作为一个纯粹的事实,一种事态本身不可能是正义的或不正义的**。只有当一种事态是人们经由设计而促成或能够经由设计而促成的时候,我们把那些创造了这种事态或允许这种事态形成的人的行动称之为正义的行动或不正义的行动才是有意义的。……因此,哈耶克认为,我们完全可以追问这样一个问题,即把市场秩序作为指导经济活动的方法,作为刻意的选择是否是一个正义的决策。但是我们却肯定无法追问这样一个问题,即一旦我们决定用自生自发秩序来达到那个目的,那么它对特定的人所产生的特定结果是正义的还是不正义的。

第二,**人们之所以极为普遍地把正义的概念套用于收入的分配,完全是因为他们用那种错误的拟人化方式把社会解释为组织而非自生自发秩序所致**。在这种意义上讲,“分配”这个术语有着极大的误导作用,因为“分配”这个术语意味着把事实上是自生自发有序化力量的结果视作是刻意行动的结果。实际上,在市场秩序中,根本就没有人对收入进行分配,而只是在组织中有人对收入进行分配。因此,就市场秩序的情形而言,谈论正义的分配或不正义的分配,无异于一派胡言。

第三,**所有力图确保一种“正义”分配的努力都必定会把自生自发的市场秩序变成一个组织,甚至还必定会把它变成一种全权性的秩序**。这是因为对这种社会正义观念的追求,产生了各种各样的措施,而我们知道,通过这些措施,那些旨在使人们追求特定结果的组织规则渐渐地取代了目的独立的正当个人行为规则,进而一步一步地摧毁了一个自生自发秩序必须依凭的基础,甚至也导致了人们用一种旨在实现“社会正义”的“社会”法律去替代那些规则。

第四,哈耶克更是强调指出,**那种试图用政府的强制性权力去实现“社会正义”的做法,必定会摧毁个人自由**。此外,根据考察,我们还能够证明这种理想实是一种在任何情势中都无法实现的幻想或妄想,这是因为它预设了人们对不同的具体目的的相对重要性达成了一致的认识,而这在一个其成员并不彼此认识而且也不知道相同的特定事实的大社会中根本就是不可能达成的。

第五,**当人们以“社会正义”的名义要求政府干预的时候,这在当下多半意味着是在要求政府对某个群体既有的相对地位施以保护**。因此,“社会正义”也就变成了对既得利益群体进行保护的诉求以及创生新的特权的诉求,比如说,正是借着社会正义之名,农民获得了与产业工人“平等”的地位。……据此我们可以说,在市场社会中,只存在一种个人行为的正义,而绝不可能存在一种独立的“社会正义”。

正是通过上述对建构论唯理主义的“社会正义”观念的实质性批判,哈耶克为他此前不曾明确讨论过的自由主义正义观的阐释铺平了一条道路,并且使他得以在本丛书所收入的他于1973年发表的《自由主义》一文中对“自由主义正义观”做出了总结性的描述:“自由主义的法律观念乃是与自由主义的正义观念紧密勾连在一起的。自由主义的正义观念在下述两个重要方面与人们现在广泛持有的那种正义观念相区别:第一,自由主义的正义观念所依凭的乃是这样一种信念,即**人们有可能发现独立于特定利益而存在的客观的正当行为规则**;第二,**这种正义观念只关注人之行为的正义问题或调整人之行为的规则的正义问题,而不关注这种行为对不同个人或不同群**

体的地位所造成的特定影响的问题。"“自由主义之所以认为存在着能够被人们发现但却不可能以专断方式创制出来的正当行为规则，实是以这样两个事实为基础的：第一，绝大多数正当行为规则无论在什么时候都会以不容置疑的方式为人们所接受；第二，**人们对某项特定规则是否正义的问题所提出的质疑，必须在这个为人们普遍接受的规则系统中加以解决，而解决的方式则是看这项应予接受的规则是否与所有其他的规则相容合。**这就是说，这项规则必须同样服务于所有其他正当行为规则所服务的那种抽象的行动秩序，而且也不得与这些规则当中任何一项规则所提出的要求相冲突。因此，**一项特定规则是否有可能具有普遍适用性，乃是评断该项特定规则正义与否的标准，因为唯有根据这项标准，人们才能够证明它是否与所有其他为人们所接受的规则相一致。**”[77]

显而易见，哈耶克所主张的那种“自由主义正义观”，实际上就是他在本丛书所收入的他于 1967 年发表的《自生自发秩序与第三范畴：人之行动而非人之设计的结果》一文中所说的那种“**否定性正义**”；一如他在该文中指出的那样，“经由上文的论辩，我们可以证明，建构论唯理主义的认识进路根本就不可能达致任何正义标准。在这种情况下，如果我们能够认识到法律从来就不全是人之设计的产物，而只是在一个并非由任何人发明的但却始终指导着人们的思想和行动（甚至在那些规则形诸文字之前亦复如此）的正义规则框架中接受评断和经受检测的，那么我们就会获得一种否定性的正义标准（a negative criterion of justice），尽管这不是一种肯定性的正义标准（a positive criterion of justice）；而**正是这种否定性的正义标准，能够使我们通过逐渐否弃那些与整个正义规则系统中的其他规则不相容合的规则，而渐渐趋近（虽然永远也不可能完全达到）一种绝对正义的状态**”[78]。

但是需要指出的是,哈耶克所主张的这种“否定性正义”观点,在很大程度上受到了弗赖堡大学奥肯教授的影响,正如他在本丛书所收入的他于1962年发表的《经济学、科学与政治学》一文中最早提出这种正义之雏形时所指出的:“我们对任何特定的政策措施所做的评价也无须以它所取得的特定结果为依凭(因为在绝大多数情形中,我们无论如何都是无法知道全部这类结果的),而必须以该项政策措施与整个系统的一致性为依凭[我认为,**这就是奥肯最早描述成‘系统正义’(systemgerecht)的标准**]。这还意味着我们在所有的情形中都往往必须根据这样的假设去行事,尽管这些假设事实上只是在大多数情形中而并不是在所有的情形中为真的。”[79]

当然,哈耶克乃是在本丛书所收入的他于1966年发表的《自由社会秩序的若干原则》一文中最早详尽阐明这种否定性正义观点的:“的确……自由主义还是以这样一种正义观念为前提的,亦即那种可以使我们对这类正当的个人行为规则与权力机构发布的所有的特定命令做出明确界分的正义观念:前者是那些隐含在‘法治’观念中的规则,同时也是自生自发秩序的型构所要求的规则,而后者则是权力机构为了组织的目的而发布的特别命令。”[80]立基于此一观点之上,哈耶克阐明了这种正义观念的四个关键要点[81]:

第一,**如果正义要具有意义,那么它就不能被用来指称并非人们刻意造成的或根本就无力刻意造成的事态,而只能被用来指称人的行动**。正当行为规则要求个人在进行决策的时候只需考虑那些他本人能够预见到的他的行动的后果。由于自生自发秩序的具体结果并不是任何人设计或意图的结果,所以把市场在特定的人当中进行分配的方式称之为正义的或不正义的方式就是毫无意义可言的。然而,这却是所谓“社会正义”所要干的事情。

第二,**正义规则从本质上讲具有禁令的性质**。换言之,不正义(injustice)

乃是真正的首要概念,因而正义行为规则的目的也就在于防阻不正义的行动;如果人之特定行动没有一个旨在达到的具体目的,那么任何这类特定行动就是无法完全确定的。因此,那些被允许运用他们自己的手段和他们自己的知识去实现他们各自目的的自由人,就绝不能受那些告知他们必须做什么事情的规则的约束,而只能受那些告知他们不得做什么事情的规则的约束;除了个人自愿承担的义务以外,正义行为规则只能够界分或确定所允许的行动的范围,而不得决定一个人在某个特定时刻所必须采取的特定行动。

第三,**正义行为规则应予防阻或禁止的不正义行动乃是指对任何其他人确受保护的领域(亦即应当通过正义行为规则加以确定的个人领域)的任何侵犯**。因此,这就要求这些正义行为规则能够帮助我们确定何者是其他人确受保护的领域。

第四,也是最重要的,**这些正义行为规则本身乃是否定性的(negative),因此它们只能够通过持之一贯地把那项同属否定性的普遍适用之检测标准(negative test of universal applicability)适用于一个社会继受来的任何这类规则而得到发展**。需要指出的是,这种检测标准,归根结底,仅仅是这些行为规则在被适用于现实世界中的各种情势的时候所允许的各种行动之间的自我一致性(self-consistency)的标准。除了将某项特定的正义行为规则置于整个正义行为规则系统的框架中加以审视,否则我们就不可能对该项特定的正义行为规则是否正义的问题做出判定。这意味着,该规则系统中的大多数规则必须为了这个目的被视作是不容置疑的,这是因为价值始终只能够根据其他的价值加以检测。哈耶克还指出,**检测一项规则是否正义的标准,自康德以来,通常被描述为该项规则是否具有"普遍性"(universalizability)的标准。这意味着,在把某项正义行为规则适用于任何具体情势的时候,该项规**

则不得与任何其他被人们所接受的规则相冲突。因此,这种标准归根结底是一种评断某项规则是否与整个规则系统相容合或不矛盾的标准;当然,这项标准不仅意指某项规则与其他大多数规则之间不会发生逻辑意义上的冲突,而且还意味着这些规则所允许的行动之间不会发生冲突。

由此可见,哈耶克乃是经由批判"社会的"这个形容词而达致了对"社会正义"的实质性批判的,并且最终形成了一种"否定性正义"的观念。哈耶克所主张的**这种"否定性正义"观念的实质,乃在于它只关注人之行为的正义问题或调整人之行为的规则的正义问题,而不关注这种行为对不同个人或不同群体的地位所造成的特定结果或某种事态的问题;它不仅强调正义行为规则的否定特性,而且更是强调个人行为规则进化过程中所应当遵循的否定性的普遍适用的检测标准**。在这里,我们可以看到,哈耶克所主张的这种"否定性正义"观念有着极为重要的意义:

第一,它为哈耶克详尽阐明个人行为规则系统与特定的某项行为规则之间的关系提供了坚实的基础,而这是哈耶克在1960年以前不曾做到的。

第二,我个人认为,尽管哈耶克在1960年《自由秩序原理》一书中以及此前就坚决主张一种"进化论的"自由主义,但是他在当时却未能在他的法律哲学或"法治观"中洞见到并建构起法律规则的进化机制,一如他本人在《自由秩序原理》一书中所明确指出的:"人们有时指出,法治之法(the law of the rule of law),除了具有一般性和平等性以外,还必须是正义的。尽管毋庸置疑的是,法治之法若要有效,须被大多数人承认是正义的,但颇有疑问的是,我们除了一般性及平等性以外是否还拥有其他的正义形式标准——除非我们能够判断法律是否与更具一般性的规则相符合:这些更具一般性的规则虽可能是不成文的,但是只要它们得到了明确的阐释,就会为人们普遍接受。然而,就法治之法符合自由之治(a reign of freedom)而言,除了法律的一般性和平等性以外,我们对于仅限于调整不同的人之间的关系而不干涉个人的纯粹私性问题的法律实没有其他判准可言。"[82]显而易见,只是在60年代(20世纪60年代——编者注)初确立了关注规则系统与个别规则间关系的"一致性"或"相容性"的检测标准或"内在批评的方法"的基础上,哈耶克才真正建立起了他的"进化论的"法律哲学或法治观,并且在解释法律发展的过程中得到了明确的适用[83]。

第三,也是更为重要的,哈耶克所主张的这种"否定性正义"观念还为我们开放出了一个极费人思考的问题,即**在一个特定的系统之内我们所能够说的事情与关于那个系统我们所能够说的事情之间的繁复关系**[84]。具体言之,这个问题所表现出来的紧张,可以从哈耶克下述两段文字中见出:(1)"甚至当我们所研究的只是我们以及我们的整个思维方式都属于其间一部分的那个文明的某个方面或某个部分的时候,这也肯定意味着:只要我们想完成我们的工作,甚或只要我们想继续保持明智,那么我们就绝不能把我们在日常生活中肯定会不加质疑就予以接受的大多数情形视作当然之事;此外,这还意味着我们必须按照系统的方式对我们未经反思便在行事的过程中予以接受的所有前设进行质疑。总而言之,这意味着:第一,**为了保持严格的科学性,我们应当就好像处于系统之外一般从外部去检视那种我们以一种内部的检视方式绝不可能从整体上看到的东西**。第二,在实践中,我们必须常常去处理许多我们实际上还没有科学答案的问题——在这种情形中,我们必须运用的知识,或者是那种唯有丰富且不尽相同的经验方能提供的有关人类与世界的知识,或者是那种积累而成的智慧,亦即那种经由继承而来的我们文明的文化遗产;因此在我们看来,这两种知识肯定既是我们在社会中行事的时候用以指导自己的工具,同时也是我们进行批判性研究的对象……”[85]

(2)哈耶克指出,由于任何业已确立的行为规则系统都是以我们只是部分知道的经验为基础的,而且也是以一种我们只是部分理解的方式服务于一种行动秩序的,所以我们不能指望以那种完全重构的整全方式对该规则系统进行改进。如果我们想充分利用那些只是以传统规则的形式传递下来的经验,那么为改进某些特定规则而做的批判和努力,就必须在一给定价值的框架内展开;当然,这个给定的价值框架,就人们力图实现的即时性目的而言,必须被视作是一种无须证明便予以接受的东西。值得注意的是,**“这种批判乃是在一个给定的规则系统内部展开的,而且也是根据特定规则在促进型构某种特定的行动秩序的过程中与所有其他为人们所承认的规则是否一致或是否相容(亦即一致性或相容性的原则)来判断这些特定规则的;因此,我们将把这种批判称之为‘内在的批判’**(immanent criticism)。只要我们承认整个现行的行为规则系统与这个规则系统所会产生的已知且具体的结果之间存在着一种不可化约性,那么上述‘内在的批判’就是我们对道德规则或法律规则进行批判性检视的唯一基础。……作为传统之产物的规则,不仅应当能够成为批判的对象,而且也应当能够成为批判的标准。……我们并不认为传统本身是神圣的且可以免于批判的,而只是主张,对传统的任何一种产物进行批判,其基础必须始终是该传统的一些其他产物——而这些产物或者是我们不能够或者是我们不想去质疑的东西。换言之,我们主张,一种文化的特定方面只有在该种文化的框架内才能够得到批判性的检视。……因此,我们始终只能根据整体来对该整体的某个部分进行检视,而这个整体正是我们无力完全重构而且其大部分内容亦是我们必须不加检讨便予以接受的那个整体”[86]。

(六)从欧洲大陆法治国向普通法法治国的转换

哈耶克自由主义理论的核心观点之一认为,个人自由乃是经由法治(rule of law)而得到保障的。他在1960年《自由秩序原理》一书开始建构“法治国”(Rechesstaat)和讨论“法治下的自由”的基本条件的时候,明确指出了“自由的法律”或“法治之法”所必须具有的三项特性[87]:首先,哈耶克依凭其知识观和社会理论的角度认为,从个人知识具有特定时空的分立性来看,任何秩序的参与者或维护者(不论是个人还是组织)都不可能完全知道每个人的特殊的偏好和需求。据此,哈耶克的法治观认为,只有当参与者或维护者都遵循一般且抽象的行为规则时才有可能使其在参与或维护秩序的同时不变成强制者。显而易见,正是依据他的此一论述逻辑,哈耶克主张**“法治之法”的首要特性是一般性和抽象性**,以区别于具有具体目的的外部规则。就法律所必须具有的这种一般且抽象的特性的具体内涵来看,哈耶克认为主要有三个方面:在本质上,它们乃是长期性的措施;从指向上来讲,它们所指涉的乃是未知的情形而非任何特定的人、地点和物;再就它们的效力而言,它们必须是前涉性的(prospective),而绝不能是溯及既往的。其次,与上述法律必须具有一般且抽象的特性紧密勾连,哈耶克认为**“法治之法”所应当具有的第二项属性是公知的且确定的**。法律的确定性,在哈耶克那里,对于一个自由社会得以有效且顺利地运行来讲,有着不可估量的重要意义。尽管哈耶克认为法律的完全确定性只是一个人们须努力趋近但却永远不可能彻底达致的理想,但是他仍然相信这一事实并不能减损法律确定性对西方繁荣所具有的重要意义,他甚至宣称说:“就西方的繁荣而言,可能没有任何一个因素比西方普行的法律的相对稳定性所做出的贡献更大。”[88]就“法治之法”的这一特性而言,哈耶克解释说,法律的确定性乃是指法律对于个人来讲是明确的和可适用的;它明确要求存在着一套能够使阐释这些法律的法院判决成为"可预见的"的司法程序和规则框架,进而可以使人们在行动的过程中遵循它们。再次,哈耶克坚持认为,争取自由的斗争的伟大目标,始终是**"法律面前人人平等"**,然而,法律面前人人平等这项原则却不能被简单地化约为前述"法治之法"的第一项特性即法律的一般性和抽象性,一如哈耶克所言,"任何法律都应当平等地适用于人人,其含义远不止于我们在上文所界定的法律应当具有的一般性的含义",这是因为任何法律都应当平等地适用于人人的理念,意味着必须赋予由一般性规则构成的法律理念以具体内容。

毋庸置疑,哈耶克1960年法治观所确立的"法治之法"的三项重要特性的根本目的就在于保障自由,因此法治便是实现或保障自由的基础或条件。从一般意义上讲,哈耶克为其"法治之法"所确立的三项原则中,**法律的抽象性且一般性乃是最为核心的原则;而从逻辑的关系讲,哈耶克所提出的"法治之法"的第二和三项特性(即公知且确定性和平等性),都可以经由推论而从上述第一项属性中获致**:公知且确定性和平等性显然是以"法治之法"的一般且抽象的原则(以下简称为"一般性原则")为基础的,而同时也可以被认为是这项原则的不同方面。

我们在这里首先需要指出的是,哈耶克所谓的这种一般性原则是否有可能对个人自由构成限制,无疑是这个题域中的最为重要的问题。哈耶克本人也很清楚地意识到了这个问题,但是他却依旧指出:"如果我们对这种状况进行认真的思考,我们便会发现这种状况是极为罕见的。这种状况之所以是极为罕见的,乃是因为我们有着一项重要的保障措施,即这些规则必须适用于那些制定规则的人和适用规则的人……而且任何人都没有权力赋予例外。”[89]此外，哈耶克还进一步指出：“法律应当具有这种特性已成为一项原则，而且已是一项为人们普遍接受的原则，尽管它并不总是以法律形式表现出来的；这便是那些元法律规则的范例：欲使法治维续效力，就必须遵守这类元法律规则。”[90]

然而值得我们注意的是，正是哈耶克以这项核心的一般性原则为基础而提出的法律只要遵循法治的一般性原则就一定能够保障个人自由的观点，招致了最为严厉的批判。我们可以把批判哈耶克法律理论这一观点的许多论辩做这样的概括：**由于哈耶克所阐发的法治一般性原则根本无法防阻宰制性或压制性的立法，更为根本的是由于哈耶克的法治理论在基本层面上并不含有对不可侵犯的个人权利的担当，所以哈耶克的法治只有在把自由转换成高度道德的权利的时候才可能保障个人自由。**显而易见，这类批判观点的要点在于哈耶克所诉诸的一般性原则本身是不具有实质意义的，因为压制性的立法亦能通过这个标准的检测：只要立法者足够机灵，在制定法律的过程中避免论及或提及特定的群体或有名有姓的个人，那么该项在性质上属于压制性的法律就可以通过这项标准的检测。例如，要求所有个人都崇奉某种宗教的法律虽说有可能符合哈耶克法治观所设定的一般性原则，但却仍有可能对个人自由构成侵犯，一如 Hamowy 所评论的：“法律不指涉任何人名，并不能防止特定的人或群体受到歧视他们的法律的侵犯或被赋予它拒绝给予其他人的特权。对法律所采取的这种形式所规定的禁令，实是对法律平等所做的一种华而不实的保障，因为设法搞出一系列只适用某个人或群体而不指称其特定名称的描述性术语总是可能的……”[91]

对哈耶克一般性原则所提出的上述批判，在我看来，实是以那些批判者对哈耶克 1960 年法治观点的认识为基础的。一如我们所见，这些批判观点一般都认为哈耶克法治观所确立的一般性原则源出于康德的普遍性原则，而由于康德的原则乃是一个形式原则，所以哈耶克用于判断法律正当性的一般性原则也必定是一种完全形式的原则。但是需要强调指出的是，这种认识显然忽视了哈耶克在1960年以后就其法治观所提出的一系列修正性的观点：第一，哈耶克在本丛书所收入的他于1963年发表的《大卫·休谟的法律哲学和政治哲学》一文中就已经指出："我只是希望上文所述能够充分地说明这种界分（指一般且抽象的正义规则与个人行动及公众行动的特定且具体的目的之间的界分）在休谟的整个法律哲学当中占据着极为中心的位置，同时也能够充分地说明当下盛行的一种观点是大有疑问的……即**'普遍规则这一概念的近代历史始于康德'……实际上，康德对这个问题的认识直接源出于休谟的思想。当我们把眼光从休谟论著中较为理论的部分转向较具实践意义的部分的时候，尤其当我们把眼光转向他关于法治而非人治的观点以及他关于'据法自由'的基本理念的时候，这一点也就变得更为凸显了。**……有的论者指出，康德经由把他所主张的道德上的'绝对命令'观念（categorical imperative）适用于政府治理事务方面而提出了他的'法治国'理论。但是，事实却很可能与此相反，亦即康德很可能是通过把休谟业已阐发的法治观念适用于伦理学领域而提出了他的'绝对命令'理论。"[92]第二，哈耶克在本丛书所收入的他于1966年发表的《自由社会秩序的若干原则》一文中也相当明确地指出，一般性原则远非只是意指形式上的特定指涉的不存在，因为"除了把某项特定的正当行为规则置于整个正当行为规则系统的框架中加以审视或评断，否则我们就不可能对该项特定的正当行为规则是否正义的问题做出判定。这意味着，我们必须为了这个目的而把该规则系统中的大多数规则视作是不容置疑的或给定的，这是因为价值始终只能够根据其他的价值加以检测。检测一项规则是否正义的标准,(自康德以来)通常都被描述为该项规则是否具有'普遍性'(universalizability)的标准,亦即这样一种欲求的可能性:有关规则应当被适用于所有同'绝对命令'(the'categorical imperativa')所陈述的条件相符合的情势。这意味着,**在把某项正当行为规则适用于任何具体情势的时候,该项规则不得与任何其他被人们所接受的规则相冲突**。因此,这种标准归根结底是一种评断某项规则是否与整个规则系统相容合或不矛盾的标准;当然,**这项标准不仅意指某项规则与其他大多数规则之间不会发生逻辑意义上的冲突,而且还意味着这些规则所允许的行动之间不会发生冲突**"[93]。据此,法律规则依据哈耶克的一般性原则,就必须被整合进一个非冲突的规则系统之中,而且它们所允许的行动也必须处于一个和谐相容的系统之中。第三,哈耶克在本丛书所收入的他于1967年撰写的《政治思想中的语言混淆》一文中指出:"所谓'内部规则',我们所意指的是那些在它们所规定的客观情势中适用于无数未来事例和平等适用于所有的人的普遍的正义行为规则,而不论个人在一特定情形中遵循此一规则所会导致的后果。这些规则经由使每个人或有组织的群体能够知道他们在追求他们目的时可以动用什么手段进而能够防止不同人的行动发生冲突而界分出了个人确获保障的领域。这些规则一般被认为是'抽象的'和独立于个人目的的规则。它们导致了一种同样抽象的和目的独立的自生自发秩序或内部秩序。"[94]

正是上述批判观点对哈耶克注入"一般性原则"中的实质性内容的忽视,使得这些批判观点根本就无力真正地洞见到哈耶克法治观的原创性。关于这个问题的讨论,我个人以为,英国著名政治哲学家 John Gray 对上述批判观点所做的回应可以为我们较为妥切地理解哈耶克的法治观提供某种极有意义的帮助。正如我在本文开篇的时候所指出的那样,J. Gray 曾经在80 年代(20 世纪 80 年代——编者注)初发表的评论文章中不仅赞同上述批判观点而且他本人也对哈耶克的法治观进行了批判,但在历经四年的思考以后他却坦承了自己在认识哈耶克法治理论方面的贫乏[95];在这一认识的基础上,J. Gray 进一步指出,在哈耶克的法治理论中,一般性标准远非只是一种排除指涉特定的人或特殊的群体的形式标准,因为哈耶克这个一般性原则实际上具有三个步骤:第一,一般性原则设定了在相似情形之间必须前后一贯的要求,并在这个意义上设定了一个仅是形式的非歧视性要求。第二,一般性原则追问一个人是否同意那些将要调整其他人涉及他自己的行为的法律规则。显然,这是一个对行动者之间公允平等的要求。第三,一般性原则进一步要求法律规则在其他人的偏好之间应当公允无偏,而不论立法者自己的生活取向或理想——即道德中立性的要求[96]。

再者,J. Gray 在把哈耶克的法治观归纳为将一般性原则适用于法律规则必定会产生一种自由的社会秩序的命题的基础上又对此一命题做了进一步的阐发:首先,尽管哈耶克本人并没有明确分梳上文所述的普遍化的三个步骤,但是他却明确意识到,一般性原则并不只是形式的,而且还包括了这样一个实质性的要求,即它在现实世界中所允许的活动方案应当是非冲突的(conflict-free);其次,在一个社会成员几乎没有共同目的的社会中,法律一定会具有很高程度的形式特征,即它们只对一些条件进行规定,而个人则可以在这些条件下追求他们自己确定的目的和从事自己选择的活动,而不是把任何具体的目的或活动强加给个人;最后,在一个社会成员不具有共同目的或共同的具体知识的社会中,唯有赋予每个人以一个确获保障的领域的一般性规则才能被认为是可以增进合作活动之模式的规则[97]。

值得我们注意的是,哈耶克所主张的法治观中还有一个极为重要的问题,即"法治之法"的第二个特性:法律的确定性和公知性问题。毋庸置疑,哈耶克从法律的"确定性"和"公知性"出发,一定会强调法律法典化的重要性,但是他同时却又遵循其有限理性的知识论而明确指出,并不是所有决定判决的规则都是能够用文字表述的;当然,"此处的关键要点在于**法院的判决是能够被预见的,而不在于所有决定这些判决的规则是能够用文字表述的**。坚持法院的行动应当符合先行存在的规则,并不是主张所有这些规则都应当是明确详述的,亦即它们应当预先就一一用文字规定下来。实际上,坚持主张后者,乃是对一不可能获致的理想的追求。有些'规则',永远不可能被赋予明确的形式。许多这类规则之所以为人们所承认,只是因为它们会导向一贯的且可预见的判决,而且也将被它们所指导的人视作是一种'正义感'(sense of justice)的表达"[98]。

当然,以上所述不仅涉及了确定性或公知性问题本身,而且还在某种程度上揭示出了明确法典与未阐明规则之间所存在的紧张,而在我看来,其间的问题实源出于哈耶克所主张的"法治国"的性质。一如我们所知,哈耶克在1960年《自由秩序原理》一书中指出:"在法治的理想与判例法制度(a system of case law)之间似乎存在着一种至少是表面上的冲突。当然,在一业已确立的判例法制度中,法官实际造法的范围,可能并没有其在一法典法制度(a system of codified law)下的造法范围大。但是,**明确承认司法和立法为法律的渊源(尽管这与构成英国传统之基础的进化理论相符合),却仍趋向于混淆法律之制定与法律之适用之间的差异**。普通法所具有的为人们极为称颂的弹性(flexibility),在法治已成为一种为人们广为接受的政治理想的条件下,的确颇有助于法治的进化,但是我们需要追问的是,**在维续自由所**

需要的警戒消失时,普通法的这种弹性对于那些摧毁法治的种种趋势是否仍具有较强的抵抗力呢?"[99]

显而易见,哈耶克在1960年以前对普通法仍持有相当大的怀疑,但是需要指出的是,在此之后,哈耶克关于普通法的看法却发生了很大的变化[100]。我们可以把哈耶克的修正性观点征引如下:他在本丛书所收入的于1966年发表的《自由社会秩序的若干原则》一文中指出:"就此而言,我们需要强调指出以下三个要点:第一,这样一种自由秩序的观念只是在古希腊、罗马乃至现代英国这样的国家中产生,这是因为在这些国家中,**'正义'被认为是某种有待法官或学者去发现的东西,**而不是某种由任何权力机构的专断意志所决定的东西;第二,这种自由秩序的观念一直很难在另外一些国家中扎根,这是因为在这些国家中,法律主要被认为是刻意立法的产物;第三,这种自由秩序观念在世界各国都发生了式微的现象,其原因就在于无论是法律实证主义还是民主理论都把立法者的意志视作是评断正义的唯一标准。的确,自由主义既继承了普通法的理论也接受了早期的(前唯理主义的)自然法理论。此外,自由主义还是以这样一种正义观念为前提的,亦即那种可以使我们对这类正当的个人行为规则与权力机构发布的所有的特定命令做出明确界分的正义观念。前者是那些隐含在'法治'观念中的规则,同时也是自生自发秩序的型构所要求的规则,而后者则是权力机构为了组织的目的而发布的特别命令。"[101]

此后,哈耶克在本丛书所收入的他于1967年发表的《自由国家的构造问题》一文中也指出:"从历史上来看,个人自由只是在这样一些国家中才得到了确立,在这些国家中,人们认为,法律并不是任何人的专断意志的产物,**而是法官或法学家(jurisconsults)力图把那些指导正义感的原则阐释成一般**

性规则的努力所导致的结果。一如我们所知，试图用立法手段来修正一般性正当行为规则的做法，乃是历史上较为晚出的一种现象……实际上，早期经由刻意的'立法'所做的大多数规定，所指涉的基本上都是一些有关政府组织和运作的问题而不是有关正当行为规则的问题。"[102]

当然，在本丛书所收入的他于1967年发表的《政治思想中的语言混淆》一文中，哈耶克更是明确地指出："创制法律或立法始于公法领域，而在私法领域中，数千年来，私法的发展则是经由一种发现法律的过程而得以展开的——在这种发现法律的过程中，法官和法学家所试图发现和努力阐明的只是那些长期以来一直支配着人们行动的规则和'正义感'。……一如我们所知，**内部规则意义上的法律观念……只是在罗马和现代英国这样的国家里存在，而且还是与个人自由的理想一起得到维续的——在这些国家中，私法乃是在判例法而非制定法的基础上发展起来的。**……在这个方面，有一个重要问题尚未得到人们的普遍理解，即作为判例法程序的一个必然结果，那种以先例(precedent)为基础的法律必定只是由那种含有普遍意图的、目的独立的和抽象的行为规则构成的；而这些规则正是法官和法律学者试图从早期的判例中提炼出来的。但是，立法者制定的规范却不存在类似的内在限制，因此立法者也就不太可能把遵循这样的限制作为他们必须承担的首要任务。……传统上视法律为内部规则的观念构成了法治、法律下的政府以及权力分立这类理想的基础。"[103]

最后，哈耶克在本丛书所收入的他于1973年发表的《自由主义》一文中最为明确地指出："如果政府实施的规则要成为法律(亦即成为英国式自由主义传统中用以指称自由之条件的那种法律)的话，那么这些规则就必须具有像英国普通法这样的法律所必须拥有的某些特征：第一，它们必须是一般性的个人行为规则;第二,它们必须在无数的未来情势中平等地适用于所有的人;第三,它们必须对确获保护的个人领域做出界定;因而,第四,它们必定在本质上是具有禁令性质的一般性规则而不是具体的命令。然而我们知道,立法的产物却未必拥有这些特征。"[104]

经由上述的征引文字,我们确实可以发现,**哈耶克对普通法的看法发生了很大的变化,亦即从怀疑普通法到相信普通法直至将普通法视作是保障自由或者构成自由之条件的法律的标准**。J. Gray 在讨论这个问题的时候甚至明确指出:"哈耶克后来的观点——亦即他在《法律、立法与自由》三卷本的最后一卷中所阐明的观点——认为,自由国家有着一种**普通法法治国的形式**(the form of a common-law Rechtsstaat)。"[105]从我自己的研究来看,哈耶克观点发生的这一重大改变,就其内在逻辑的演化而言,实是与我在前文所指出的哈耶克在 1960 年以后详尽阐发的这样几个观点有着紧密的勾连:一是哈耶克对有限理性的无知论知识观的明确阐释,因为这个观点指出了立法所具有的内在限度;二是由此而形成的"三分观"("自然"、"理性"和"理性不及"),以及在此基础上进一步阐明的**"法律与立法的二元观"**,因为这个观点为哈耶克批判当下混淆立法与法律间本质的区别奠定了基础;三是哈耶克所主张的**制度进化观**,因为这个观点使他明确意识到法典化过程完全有可能无视他所主张的个别规则与整个规则系统之间"一致性"和"相容性"的否定性检测标准。

除此之外,我认为,还有一个因素对哈耶克改变他的法治观产生了极为重要的影响。1961 年,Bruno Leoni 出版了一本题为 *Freedom and the Law*(即《自由与法律》)的著作[106]。在这部著作中,Leoni 对哈耶克于 1955 年在开罗所做的"法治的理想"演讲中把英国的法治观念简单化地比附成欧洲大陆的法治国(Rechtsstaat)传统的做法进行了批判。Leoni 在批判的过程中指出了这样一个核心观点,即**欧陆法治传统中的确定性观念与普通法中极为重要的确定性观念**之间存在着很大的区别。一如哈耶克的早期观点,欧陆法治传统认为,确定性原则意指法律对于公民来讲是明确的和可适用的;尽管 Leoni 并不认为这种确定性观念不具有价值,但是他却明确地论辩说,这种确定性本身并不足以确使哈耶克所主张的个人自由免遭强制;更为重要的是,哈耶克所主张的这种确定性观点还致使**他忽视了英国普通法法治观中一个相当重要的观点,即确定性在普通法中所意指的主要是规则稳定而免受修正,因此普通法在给予个人以一个稳定活动的框架方面要比立法更为成功,因为欧洲大陆所主张的立法极易受到任何一个多数所可能产生的变化无常的即时兴致的影响**。与此紧密相关的是,Leoni 在对那种以法治国法典化法律的理想为基础的法律(作为主权者颁布的立法的法律)进行批判的过程中还指出了另一个核心观点,即**现代社会在法律语境中把法律统合或集权于立法的做法,与中央经济集权在经济领域中一样,不仅困难而且极不可能**。正如中央集中配置经济资源会导致浪费并致使经济活动的协调程度低于市场所能提供者一般,中央集权的立法在应对复杂且日益变化的情势时亦无法与普通法的精妙相媲美[107]。

毋庸置疑,就我对哈耶克论著的阅读和研究结果表明,哈耶克在 1960 年以后出版的所有论著中根本就没有明确指出他是在 Leoni 这部著作的影响下改变其观点的[108],但是值得我们注意的是,在 1962 年 4 月 4 日致 Leoni 的信函中,哈耶克却明确指出,他不仅为 Leoni 出版《自由与法律》一书感到高兴,而且该书中的观点也给予了他以新的启示。哈耶克在简略讨论了这些观点以后指出,他希望在一本关于《法律、立法与自由》的“小书”(a little pamphlet)中提出这些问题[109]。显而易见,哈耶克在批判家 Leoni 的影响下,同时也是在其知识观转换这一更为紧要的基础上,日益洞见到了普通法作为个人自由保障者的重要性并且逐渐解决了他早期关于立法与普通法在自生自发秩序中的位置的论述中所隐含的紧张之处。此外,在我看来,也正是在 Leoni 观点的影响下,哈耶克才有可能在此后对洛克的法律观做出非常重要的批判,"就此而论,**甚至约翰·洛克有关自由社会的所有法律都必须是事先'颁布的'或'宣告的'论点,似乎也是建构论那种把所有的法律都视为刻意创造之物的观点的产物**,因为他的论点意味着,经由把法官的职能限于对业已阐明的规则的适用,我们便能够增进法官判决的可预见性。然而,这却是错误的。事先所颁布的或宣告的法律,往往只是对原则所做的一种极不完善的表述,而人们在行动中对这些原则的尊重更甚于他们用文字对它们的表达"[110]。

从上述哈耶克的论述以及我们此前的讨论中,我们可以发现,**哈耶克经由法治保障自由的理想实际上并没有发生变化,只是他理解实现这种理想的制度方法发生了变化**。在哈耶克的早期著述中,一如我们所见,他趋向于把自生自发秩序所需要遵循的法律规则与法治国的"高级法规定"明确联系在一起,并且在此基础上指出他的"高级法规定"乃是欧陆论者经由从英国普通法和英国不成文宪法的发展中汲取养分而确立的那些法律的特征。然而,哈耶克晚期对法律问题的论述虽说仍然关注自生自发秩序的法律框架所应具有的宽泛特性,但是,他对这个框架的说明以及对这个框架之发展的阐释却转向了对普通法的强调以及对法律乃是有待法官或法学家发现之物的观念的强调:他明确认为法律乃是经由法官或法学家和行动者不断做出的发现和否弃而发展起来的[111]。这里的关键在于哈耶克不再从欧洲大陆的法典法法治国的角度出发去设定法律所应当具有的特性，而转向了从普通法的角度亦即从日常司法实践活动过程中的法律规则的角度出发去阐发它们所表现出来的并使之区别于组织秩序所遵循的外部规则的特性。

哈耶克认识进路所发生的这一变化，在更深的层面上意味着法律也是人类历史进程中的一部分。它们直接生成于人们彼此之间的互动关系之中并调整着人们的行动，它们与社会同时而在，因而也就先于国家的出现而在。在这个意义上讲，法律不是任何政府权力的创造物，而且也肯定不是任何主权者的命令。因此，法律诸原则乃是社会生活的内在方面，而且对它们的陈述，亦即自由之法，并不是设计或刻意计划的产物，而是自生自发的结果。它们为个人提供了一个相对和谐的规则框架，个人在其间可以合理安全地行事。显而易见，哈耶克“普通法法治国”的确立，使他达致了对法律进化过程的理解，而“对法律进化过程的理解又达致了一个极为重要的洞见，即从此一进化过程中生成的规则必定会拥有某些为统治者所发明或设计的法律可能会拥有但却未必会拥有的属性，而且只有当这些法律的制定所仿效的是那些从阐释先已存在的惯例的过程中所形成的规则的时候，它们才可能拥有这些属性”[112]。

四、结语：哈耶克关于自由主义与非西方或发展中国家间关系的讨论

在我选编的这本“哈耶克论文集”中，所收入的论文虽说没有一篇论文专门对个人主义这个问题进行讨论，但是不容置疑的是，个人主义实是哈耶克自由主义理论的基本预设之一。此外，“哈耶克论文集”还收入了哈耶克

在讨论社会科学与自然科学的关系以及学科建设与大学教育制度的关系方面的一系列论文,其间涉及许多具有重要意义的问题,而最为重要的问题则是哈耶克关于**社会科学之主观性质**的问题。如果说"后现代论,除了其他意涵以外,往往意指对客观真理的不可获得性质的信奉以及对目的论的、化约论的或本质主义的思想方式的否弃"[113],那么哈耶克对既有的社会科学客观论的批判便在某种程度上意味着**哈耶克思想的"后现代时刻"**[114]。然而需要指出的是,尽管哈耶克所主张的**"方法论的个人主义"**对于他的自由主义理论极为重要,又尽管哈耶克所持有的社会科学主观论对于他认识复杂的社会现象和建构他的社会理论极为重要,但是我却不想在这里对它们加以讨论[115],因为我更想在本文的简短结语中对哈耶克于此一期间所论涉到的自由主义及其制度与非西方或发展中国家的关系问题做一番简要评注。

首先需要说明的是,尽管哈耶克极其赞美并称颂那些认真研究不同文明间关系的学者,一如他在芝加哥大学社会科学研究大楼启用25周年纪念会上所做的演讲中坦诚指出的:"我还没有讨论综合的必要性,也没有论及努力从整体上理解我们的文明或者任何其他文明的问题,当然更未论及对不同文明进行比较研究这个更具雄心的构想。我不想对这些努力做什么评论,至多只是表示这样一种看法,即颇为幸运的是,在今天的学术界,偶尔会出现个别特别杰出的人士,他们不仅有能力而且也有勇气把整个人类世界作为他们的研究对象。在今天晚上稍晚些时候,你们将有幸听到一位伟大学者的演讲,因为在这个领域中,就实现这项看似不可能完成的使命而言,这位学者很可能是当今最接近这个目标的人士"[116],但是哈耶克本人却不曾在这个方面做过任何系统的努力。因此,我在下文中所征引的哈耶克的论述,实际上只是他在讨论其他问题的时候顺便做出的,而唯有他在本丛书所收入的《理性主义的种类》一文中所做的讨论除外。但是值得我们注意的是，我个人认为，哈耶克的有关论述并不会因此而减损它们对于我们的某种启示意义，相反，它们完全有可能从另一个维度为我们提供了反思我们自己在借鉴和学习西方文明过程中所存在的问题的视角。

根据我对哈耶克文献的了解，哈耶克曾在下述四个方面论涉到了自由主义与非西方或发展中国家间的关系：

第一，**发展中国家应当从西方国家学习西方早先建构文明的方式和对自由的信奉，而不应当借鉴和采纳西方国家在成功发展以后所引发的各种替代性方案的梦想**。正如哈耶克所明确指出的："西方知识分子在很大程度上放弃了自由信念，然而在西方的历史上，恰恰是这种对自由的信奉，使西方世界得以完全充分地利用了那些能够导致文明之发展的力量，并使西方文明获得了史无前例的迅速发展。因此，那些来自较不发达国家的、承担着向其人民传播理念之使命的人士，在接受西方训练的过程中，所习得的并不是西方早先建构文明的方式，而主要是那些由西方的成功所引发的各种替代性方案的梦想。此一发展趋向，甚为不幸，因为这些西方信徒行事所依据的信念，虽说会使他们各自的国家较快地模仿并获致西方的若干成就，但是它们亦将阻碍这些国家做出它们各自的独特贡献。更有进者，并不是西方历史发展的所有成就都能够或都应当被移植于其他文化基础上之上的。"[117]

第二，哈耶克认为，**作为一种发现探索过程的竞争，在那些高度发达的经济制度中极为重要，但是它之于低度发达的社会却有着更大的重要性**。一是因为"那种认为我们在业已取得高度发展的国家中能够预见并控制那种因技术进一步发展而产生的社会结构的观点，尽管在很大程度上是错误的,但却不是完全荒谬的。然而需要指出的是,那种以为我们在一个低度发达国家(即首要问题乃是发现什么物质资源和人力资源可资使用的那种国家)中也能够事先确定其社会结构的观点,或者那种以为我们能够预测出我们采取的任何措施对这样一种国家所具有的特定影响的观点,就纯属异想天开了";第二个原因是哈耶克认为,"只有当少数乐意且有能力尝试新方法的人能够使众人感到有必要效仿他们并且同时又能够为众人指明方向的时候,风俗习惯才可能发生必要的变化。如果众人可以迫使少数人继续因循传统方式,那么必要的发现过程就会受到阻碍或禁止。当然,一些人之所以不喜欢竞争,个中的主要原因之一便是竞争不仅指出了人们如何方能够把事情做得更具效率,而且还迫使那些依赖市场获取收入的人直面这样一种抉择:要么效仿更为成功的人士,要么失去部分或者全部的收入。正是依凭这样一种方式,竞争产生了一种非人力的强制:它迫使无数的个人必须以一种任何刻意的指令或命令都不可能促成的方式去调整他们的生活方式";第三个原因则是"那种采用中央指令的方式去服务于所谓的'社会正义'的做法,很可能是一种唯有富裕国家才能够负担得起的奢侈之举……但是对于贫困的国家来说,采取中央指令的方式去服务于所谓的'社会正义'的做法,却肯定不是这些国家能够据以增进它们对迅速变化的情势做出相应调适的一种方法——然而我们知道,这些贫困国家的发展却必须以这种调适为基础"[118]。

第三,哈耶克在《理性主义的种类》一文中专门讨论了日本思想家应当如何看待西方理性主义的问题,并且明确告诫日本思想家,**那些把欧洲传统中看似最具特色的某种东西推至极限的学派,实际上与那些不充分承认有意识理性之价值的人一样,都是极其错误的,只是这二者的错误方向不同而**

已:前者完全无视理性的限度,而后者则完全无视理性的作用。因此,哈耶克希望日本思想家能够研究和认识西方社会中的与唯理主义相区别的"批判理性主义"传统,因为它在创建现代欧洲文明的基础,尤其是在创建自由主义的政治秩序方面很可能做出了更大的贡献。当然,哈耶克关于这个问题的讨论,对于非西方社会的中国思想家来讲也显然有着极为重要的意义。他在该文中指出:"对明确使用理性的崇拜,乃是欧洲文明过去三百年发展过程当中的一个极为重要的因素,但是在日本本土的进化过程中却不曾起到过如此重要的作用;对于这一点,我想我没有错。此外,我们也很可能无从否认这样一个事实,即在17,18,19世纪,刻意地把理性当做一种批判工具加以使用,也许是欧洲文明取得比其他文明更为迅速的发展的主要原因。因此,相当自然而然的是,当日本思想家开始研究欧洲思想发展过程中不同思潮的时候,他们特别容易为那些似乎代表了这种最极端且最明确的唯理主义传统的学派所吸引。……颇为幸运的是,这种建构论唯理主义并不是欧洲传统可以贡献给人们的唯一的哲学……你们还可以发现另外一种较为低调且比较平实的传统:尽管它在建构宏大的哲学体系方面着力不多,但是它却很可能在创建现代欧洲文明的基础,尤其是在创建自由主义的政治秩序方面做出了更大的贡献(而建构论唯理主义则始终是反对自由主义的)。这个传统也源自于古典古代,亦即亚里士多德和西赛罗(Cicero);当然,这个传统在很大程度上是通过圣·托马斯·阿奎纳(St. Thomas Aquinas)的论著而传播至现代社会的,而在过去数个世纪中,它在很大程度上是经由政治哲学家的努力而得到发展的。……我今天演讲的主要目的之一就是要使你们关注这种传统。我相信,如果你们对这种传统进行考察,那么你们就会发现,与此前数代日本人在极端的笛卡尔—黑格尔—马克思学派的唯理主义那里所发现的东西相比较……这种传统并不是一种植根于欧洲思想发展某个特定阶段的片面的夸张之物,而是提出了一种真正研究人性的理论,所以它应当可以为你们的研究提供一个基础,而你们自身拥有的经验又能够使你们在发展和推进这种基础的方面做出重要的贡献。这种有关心智和社会的观点明确认为,传统和习惯在心智和社会的发展过程中起着相当重要的作用。这种观点可以使我们认识到那些在极端唯理主义的影响下成长起来的人往往认识不到的许多东西。此外,它还可以使我们认识到这样一个事实,即与那些较为精致繁复的设计相比较,一些并非经由任何人的发明而自我发展起来的制度,有时候可以为文化的发展提供一个更好的框架。"[119]

第四,也是最为重要的,哈耶克在《法律、立法与自由》第三卷"自由社会的政治秩序"中极富洞见力地指出了**非西方社会从西方国家移植民主制度的前提性问题,即非西方国家在移植西方民主制度的时候必须关注支撑这一制度的很可能未形诸文字的相应传统和信念。我个人认为,哈耶克关于这个问题的论辩,不仅涉及民主制度,而且也可以同样适用于法律制度、经济制度、司法制度等。因此,他的这一论辩对于一直在思考中国传统文化与后来建构的现代制度间繁复关系[120]的中国论者来说有着极为重要的意义。**哈耶克明确指出:"正是这些传统和信念,在那些较为幸运的国家中始终构成了它们的宪法得以有效发挥作用的基础,尽管这些传统和信念并没有明确陈述出宪法所预设的全部内容,甚或还没有形诸文字。当然,新兴国家的情况就更是如此了,因为在这些国家中,甚至连一个与欧洲国家长期信奉的法治理想略具相似的传统都没有。据此我们可以说,这些新兴国家实际上只是从欧洲国家那里移植了民主制度而已,但是它们却没有这些民主制度所预设的信念和观念作为它们的坚实支撑。"哈耶克紧接着告诫我们:"如果我们不想让移植民主制度的种种尝试归于失败，那么我们在建构这种新的民主制度的时候，就必须对大多数作为这些制度之基础的未形诸文字的传统和信念给出详尽的阐释，因为在成功的民主制度中，正是这些传统和信念曾在相当长的时期内制约了人们对多数权力的滥用。当然，大多数移植民主制度的尝试已告失败的事实，并不能够证明民主这个基本观念不具有现实适用性，而只能够证明这样一个问题，即那些在西方国家曾一度运行大体良好的特定制度乃是以人们默会地接受某些其他原则这个预设为基础的——这就是说，在西方国家中，这些为人们以默会方式承认的原则在某种程度上得到了人们的遵循。因此，在那些尚未认识到这些原则的国度里，人们就必须把这些默会性原则作为宪法的一部分明确写进成文宪法之中，就像把其他的原则写进宪法一样。我们没有权利声称，在我们这里行之有效的特定的民主制度，在其他的地方也必定会行之有效，因为经验似乎表明，这些民主制度在其他地方并不奏效。因此，我们完全有理由做这样的追问，即西方代议制度以默会方式预设的那些观念，究竟如何才能够被明确地纳入到这类成文宪法之中呢？”[121]

最后，我想征引哈耶克在《法律、立法与自由》（全三卷）“跋文：人类价值的三个渊源”中所阐发的一个支配着其自由主义思想及其建构过程的核心观点来结束本文：**“人不是而且也永远不会是他自己命运的主宰：因为人的理性乃是通过把他引向他可以习知新东西的未知且未可预见的境况之中的方式而持续不断地取得进步的。”**[122]

【注释】

[1]哈耶克著：《自由秩序原理》，邓正来译，三联书店1997年版。这里需要强调指

出的是哈耶克此书的译名问题。一如我们所知,该书引入汉语世界以后,该书书名的泽法极不统一:台湾周德伟等人将其译作《自由的宪章》,刘锋在译霍伊《自由主义政治哲学》一书时将其译作“自由宪法”(三联书店 1992 年版),我将其译作《自由秩序原理》(三联书店 1997 年版),而杨玉生等人仍将其译作《自由宪章》(中国社会科学出版社 1999 年版)。当然,该书书名的译法不同,不只是翻译择词的问题,更是对哈耶克自由主义社会理论和知识观的理解问题,而我之所以主张译作《自由秩序原理》,个中的详尽缘由请参见拙文《〈自由秩序原理〉抑或〈自由的宪章〉:哈耶克 *The Constitution of Liberty* 书名辨》(载拙著《自由与秩序:哈耶克社会理论的研究》,江西教育出版社 1998 年版)。在这里,我仅征引哈耶克本人在《法律、立法与自由》中所提供的一个说明以及我本人对它的理解,以期有助益于读者对此一问题的理解:“如果我早在出版 *The Constitution of Liberty* 一书时就知道我会着手本书所试图进行的研究工作,那么我就会把那部著作的标题留下来,用在现在这部书上。我在当时采用 constitution 一词时,是在该词的广义上使用这个词的,其间我们亦用它来指称人的适宜的状态(the state of fitness of a person)。只是在现在这部书中,我才致力于回答这样一个问题,即什么样的宪法性安排(constitutional arangements),即法律意义上的宪法性安排,才可能对维护个人自由有最大的助益”(“导论”第 5 页)。哈耶克这段晚出的关键文字,按照我个人的理解,至少向我们揭示了理解 *The Constitution of Liberty* 这一书名的两个要点:首先,这个书名中的 Constitution 乃是指人的适宜的状态,即个人的自由状态或集合意义上的自由秩序;同时他通过这个书名所试图表达的乃是 *The Constitution of Liberty* 这本书的研究对象,一如他在该书的第一章开篇所指出的:“本书乃是对一种人的状态的探究,在此状态中,一些人对另一些人所施以的强制在社会中被减至最小可能之限度。”当然,“自由秩序”这个研究对象不同于《法律、立法与自由》所确立的具体研究对象,因为后者的具体研究对象或试图回答的具体问题乃是什么样的宪法性安排才可能对维护个人自由有最大的助益。其次,哈耶克的上述说明文字还表明,他乃是在两个不同的层面上处理前后两本书的具体研究对象的,即从重述古典自由主义原则的层面向主要是重构法律制度的层面的转换,后者乃是在文化进化规则系统限度下的论题。20 世纪 50 年代,哈耶克对自由遭受威胁的问题有一个基本的判断,即在过去,“人们只是模糊地认识到了这一理想或者说不尽完善地实现了这一理想。因此,如果要使这一理想成为解决当下问题的指导,就必须对其做出进一步的厘定和阐明”。正是这种判断,决定了哈耶克在阐释原则的层面上研究人的自由秩序的问题,当然他也对一些重大的政策进行了分析,然而这种分析充其量也只是“对这些原则的验证”。到了六七十年代,哈耶克日益认识到,要对那些以制度作为基础的支配着当下西方人的种种信念做出重大的修正,仅诉诸原则的阐释和寄希望于社会的道德是不充分的。这是因为那些信念所依凭的原本旨在保护个人自由的宪政制度已无法实现它们的目的,所以必须从原则阐述的层面转向变革这些制度的层面,而这就是哈耶克所谓的文化进化下的“制度性发明”(institutional invention)。正是基于上述我对哈耶克说明的解读,我认为应当把哈耶克社会政治理论下的 Constitution 理解成一种“秩序”,而把整个书名译作“自由秩序原理”。综而述之,采用这个译名,一是为我们理解作为一位纯粹经济学家的哈耶克转向研究社会政治哲学的学术旨趣留下了可能的空间;二是符合哈耶克社会政治理论的内在理路;三是完全符合哈耶克本人对这一书名的说明,最后也不含译者对哈耶克社会政治理论的任意限定。

[2]参见石元康:《海耶克论自由与法治》,载《二十一世纪》,香港中文大学中国文化研究所编,1999 年 12 月号,第 76 ~ 89 页。

[3]我在阅读石元康的这篇论文时确实对其间反映出来的两个问题极感困惑和不

解,而且也正是立基于这个原因,在同道约我对石元康这篇论文写一篇评论文章的时候,我婉言谢绝了。实际上,石元康这篇论文所讨论的论题,极具理论上的意义,但是坦率地讲,论题的重要性,并不能够证明对这个论题所做的任何讨论也是重要的。我显然不可能在这里对这个论题展开详尽的讨论,但是我至少可以指出这样一个事实,即哈耶克法治观的具体论辩的确立,乃是以他对“唯理主义的自然法”和“法律实证主义”的批判为依凭的,而且也是在他对“正义与权利”“权利法案”以及“法律与立法”进行讨论的过程中展开的,更是以他所阐发的“理性有限”的文化进化论为哲学基础的。由此我可以提出一个相关的问题,即哈耶克为什么不诉诸“权利”而主张“法治”呢?不论哈耶克的观点正确与否,我个人认为,只要一个论者在讨论哈耶克的“自由与法治”观的时候,无视这个“为什么”的问题以及构成这个问题的理据,那么这样的讨论就很难说不是一种简单化的处理。

[4]需要指出的是,哈耶克在1960年出版了《自由秩序原理》一书以后并没有停止他的思考,而是在历经十多年的努力以后分别于1973年、1976年和1979年——亦即他的80岁生日之际——发表了他的最后一部系统性的学术巨著:*Law, Legislation and Liberty* 全三卷。这部重要著作大体上依据“法律、立法与自由”这个总标题所关涉的庞大主题而相应地被分成三卷:第一卷为“规则与秩序”(*Rules and Order*)、第二卷是“社会正义的幻象”(*The Mirage of Social Justice*)、第三卷则是“自由社会的政治秩序”(*The Political Order of a Free People*)。《法律、立法与自由》(全三卷)中译本由中国大百科全书出版社于2000年出版,邓正来、张守东和李静冰译。

[5]这里需要指出的是,哈耶克于1955年在开罗所做的“法治的理想”演讲,实际上就是哈耶克1960年《自由秩序原理》一书中关于法治论述的基本大纲。

[6]参见 Jeremy Shearmur, *Hayek and After: Hayekian Liberalism as a research*

programme, London and New York: Routledge, 1996, p. 92。

[7] John Gray 于 1980 年至 1983 年期间共写了五篇论文,它们是:"F. A. Hayek on Liberty and Tradition," *The Journal of Libertarian Studies*, 4 (Spring 1980): p. 119 ~ 137; "Hayek on Liberty, Rights and Justice," *Ethics: Special Issue on Rights*, 82, No. 1, (October1981) pp. 73 ~ 84; "Hayek on Spontaneous Order," (Unpublished paper presented to The Carl Menger Society Conference on Hayek, London, 30 October 1982); "F. A. Hayek and the Rebirth of Classical Liberalism," *Literature of Liberty*, Vol. V, No. 4, (Winter 1982): p. 19 ~ 66; "Hayek as a Conservative," *The Salisbury Review* (Summer 1983). 这里值得我们注意的是, J. Gray 的确在 1989 年发表了一部讨论各种自由主义的论文集,而且其中也收入了一篇他对哈耶克思想的讨论文章,即"Hayek on Liberty, Rights and Justice",但是这篇论文却是他于 1981 年发表在 *Ethics: Special Issue on Rights*, 82, No. 1 (October 1981: pp. 73 ~ 84) 之上的。

[8] John Gray, *Hayek on Liberty*, Basil Blackwell, 1984.

[9] 同上, p. x。

[10] 同上, p. 62。

[11] 参见拙著:《自由与秩序:哈耶克社会理论的研究》,江西教育出版社 1998 年版,第 70 ~ 71 页。

[12] 我之所以把这段时间确定为 25 年,主要原因是我认为哈耶克关于这个问题的讨论应当起始于 1955 年他在开罗所做的"法治的理想"演讲。我曾经在《〈自由秩序原理〉抑或〈自由的宪章〉:哈耶克 *The Constitution of Liberty* 书名辨》一文中指出:"1854 ~ 1855 年的冬春时节,当时最重要的思想家之一的穆勒,因健康的缘故前往意大利和希腊做旅游疗养,并在罗马的 capitol 山散步时获得了撰写《论自由》一书的灵感,于 1859 年诞生了在伊赛亚 · 伯林看来'建立了近

代自由主义'的伟大论著。在近百年以后的1955年,本世纪(指20世纪——编者注)一位在我看来确立了当代自由主义的重要学者,在编辑评注穆勒于当年旅游期间书写的大量但却未发表的书信的过程中,偕夫人沿穆勒百年前在欧洲的游历路线重游,甚至按照穆勒在自传中的说法,专门前去穆勒产生撰写《论自由》一书的灵感的地方散步,期求获得同样的灵感。这个学者就是本世纪(指20世纪——编者注)西方最著名的自由主义学术团体'朝圣山学社'(The Mont Pelerin Society)的领袖人物和后来在1974年与缪尔达尔一起赢得诺贝尔经济学奖的弗里德利希·冯·哈耶克。也许因为哈耶克因穆勒所撒的小谎而未能在散步的时候获得灵感,但他却在紧接着去埃及开罗讲学的过程中形成了撰写一部研究'自由'问题的著作的计划(参阅 S. Kresge and L. Wenar, ed., *Hayek on Hayek: An Autobiographical Dialogue*, Routledge, 1994, pp. 129~130);这样,他在1959年他的60岁生日那天——亦即穆勒出版《论自由》的整整一百年以后,杀青了他集中撰写了4年的 *The Constitution of Liberty*:他给自己的生日献了一份寿礼,也给我们贡献了一份宝贵的、至少是值得我们严肃研究的思想财富。"参见拙著:《自由与秩序:哈耶克社会理论的研究》,江西教育出版社1998年版,第140~141页。

[13]参见哈耶克:《法律、立法与自由》第三卷"序言",中国大百科全书出版社2000年版,邓正来等译,第264页。此外,需要指出的是,尽管哈耶克自由主义社会哲学体系的建构,在某种意义上是以1937年发表的著名论文《经济学与知识》至1960年出版的巨著《自由秩序原理》这一期间所提出的一系列重要论点为依凭的,正如他本人在20世纪60年代发表的一篇论文中所给出的提示一般:"我关于人在新的和不可预见的情形的生活中协调持续性行动需要抽象规则所做的论述,甚至更适用于具体情势中许多不同个人的行动的协调,这些情势只在部分上为每个个人所知道,而且也只有在它们出现的时候才能为他们所

知道。这导使我达致，在我个人的学术发展中，我进行所有反思的出发点，而且它或许可以解释为什么我……从专门经济学转入了对所有那些常常被视为哲学的问题的探究。回顾这些变化，这似乎始于我将近三十年前所发表的《经济学与知识》的论文。在这篇论文中，我考察了在我看来纯粹经济学理论所具有的一些核心困难。该论文的主要结论是，经济学理论的任务乃在于解释一种经济活动的整体秩序(overall order)是如何实现的，而这个过程运用了并非集中于任何一个心智而只是作为无数不同的个人的独立的知识而存在的大量的知识。但是，从这一认识到获致下述恰当的洞见还有很远的路要走，即个人在其行动中遵循的抽象规则与作为个人回应(亦即在那些抽象规则施加于他的限度内对所遇到的具体而特定的情势所作的回应)的结果而形成的抽象的整体秩序之间关系的洞见。……我达致了我所认为的一幅关于自生自发秩序之性质的全新图景(参见本丛书所收入的哈耶克于1965年发表的《理性主义的种类》一文)"。但是显而易见，对此期间的论点进行翻译和讨论却不是这部"哈耶克论文集"所能承担的任务。

[14]哈耶克:《法律、立法与自由》第一卷"序言"，邓正来等译，中国大百科全书出版社2000年版。这里需要指出的是，哈耶克本人之所以在《法律、立法与自由》第一卷的序言中只提到1967年出版的《哲学、政治学和经济学的研究》一本论文集，这完全是因为第一卷出版的时间是1973年，而《哲学、政治学、经济学和观念史的新研究》的论文集只是在1978年才得以面世，所以在1973年的时候他不可能让读者去参阅1978年出版的论文集。但是，我们在今天研究哈耶克这段时间的思想和他的《法律、立法与自由》三卷本时，当然应当同时参阅这两本论文集了。

[15]参见Hayek, *New Studies in Philosophy, Politics, Economics and the History of Ideas*, Routledge & Kegan Paul, 1978, Preface, p. Vii。

[16]坦率而言,这种学科归类的编目方式乃是相当武断的,实际上哈耶克本人在编辑 *New Studies in Philosophy, Politics, Economics and the History of Ideas* 一书时也承认他的一些论文较难确定归入何种范畴(参见该书“序言”)。除此之外,需要指出的是,我几乎还为所有论文中的重要观点都特别撰写了“按语”和“译注”,以期使读者能够更好地理解哈耶克各篇论文中的重要观点在理论上的或事件上的基本脉络。

[17]有关哈耶克自由主义哲学的性质,相当繁复。仅就西方论者对此所做的解释而言,我曾经在《哈耶克社会理论的研究:〈自由秩序原理〉代译序》一文中指出,其间较具典型意义的乃是保守主义的解释,“这种解释认为,尽管哈耶克本人在《自由秩序原理》著名的跋文中明确阐说了他为什么不是一个保守主义者的理由,但是,如果我们赞同 K. Minogue 有关保守主义道德论辩的定义,即把它视作一种不仅强调业已确立的传统的价值而且也旨在阐释那些反对个人理性能充分证明和指导人类事务之主张的哲学论辩(K. Minogue 有关保守主义的讨论,参阅他在 P. Edwards 所主编的 *The Encyclopaedia of Philosophy*, London, 1967, Ⅱ, pp. 195 ~ 198 所撰写的‘保守主义’条目;又参阅《布莱克维尔政治学百科全书》‘保守主义’条目,中国政法大学出版社 1992 年版,邓正来主编译,第 157 ~ 160 页),并根据此一定义来检视哈耶克的自由主义哲学,那么我们可以说,哈耶克本人给出的那些理由并不能使他豁免于论者们依旧视他为一个保守主义者,这是因为哈耶克关于规则系统文化进化过程所具有的理性不及的性质与个人理性的限度的认识,不仅使哈耶克得出了个人无法根据理性完全证明社会和规则之正当性的结论,而且还致使他强调传统和社会秩序的重要性。换言之,在哈耶克那里,业已确立的传统的正当性乃植根于它的理性不及的性质和它所具有的独一无二的调适价值;就此而言,哈耶克凸显出了他的自由主义哲学的保守主义一面。当然,我们在这里需要强调指出的是,由于哈

耶克的保守主义所试图守成的自发社会秩序乃是一种抽象的秩序，所以它并不是那种以 R. Scruton 为范例的‘实质的保守主义’（substantive conservatism），而毋宁更趋近于以 Oakeshott 为代表的‘抽象的保守主义’（abstract conservatism）”。参见拙著《邓正来自选集》，广西师范大学出版社 2000 年版，第 216～217 页；而关于抽象保守主义，参见 Oakeshott, *Rationalism in Politics and Other Essays*, London, 1981；关于实质保守主义，请参见 R. Scruton, *The Meaning of Conservatism*, 2nd ed., London, 1984。他们两者间的区别，主要在于他们所守成的对象完全不同：抽象保守主义者主要欲求坚持的乃是一种人的互动方式，在 Oakeshott 看来，这种方式并不是由他所谓的“文明结社”的政治结构所产生的，而是在其间得到维续的；然而，Oakeshott 的这种抽象保守主义与 R. Scruton 的保守主义不尽相同，这主要是因为后者较少关注特定结社方式的维续，而更关注现存文明秩序的维护。R. Scruton 认为，保守主义所应当维护的必须是合法建构的实际存在的文明秩序，因此保守主义的使命便在于反对和防阻这种状态的丢失。

[18]哈耶克：《法律、立法与自由》第三卷“序言”，邓正来等译，中国大百科全书出版社 2000 年版，第 261～262 页。

[19]哈耶克：《自由秩序原理》“导论”，邓正来译，三联书店 1997 年版，第 7 页。

[20]参见本丛书所收入的哈耶克于 1965 年发表的《理性主义的种类》一文。

[21]参见拙文：《知与无知的知识观》，载拙著《自由与秩序：哈耶克社会理论的研究》，江西教育出版社 1998 年版，第 85～86 页。

[22]同上，第 69～139 页。

[23]参见哈耶克：《自由秩序原理》，邓正来译，三联书店 1997 年版，第十章第七节，第 199～202 页。

[24]参见本丛书所收入的哈耶克于 1966 年“朝圣山学社”发表的《自由社会秩序的

若干原则》一文第九节。

[25]参见本丛书所收入的哈耶克于 1967 年撰写的《政治思想中的语言混淆》一文第一节。

[26]关于哈耶克所主张的"自生自发秩序"这个"核心概念",C. C. Roche 指出:"在很大程度上我们要感谢哈耶克的洞见,是他使我们现在认识到了自由与社会组织的密切关系以及自由与法治的密切关系",因为"'自生自发的秩序'概念是哈耶克最伟大的发现,亦是其法学和经济学的根本原理。这项发现可以追溯到亚当·斯密及其'看不见的手'的比喻,亦即认为'市场'是人类社会内的陀螺仪(gyroscope),它不断产生着自生自发的秩序"(George C. Roche Ⅲ,"The Relevance of Friedrich A. Hayek",in *Essays on Hayek*, ed. ,F. Machlup,Routledge & Kegan paul,1977,p. 10)。C. P. O' Driscoll 则指出:"自生自发秩序(更确切地可以称为'非设计的秩序')原则,可以被视为经济学的第一原则"(G. P. O' Driscoll, "Spontaneous Order and the Coordination of Economic Activities", *F. A. Hayek Critical Assessments*,ed. ,J. C. Wood and R. N. Woods,V. Ⅲ, Routledge, 1991,p. 22)。布坎南晚近更是认为自生自发秩序是经济学的唯一原则,但是他却把自生自发秩序与个人利益追求相勾连,认为自生自发秩序亦可以在更广大的社会领域中得到适用,然却不主张将其扩张适用于制度和法律结构层面(参见布坎南:《自由、市场与国家》,平新乔等译,上海三联书店 1989 年版,第 116 ~ 117 页)。当然,J. Gray 也指出:"自生自发秩序观念的确切轮廓……是极不明确的,而且它适用的内容及范围亦存在着很大的分歧。"他认为,这个观念只是一种"价值不涉"的解释性框架,而不是一种广泛适用的理论概念,因此,当他把这个观念解释成"看不见的手"的命题、隐形知识首要性的命题和自然选择传统的文化进化命题时,他实际上对这个观念如何支持哈耶克的个人自由观提出了质疑(参见 J. Gray,*Hayek on Liberty*,Oxford,1984,pp. 118 ~ 125)。

然而，Richard Vernon 在对自生自发秩序观念是否具有明确内容的问题做了最认真的文献审查之后却认为，这个观念代表的乃是一种“价值性条件”，意指“一种社会中的有序性或互动”（参见 R. Vernon，“Unintended Consequences”，*Political Theory*，1979，7:57～73）。

[27]关于这个问题，我曾经在《哈耶克社会理论的研究：〈自由秩序原理〉代译序》一文中指出：“哈耶克的社会秩序分类学对于他的社会理论的建构还具有更为重要的意义，这是因为哈耶克的这一分类学为他的社会理论研究对象的建构确立了基础和限度。在哈耶克的分类学中，组织这种社会秩序并不会提出社会理论的问题，从而也不会产生一个具体的社会理论，因为它们的存在和特定的作用能够从那些产生并领导它们的人的意图中得到解释。然而，哈耶克指出，自生自发秩序却与组织完全不同，它们的出现和进化所具有的非计划性质或非意图性，必定会引发真正需要解释的问题，或者必定会引起研究者的好奇心并使之成为确立‘一种独特的理论体系’的理由，因此只有在解释自生自发秩序的过程中才需要有相应的社会理论的建构。当然，这些自生自发秩序‘并不会主动进入我们的意识之中，而必须凭靠我们的智力对之进行探索。我们不可能用肉眼看到……这种由颇具意义的行动构成的秩序，而只能够经由对不同要素之间所存在的各种关系的探索而从心智上对它加以重构’（哈耶克：《法律、立法与自由》第一卷，中国大百科全书出版社 2000 年版，邓正来等译，第 56～57 页），而这样一种‘重构’就是社会理论的任务。‘社会理论始于——并且拥有一种对象，只是因为——这样一种发现，即人类社会中存在着种种有序的结构，但它们是许多人的行动的产物，而不是人之设计的结果”（同上，第 56 页）；换言之，社会理论就是对自发社会秩序的系统研究；更具体地说，由于自生自发秩序并不能独立于参与其间的个人行为的常规性或以此为基础的一般性规则而存在，所以哈耶克认为，社会理论的任务乃在于揭示那些只要得到

遵循便会导向自生自发秩序的规则及其赖以为基础的常规性,而这也是哈耶克把社会理论或社会科学界定为关于一般性规则的知识的道理之所在。正是从上述社会秩序分类学的建构中,哈耶克渐渐为他的社会理论确立了研究对象并为发展一整套自由主义的社会理论奠定了基础。”参见拙著《邓正来自选集》,广西师范大学出版社 2000 年版,第 190 页。

[28]参见哈耶克:《法律、立法与自由》第一卷“规则与秩序”,邓正来等译,中国大百科全书出版社 2000 年版,第 5 页。

[29]参见 Hayek, *Sensory Order*, Routledge & Kegan Paul, 1952`。

[30]参见 T. Lawson,“Realism and Hayek: a Case of Continuous Transformation”,转引自 S. Fleetwood, *Hayek's Political Economy: The socio-economics of order*, London and New York: Routledge, 1995, pp. 83 ~ 84;也请参见拙文《哈耶克社会理论的研究:〈自由秩序原理〉代译序》对这个问题的讨论,载拙著:《邓正来自选集》,广西师范大学出版社 2000 年版,第 191 ~ 203 页。

[31]参见本丛书所收入的哈耶克于 1967 年发表的《关于行为规则系统之进化问题的若干评注:个人行为规则与社会的行动秩序之间的相互作用》一文。

[32]参见哈耶克:《法律、立法与自由》第一卷“规则与秩序”,邓正来等译 ,中国大百科全书出版社 2000 年版,第 65 页。

[33]参见本丛书所收入的哈耶克于 1965 年发表的《理性主义的种类》一文。当然,我认为,我们也可以通过把这两个命题转换成实质性问题的方式来指出它们之间的差异,因为一如我们所知,社会秩序问题的设定所要求的远不止于对这种秩序所赖以存在的条件进行形式层面的描述,而是必须对置身于该社会秩序之中的行动者是如何始动其行动这个实质性问题进行追究。这样,第一个命题便可以转换成行动者是如何在“知”的情形下始动其行动进而维续社会秩序的问题;而第二个命题则可以表述为行动者如何可能在“必然无知”的情形

下依旧进行其行动和应对这种无知而维续社会秩序的问题。

[34]参见哈耶克:《自由秩序原理》,邓正来译,三联书店 1997 年版,第 184 页。

[35]参见本丛书所收入的哈耶克于 1970 年撰写的《建构主义的谬误》一文。

[36]关于这个问题的更为详尽的讨论,请参见拙著《自由与秩序:哈耶克社会理论的研究》,江西教育出版社 1998 年版,第 131 ~ 133 页。

[37]哈耶克:《自由秩序原理》,邓正来译,三联书店 1997 年版,第 67 页。

[38]参见本丛书所收入的哈耶克于 1963 年发表的《大卫 · 休谟的法律哲学和政治哲学》一文。

[39]同上。

[40]同上。关于休谟哲学之于哈耶克自由主义思想的意义,我认为有一点特别值得我们注意,这就是休谟和康德在哈耶克思想中的关系:"哈耶克乃是通过对古典自由主义哲学进行全面重述和建构的方式来捍卫自由主义理想的,因此从逻辑上讲,我们当可以从古典自由主义者的社会哲学和道德哲学中发现哈耶克的哲学预设;当然,在这些古典自由主义者的思想当中,之于哈耶克最具重要意义的则是休谟和康德的思想,这是因为哈耶克认为,休谟和康德乃是自由主义传统中的核心人物,而且他们的知识贡献也构成了现代自由主义理论的基础。哈耶克在《大卫 · 休谟的法律哲学和政治哲学》一文中指出,休谟的政治理论对晚些时候以自由主义著称的法律和政治哲学提供了很可能是唯一的全面性论述;而他又在《自由社会秩序的若干原则》一文中断言,自由主义对内含于法治观念中的适当行为规则与当局为了组织的目的而颁发的具体命令所做的'根本区别',乃是由休谟和康德的法律理论所明确阐释的,尽管自他们以后未得到充分的重述;此外,他还进一步指出,就他所关注的主要问题而言,自休谟和康德以后,思想似乎几无进展,因此他的分析也将在很大程度上是在他们停止的地方对他们的观点进行阐释。需要指出的是,哈耶克之所以以休

谟和康德的理论为基础,乃是因为他认为他们的观点不仅不存在根本的不相容性,而且是可以互补的,例如他宣称,'正义行为规则的目的独立的特点,已由大卫·休谟做了明确的阐释,并由伊曼纽尔·康德做了最为系统的阐发'",参见拙文《哈耶克社会理论的研究:〈自由秩序原理〉代译序》,载拙著《自由与秩序:哈耶克社会理论的研究》,江西教育出版社 1998 年版,第 64 ~ 65 页。当然,J. Gray 也指出了这个问题,"哈耶克政治哲学最具意义的特征之一,乃是它试图在休谟和康德的正义观之间构造出一种调和的观点",参见 John Gray, *Hayek on Liberty*, Basil Blackwell, 1984. p. 8。N. MacCormik 也宣称,哈耶克关于休谟与康德的理论具有可相容性的观点,不仅是可行的,而且是极富洞见的,参见 MacCormik, *Legal Right and Social Dernocracy*, Oxford, 1982, p. 60。但是,C. Kukathas 却指出:"哈耶克的危险在于这样一种努力有可能无法成功",参见 Chandran Kukathas, *Hayek and Modern Liberalism*, Oxford, 1989, 尤其是其间的第五章"伦理学与自由秩序"。

[41]参见本丛书所收入的哈耶克于 1970 年发表的《建构主义的谬误》一文。

[42]参见本丛书所收入的哈耶克于 1967 年发表的《自生自发秩序与第三范畴:人之行动而非人之设计结果》一文。

[43]同上。

[44]需要指出的是,本文关于唯理主义经由"自然与人为"二分观而达致的"自然与社会"二元论的真正谋划乃在于建构出一种对社会施以控制的支配关系的"一元论的社会观"的论述,在哈耶克的社会理论和法律理论的脉络中具有极为重要的意义,而其间的意义则可以见之于哈耶克一以贯之地对"社会"这个同质化概念在唯理主义理路支配下被运用于解释社会现象的谬误的彻底批判。关于哈耶克对"社会"这个概念及其所导引的"社会正义"观念的实质性批判,最为集中的论述请参见本丛书所收入的哈耶克于 1955 年撰写的《什么是社会

的？——它究竟意味着什么？》一文，以及他所撰写的《泛灵论词汇与混乱的“社会”概念》（载于《不幸的观念：社会主义的谬误》，刘戟锋等译，东方出版社1991年版，第159～169页）。正是在这里，哈耶克极具创见地提出了需要把“社会正义”观念与“社会权力”结合起来加以思考的深刻洞见。

[45]在哈耶克那里，“自然法”这一术语的误导性一如“实在法”的术语一样也渊源极深，因为在两千多年中，古希腊人所提出的“自然的”与“人造的”二分观几乎在未受质疑的情况下一直支配着人们的思维方式并且还深深地植根于人们所使用的法律语言之中，而当下大多数欧洲语言中的“自然法”和“实在法”的术语都渊源于这两个术语，因为“在公元二世纪，拉丁语语法学家 Aulus Gellius 曾用 naturalis 和 positivus 这两个术语来翻译 physei 和 thesis 这两个希腊术语；而正是在此一翻译的基础上，大多数欧洲语言也都演化出了用以描述两种法律[即‘自然法’（natural law）和‘实在法’（positive law）——邓正来按]的类似词汇”，参见哈耶克：《法律、立法与自由》第一卷，邓正来等译，中国大百科全书出版社2000年版，第20页。

[46]我们在这里的讨论虽然涉及了“多数民主”，但是并不旨在反对“民主”，而只是试图指出“多数民主”在推进“议会至上”以及由此引发的“作为立法的法律至上”的观念和实践等方面的作用，并且明确反对“无限民主”意义上的那种“民主”。

[47]“主权者意志”或“先验的理性设计”为基础的法理学主流理论，在这里主要是指“法律实证主义”和“自然法传统”。我之所以认为哈耶克对它们的质疑构成了对它们的根本挑战，实是因为这些主流法律理论在发展的过程中完全陷于它们之间的内部论战之中，它们这二者都不承认理性不及者为法律。正是在这个限定的意义上，哈耶克的下述观点就具有了极为重要的挑战性：“本书所捍卫的那种进化论的法律观（以及对所有其他社会制度所抱持的进化论认

识进路),既与唯理主义的自然法理论无甚关联,亦与法律实证主义毫无关系。因此,我们所持的那种进化论认识进路,既反对把法律解释成一种超自然力量的构造之物,也反对把法律解释成任何人之心智的刻意建构之物。不论在何种意义上讲,进化论认识进路都不居于法律实证主义与大多数自然法理论之间,而是在一个维度上与它们中的任何一个相区别",参见哈耶克:《法律、立法与自由》第二卷,邓正来等译,中国大百科全书出版社 2000 年版,第 91 页。

[48]有关哈耶克在法律理论建构的过程中最终确立的社会行为规则系统的"文化进化理论",对于知识分子认识人和社会的重要意义,请参见本丛书所收入的哈耶克为《法律、立法与自由》(全三卷)撰写的"跋文"。他明确指出:"当下更为迫切的问题依旧是如何使道德哲学家、政治学家和经济学家也来切实地关注文化进化这个观念的重要性。这是因为长期以来,这些论者一直没有能够认识到这样一个重要的事实,即当下的社会秩序在很大程度上并不是经由设计而建构出来的,而是通过那些在竞争过程中胜出的更为有效的制度的普遍盛行而逐渐形成的。文化既不是自然的也不是人为的,既不是通过遗传继承下来的,也不是经由理性设计出来的。文化乃是一种习得的行为规则(learnt rules of conduct)构成的传统,因此,这些规则绝不是'发明出来的',而且它们的作用也往往是那些作为行动者的个人所不理解的"。

[49]哈耶克:《法律、立法与自由》第三卷"自由社会的政治秩序"之序言,邓正来等译,中国大百科全书出版社 2000 年版,第 264 ~ 265 页。

[50]霍伊:《自由主义政治哲学》,刘锋译,三联书店 1992 年版,第 156 页。

[51]同上,第 157 ~ 175 页。

[52]哈耶克:《自由秩序原理》,邓正来译,三联书店 1997 年版,第 263 页。

[53]参见本丛书所收入的哈耶克于 1967 年发表的《政治思想中的语言混淆》一文第七节"有限民主与民主"。

[54]同上。

[55]同上。

[56]同上。

[57]同上。

[58]参见本丛书所收入的哈耶克于1967年发表的《自由国家的构造问题》一文。

[59]关于这个问题,更为详尽的讨论,请参见哈耶克:《法律、立法与自由》第三卷“自由社会的政治秩序”第十七章,邓正来等译,中国大百科全书出版社2000年版,第425～457页。

[60]参见哈耶克:《自由秩序原理》,邓正来译,三联书店1997年版,第263页。关于这一改革方案,哈耶克当时指出,“我们不妨可以设想一下这样一种发展方案,或许会颇具意义:即一方面下议院能够有效地主张对公共开支的排他性控制,从而在实际上对行政进行控制,而上议院则能有效地获致制定一般性法律(其中包括对私人课税所赖以为基的诸原则)的排他性权力。根据这一原则而将两个立法机构的职能做如此的划分,不曾有过任何尝试,但却完全值得考虑”(同上,第十四章注释[12])。

[61]哈耶克所撰写的“Economic Freedom and Representative Government”这篇论文,载于 *New Studies in Philosophy, Politics, Economics and the History of Ideas*, Routledge & Kegan Paul,1978,pp. 105～118。

[62]参见本丛书所收入的哈耶克于1967年发表的《自由国家的构造问题》一文。

[63]参见本丛书所收入的哈耶克于1967年发表的《政治思想中的语言混淆》一文。

[64]同上。关于哈耶克在这里所讲的“改变术语”的问题,可以见之于他在该文中用 demarchy 来指称“有限民主”的说明,这个说法后来被他一直沿用至《法律、立法与自由》第三卷。他在该文中指出,“极为遗憾的是,‘民主’这个术语居然与那种认为多数对特定问题享有无限的或不受限制的权力的观念紧密联系

在了一起。但是需要指出的是,如果情势真是如此的话,那么我们就需要用一个新词来指称'民主'这个术语最初表达的那种理想:这是一种由有关何者为正义的人民意见(the popular opinion)占据支配地位的理想,而不是一种由有关具体措施(亦即被那种暂时处于支配地位的有组织的利益联盟视作是可欲的具体措施)的人民意志(a popular will)的理想。如果民主与有限政府这两个观念真的成了水火不容的观念,那么我们就必须找到一个新词来指称那种在过去完全有可能被称之为有限民主(limited democracy)的观念。我们希望人民(the demos)的意见能够成为最高的权威,但是却不能允许多数用它所掌控的赤裸裸的权力(kratos)对个人滥施暴力。因此,多数应当根据'那些公开颁布且为人们所知的业已确立的常规法律,而不应当根据那些权宜性的律令'进行治理(archein)。我们也许可以通过把 demos 与 archein 组合起来的方式来描述这种政治秩序,并且用 demarchy 这个词来指称这样一种有限政府,其间,具有最高权威的乃是人民的意见而不是人民的特定意志。我们在上文所讨论的那种特定方案,实际上也旨在提出一种保障这种有限民主(demarchy)的可能途径"(参见本丛书所收入的哈耶克于 1967 年发表的《政治思想中的语言混淆》一文)。

[65]关于这个问题,读者还可以参见本丛书所收入的哈耶克于 1967 年发表的《自由国家的构造问题》和 1976 年发表的《民主向何处去?》这两篇比较系统地讨论民主问题的论文。值得我们注意的是,哈耶克甚至还在《民主向何处去?》一文的结尾处,把"无限民主"称之为"全权性民主"。

[66]哈耶克:《法律、立法与自由》第二卷"社会正义的幻象"的"序言",邓正来等译,中国大百科全书出版社 2000 年版,第 2 页。

[67]哈耶克:《自由秩序原理》第四章第八节,邓正来译,三联书店 1997 年版,第 75 ~ 76 页。

[68]关于“社会正义”或“分配正义”，哈耶克只是在《自由秩序原理》一书第 93 页、第 99～100 页和第 231～233 页等处进行了比较简单的讨论。严格地说，他只是在该书第 93 页提到了“社会正义”。

[69]参见本丛书所收入的哈耶克于 1957 年发表的《什么是社会的？——它究竟意味着什么？》一文。

[70]同上。

[71]同上。

[72]同上。

[73]同上。这里需要指出的是，哈耶克在该文中实际上也颇为简单地论涉到了“社会正义”的问题，比如说他指出：“有关何为‘社会的’这种观念乃是以那些并没有得到明确陈述甚或被忽视的伦理规则为基础的，这一点可以最为明显地见之于下述事实，亦即它导致了正义概念向它并不适用的诸多领域的扩展。力主公正地或更为平等地分配世界上的物品的那种诉求，在今天已经成了一项主要的‘社会’诉求。然而值得我们注意的是，把正义概念适用于分配领域的做法一定会要求根据品行或应得者予以酬报，但是品行却不能按照成就加以衡量，而只能够按照公认的伦理规则得以遵守的程度加以衡量。因此，根据品行给予酬报的做法乃是以我们知道所有导向某种特定行为的情势为前设的。但是，在一个自由的社会中，我们却允许个人自行决定他自己的行动，这是因为我们并不知道那些决定着其成就含有多少品行的情势。据此我们可以说……对后者的诉求，亦即根据品行予以酬报的那种诉求，乃是一种在自由的社会中无法得到实现的诉求，因为我们不可能知道决定品行的所有情势。……我们可以肯定地说，这样滥用正义概念，最终一定会毁灭正义感。”

[74]参见本丛书所收入的哈耶克于 1962 年发表的《经济学、科学与政治学》一文。

[75]参见本丛书所收入的哈耶克于 1966 年发表的《自由社会秩序的若干原则》一文。

[76]同上。

[77]参见本丛书所收入的哈耶克于1973年发表的《自由主义》一文。

[78]参见本丛书所收入的哈耶克于1967年发表的《自生自发秩序与第三范畴——人之行动而非人之设计的结果》一文。

[79]参见本丛书所收入的哈耶克于1962年发表的《经济学、科学与政治学》一文。

[80]参见本丛书所收入的哈耶克于1966年发表的《自由社会秩序的若干原则》一文。

[81]同上。

[82]哈耶克:《自由秩序原理》,邓正来译,三联书店1997年版,第266~267页。

[83]关于这个问题,亦请参见霍伊:《自由主义政治哲学》,刘锋译,三联书店1992年版,第112~115页。

[84]参见本丛书所收录的哈耶克于1955年写成而在1967年发表的《解释的程度》一文第九节中的论述:"一如我们所知,在一些领域中,我们的研究对象、我们研究和交流成果所诉诸的手段(亦即我们的思想、语言以及人与人之间进行交流的整个机制)乃是部分相同的,因此在讨论一个事件系统的同时,我们也必定是在该系统中活动的;的确,尤其是在这样的领域当中,我们所能够获得的知识极可能存在着相当明确的限度。唯有对存在于下述两种情形之间的那种关系进行研究,我们才可能探明并确定上述限度:一是在一个特定的系统之内我们所能够说的事情,另一是关于那个系统我们所能够说的事情。"

[85]参见本丛书所收入的哈耶克于1956年发表的《专门化或专科化的两难困境?》一文。

[86]更为详尽的讨论,请参见哈耶克:《法律、立法与自由》第二卷第七章"普遍利益与特定目的"中的文字,邓正来等译,中国大百科全书出版社2000年版,第33~35页。

[87]参见哈耶克:《自由秩序原理》,邓正来译,三联书店1997年版,第260~269页。

[88]同上,第264页。

[89]同上,第192页。

[90]同上,第208页。

[91] Ronald Hamowy,"Law and the Liberal Society: F. A. Hayek's Constitution of Liberty," *Journal of Libertarian Studies*, 2, No. 4 (1978), pp. 291 ~ 292。此外,许多评论者似乎都认为哈耶克所说的那种法治在没有个人权利观念的情形下是无法保护个人自由的,相关文献请参见:Watkins,"Hayek's Philosophy", in A. Seldon (ed.), *Agenda for A Free Society*, Hutchinson, 1961; Robbins,"Hayek on Liberty", *Economics and Politics*, London: Macmillan, 1963; Hamowy,"Freedom and The Rule of Law in F. A. Hayek", Il Politico 36, No. 2, 1971; N. Barry, *An Introduction to Modern Political Theory*, London: MacMillan, 1981。关于这类批判的观点,读者还可以参见霍伊:《自由主义政治哲学》,刘锋译,三联书店1992年版,第144 ~ 146页。

[92]参见本丛书所收入的哈耶克于1963年发表的《大卫·休谟的法律哲学和政治哲学》一文。

[93]参见本丛书所收入的哈耶克于1966年发表的《自由社会秩序的若干原则》一文。

[94]参见本丛书所收入的哈耶克于1967年撰写的《政治思想中的语言混淆》一文。

[95]我想在这里再一次征引J. Gray的观点,以示强调:这种批判"最强有力的提出者是Hamowy和Raz,而且还得到了我的一些早期论文的赞同,而我现在认为,它只是对康德式普遍性标准在哈耶克哲学法理学中的作用和性质所提出的一种贫困且错误的认识"(John Gray, *Hayek on Liberty*, Basil Blackwell, 1984, pp. 62)。

[96]参见John Gray, *Hayek on Liberty*, Basil Blackwell, 1984, pp. 63 ~ 64。

[97]同上, pp. 66 ~ 67。

[98]参见哈耶克:《自由秩序原理》,邓正来译,三联书店1997年版,第265页。

[99]同上,第251页。

[100]关于哈耶克早期与晚期的法律思想之间是否存在重要的差异,论者们有极为不同的看法:一些论者认为它们之间并不存在重要的差异,即使存在某种差异,它们也只表明哈耶克的法律理论是分阶段发展起来的,亦即哈耶克晚期的法律观点只是其早期法律思想的一种逻辑结果,甚或只是对早期法律思想所做的一种更为详尽的阐释(C. Dietze, "Hayek on the Rule of Law," in F. Machlup[ed.], *Essays on Hayek*, New York University Press, 1976, p. 110; N. Barry, *Hayek's Social and Political Philosophy*, London: Macmillan, 1979, p. 82.)。尽管如此,我仍然认为,哈耶克早期与晚期关于法律问题讨论的论点,确实发生了很大的变化,而其间的观点转换实是他整个社会哲学建构过程中最为凸显的事件之一。

[101]参见本丛书所收入的哈耶克于1966年发表的《自由社会秩序的若干原则》一文。

[102]参见本丛书所收入的哈耶克于1967年发表的《自由国家的构造问题》一文。

[103]参见本丛书所收入的哈耶克于1967年发表的《政治思想中的语言混淆》一文。

[104]参见本丛书所收入的哈耶克于1973年发表的《自由主义》一文。

[105]John Gray, *Hayek on Liberty*, Basil Blackwell, 1984, p. 69。J. Gray甚至还指出,"据我的了解,哈耶克本人不曾使用过'普通法法治国'这个说法,但是它却很好地把握住了哈耶克的当下观点"(同上,p. 69)。

[106]Bruno Leoni, *Freedom and the Law*, Princeton, 1961.

[107]参见上引书,pp. 21~22。

[108]哈耶克甚至还指出,Leoni的观点没有完全说服他,一如他在讨论Bruno Leoni的观点时所指出的,"即使是在现代社会,法律的发展也需要依赖司法先例和学理解释这个渐进过程。关于此一主张的理由,已故的Bruno Leoni在其所著

Freedom and the Law(Princeton,1961)一书中做了极有说服力的阐释。但是,虽说他的论辩对于那种深信只有立法才能够或应当改变法律的极为盛行的正统观念的人来说是一服有效的解毒剂,但是它却未能使我相信,甚至在他主要关注的私法领域里,我们也能够完全否弃立法”[哈耶克:《法律、立法与自由》第一卷,邓正来等译,中国大百科全书出版社 2000 年版,第 151 页,注释(35)];一如我们所知,“以此方式演化生成的法律都具有某些可欲的特性的事实,并不能证明它将永远是善法,甚或也无法证明它的某些规则就可能不是非常恶的规则。因此,它也就不意味着我们能够完全否弃立法”(同上,第 136 页)。

[109]参见 Hayek to Leoni,4April,1962,in *Hayek archive*,Hoover Institution,77 ~ 78 和 Leoni to Hayek,8 May,1963,in *Hayek archive*,Hoover Institution,77 ~ 79。关于 Leoni 所撰写的 *Freedom and the Law* 一书对哈耶克法治观点的影响,也请参见 John Cray,*Hayek on Liberty*,Oxford,1984,p. 68 ~ 69;T. C. Palmer,“Freedom and the Law:A Comment on Professor Aranson's Article”,*Harvard Journal of Law and Public Policy*,11(3),summer,1988,p. 716,n. 121;Jeremy Shearmur,*Hayek and Aftler:Hayekian Liberalism as a Research Programme*,London:Routedge,1996,pp. 87 ~ 92。

[110]哈耶克:《法律、立法与自由》第一卷,邓正来等译,中国大百科全书出版社 2000 年版,第 183 ~ 184 页。

[111]哈耶克对法律的抽象性和一般性的强调,导使他强调普通法发展的重要性,而且还导使他反对立法的发展,因为通过司法过程而演化生成的法律,在他看来,必定是抽象的,而经由命令(如立法)所创设的法律却未必如此,“抽象规则不可能由某个关注获至特定后果的人所创造出来”(参见哈耶克:《法律、立法与自由》第一卷,邓正来等译,中国大百科全书出版社 2000 年版,第 86 ~

88 页)。而立法者之所以较可能关注特定的结果,乃是因为他们有权寻求特定的结果。但是值得我们注意的是,哈耶克并不是要完全否弃立法,正如他所主张的,如果法治要得到维持,我们仍在某种程度上需要立法这种救济手段,这是因为哈耶克认为,内部规则在某种意义上是一种"单行道"。在它沿循某个方向已发展至一定程度的时候,早期判例中的某些含义在被认为明显不可欲时,常常是无法扭转的。此外,哈耶克还给出了另外四个需要立法的理由:第一,"法律发展的司法过程必定是渐进的,而且也可能被证明为发展得太慢,以至于不可能使法律对全新的情势做出可欲的且迅疾的调适"。第二,"由司法判决来扭转那个业已发生且在后来被认为具有不可欲之后果或者被认为是根本错误的发展趋势,不仅是困难的,而且也是不可欲的"。第三,"对特定规则施以如此彻底变革的必要性,可能因各种情况所致。这可能是因为人们认识到,以往的某种发展乃是建立在错误的基础之上的,或者,这种发展所产生的结果后来被认为是不公正的"。第四,"最为常见的原因则很可能是,某项法律的发展掌握在某个特定阶级的成员手中,而他们的传统观点则促使他们把那些不可能满足更为一般的正义要求的东西视作为正义者"(参见上引书,第 136 ~ 137 页)。

[112]哈耶克:《法律、立法与自由》第一卷,邓正来等译,中国大百科全书出版社 2000 年版,第 132 页。

[113]参见 Theodore A. Burczak, "The Postmodern Moments of F. A. Hayek's Economics", *Economics and Philosophy*, 10(1), April, 1994, p. 31, in Peter J. Boettke, ed., *The Legacy of Friedrich von Hayek*(Ⅱ), Cambridge University Press, 1999。

[114]参见上引文的文章"The Postmodern Moments of F. A. Hayek's Economics"。

[115]这里需要指出的是,我拟在为我正在翻译的哈耶克于 1948 年出版的《个人主

义与经济秩序》一书所写的序言中专门讨论哈耶克的“方法论的个人主义”问题。而有关哈耶克社会科学主观论的问题,我亦将在另一篇专题论文中做出详尽讨论。

[116]哈耶克所讲的这位著名学者就是历史学家汤因比教授。

[117]哈耶克:《自由秩序原理》“导论”,邓正来译,三联书店 1997 年版,第 3 页。

[118]参见本丛书所收入的哈耶克于 1968 年发表的《作为一种发现过程的竞争》一文。

[119]参见本丛书所收入的哈耶克在 1965 年发表的《理性主义的种类》一文。

[120]这个问题极为重要,因为在中国社会转型的过程中,制度建设与传统文化之间的高度紧张始终困扰着中国论者。一如我们所知,中国论者在讨论这方面的问题的时候,一般都是从孤立的角度来讨论制度变革和中国传统文化的,然而我们常常忽略的恰恰是:第一,西方现代的各种制度与支撑它们的默会知识和信念之间的紧密关系;第二,中国正在逐渐建构的制度与中国传统文化之间的关系;第三,如何通过制度性安排来为正在建设的各种制度提供它们所必需的支撑性基础。

[121]哈耶克:《法律、立法与自由》第三卷“自由社会的政治秩序”,邓正来等译,中国大百科全书出版社 2000 年版,第 428 ~ 429 页。

[122]上引书“跋文”,第 531 页。

第一辑 ◎ 政治学和法学

政治思想中的语言混淆[*][**]

Homo non intelligendo fit omnia

维柯(G. Vico)

导　论

现代文明之所以赋予了人们梦想不到的力量,在很大程度上是因为它在人们并不理解它的情况下发展出了若干能够使多于任何一个心智所能意识到的知识和资源得到利用的方法。有关社会活动秩序的任何知识讨论都应当以这样一项基本条件作为出发点,即无论是行动者还是研究这种秩序的科学家,对于那些繁复多样的存在于人之活动这种秩序之中的特定且具体的事实,都有一种固有的和不可救济的无知(the constitutional and irremediable ignorance),因为这些事实只是这种秩序中的某些成员所知道的。正如本文开篇征引的那一箴言所指出的那样,"人在还没有理解发生什

* 本文译自哈耶克著:*New Studies in Philosophy*,*Politics*,*Economics and the History of Ideas*,The University of Chicago Press ,1978,pp. 71 ~79。

** 本文是哈耶克于1976 年在德国弗赖堡大学瓦尔特·奥肯研究所演讲的文稿,1968 年由伦敦经济事务研究所作为"临时论文"发表。

么事情的情况下就已经变成了他现在这个样子”*[1]。这个洞见不应当成为人们感到羞愧的一个缘由,反而应当是人们感到自豪的一种渊源,因为我们发现了一种使我们能够克服个人知识各种局限性的方法。再者,它也是一种激励因素,推动着人们去刻意地培育各种业已开放出那些可能性的制度。

---

* 这里需要指出的是,哈耶克关于“无知观”的达致,乃是在这样一个过程中实现的,即哈耶克从“分立的个人知识”经“知道如何”(know how)的默会知识再到“无知”概念的转换过程;因为正是在这个过程中,哈耶克达致了从“知”意义上的主观知识观向“无知”意义上的“超验”知识观的转化——这可以典型地表述为从“观念依赖”到“观念决定”再转向“必然无知”或“理性不及”的发展过程。我认为,哈耶克社会理论所达致的一系列重要命题也都是在我称之为的哈耶克关于“知与无知的知识观”的转换的逻辑脉络中展开的,而且也是在其间得以实现的。哈耶克在知识观方面所发生的转变以及因此而对他真正建构其社会理论的实质性意义或影响,我认为大体上可以见之于下述三个紧密勾连的方面:首先,哈耶克从“知”向“无知”观转换的知识努力,里程碑似的标示着哈耶克在1960年以后对他前此设定的理论命题的转换,亦即从提出“整体性社会秩序乃是经由个人行动者之间的互动和协调而达致的”命题,向确立“整体性社会秩序不仅是由个人行动者间的互动达致的,而且更是由行动者与表现为一般性抽象结构的社会行为规则之间的互动而形成的”命题的转换。显而易见,前者所关注的乃是行动者是如何在“知”的情形下始动其行动进而维续社会秩序的问题;而后者则关注行动者如何可能在“必然无知”的情形下依旧进行其行动和应对这种无知而维续社会秩序的问题。其次,哈耶克立基于“无知”意义上的默会知识观而引发的自生自发秩序问题的转换,其核心要点就在于那些原本为行动者所“知”的社会行为规则现在却在性质上转换成了独立于这些行动者对它们的辨识或“知”而存在的规则。这里需要强调的是,不仅行动者所遵循的社会行为规则,而且由这些社会行为规则所增进或促成的行动者的行动本身,也往往是他们本人所不知的。再次,哈耶克经由上述命题的提出,还致使他在社会理论的分析过程中发展出了另一个与此相关的重要命题,即“人的社会生活,甚或社会动物的群体生活之所以可能,乃是因为个体依照某些规则行事”。这个命题的关键之处乃在于行动者在很大的程度上是通过遵循社会行为规则而把握他们在社会世界中的行事方式的,并且是通过这种方式而在与其他行动者的互动过程中维续和扩展社会秩序的。这里还要指出的是,除了苏格兰启蒙思想的渊源以外,哈耶克的“无知观”还受到了奥地利经济学派主观价值理论存在(接下页注)

18世纪社会哲学家所取得的一项伟大成就，就是用一种批判的和进化论的理性主义(a critical and evolutionary rationalism)*取代此前便已存在的那种幼稚的建构论唯理主义(the naive constructivistic rationalism)[2]；前者所探究的是有效运用有意识的理性的条件和限度，而后者则把所有的制度都解释成了人们为了实现一个可预见的目的而刻意设计出来的产物。

(接上页注)代表人物门格尔的重要影响(参见S. Kresge & L. Wenar, *Hayek on Hayek*, London: Routledge, 1994, pp. 13～14)，因为门格尔早在《经济学和社会学诸问题》(*Problems of Economics and Sociology*，由L. Schneider撰写译本导论，由F. J. Nock翻译，并由Urbana于1963年出版)一书中就论及了行动者的无知问题。一如Schneider在该书的译序中所指出的："正是哈耶克花费了最大力气运用了门格尔这一独特的洞见"，并且解释了为什么在某些情势下"无知"比"知"更有效的问题(参见同上，p. 16)。当然，哈耶克这一知识观的转化过程极为繁复，较为详尽的讨论，请参见拙文《知与无知的知识观——哈耶克社会理论的再研究》(载《邓正来自选集》，邓正来著，广西师范大学出版社2000年版，第237～296页)；另请参见本丛书第二辑所收入的哈耶克于1964年发表的《复杂现象理论》，于1965年发表的《理性主义的种类》，以及于1974年撰写的《知识的僭妄》等论文。——邓正来按

*关于哈耶克所指出的那种"批判的和进化论的理性主义"，乃是在与他所批判的"建构论唯理主义"的对照中凸显其自身特征的。需要指出的是，哈耶克对建构论唯理主义的批判，早年可见之于他所撰写的《知识在社会中的运用》(1945)、《个人主义：真与伪》(1946)和*The Counter-Revolution of Science: Studies on the Abuse of Reason*(1952)等论著；然而最为集中的论述则是本丛书第二辑所收入的他于1970年撰写的《建构主义的谬误》一文。哈耶克认为这两个理论传统区别极大："一为经验的且非系统的自由理论传统，另一为思辨的及唯理主义的自由理论传统。前者立基于对自生自发发展的但却未被完全理解的各种传统和制度所做的解释，而后者则旨在建构一种乌托邦"(参见哈耶克：《自由秩序原理》，邓正来译，三联书店1997年版，第61～62页)。而这两种完全不同的思想进路则导致了J. L. Talmon所言的实际上完全不同的结论：一派"主张有机的、缓进的和并不完全意识的发展，而另一派则主张教条式的周全规划。前者主张试错程序，后者则主张一种只有经强制方能有效的模式"(J. L. Talmon, *The Origins of Totalitarian Democracy*, London, 1952, p. 71)。关于这两种不同的理论传统在关于社会秩序的一些基本命题方面所的冲突，(接下页注)

尽管如此,我们还远远没有能够充分利用那些洞见向我们展示出来的各种可能性,而情势之所以如此,在很大程度上是因为那种反映了早期思想模式的语言仍在支配我们的思维方式。一如我们所知,一些重要的问题就是因为人们使用了那些对社会制度做拟人化或人格化解释的语词而在很大程度上被遮蔽了。这些解释诠释了那些指导着各种旨在实现特定目的的行动的一般性规则。实际上,这样的制度乃是对我们的知识所具有的无从救济的局限性所做的成功调适。这些调适之所以从其他可供选择的秩序形式中胜出,实是因为在人们应对人类注定只具有不完整且分散的知识这种状况的方面,它们被证明是更为有效的方法。

由于一些关键术语——亦即我们因缺乏更为精准的术语而又不得不常常使用的那些术语——含混不清,严肃的知识讨论一直受着严重的干扰。在过去一段时间中,我一直在对法律、立法与自由之间的关系进行研究*——而正是在这一尚不系统的研究过程中,我极为明确地认识到了严肃的讨论因这些关键术语含混不清的缘故而蒙遭危害的严重程度。在努力

(接上页注)我则将它概括为:"建构论的唯理主义传统所提出的命题之一是人生来就具有智识的和道德的禀赋,而这种禀赋能够使人根据审慎思考而形构文明,并宣称'所有的社会制度都是,而且应当是,审慎思考之设计的产物'。然而,进化论理性主义者则明确指出,文明乃是经由不断试错、日益积累而艰难获致的结果,或者说它是经验的总和。因此,他们的命题可以表述为,文明于偶然之中获致的种种成就,实乃是人的行动的非意图的结果,而非一般人所想象的条理井然的智识或设计的产物。"(参见哈耶克著:《自由与秩序》,邓正来译,江西教育出版社 1998 年版,第 15~16 页)——邓正来按

*这项长达十多年的"法律、立法与自由之间的关系"研究,最终的成果表现为哈耶克分别于 1973 年、1976 年和 1979 年发表的长篇巨著《法律、立法与自由》的三卷本:第一卷"规则与秩序"、第二卷"社会正义的幻象"、第三卷"自由社会的政治秩序",邓正来等译,中国大百科全书出版社 1999~2000 年版。——邓正来按

阐明我的想法的过程中，我不得不引入一些具有鲜明区别的成对术语，然而需要指出的是，在当下流行的语言用法中，那些得到公认的或比较容易理解的术语却无法对它们的意思做出明确的界分。因此，本文下述讨论的目的就在于：第一，揭示出我认为至关重要的这些具有明确区别的成对术语的重要性；第二，建议人们采用一些有助于我们避免当下普遍存在的语言混乱之境况的术语。

一、内部秩序与外部秩序

人的目的之所以有可能实现，只是因为我们认识到了我们生活于其间的世界是有序的。这种秩序乃是在我们所具有的这样一种能力中凸显自身的，亦即我们有能力从这个世界上我们所知道的若干（空间或时间）部分中学会那些能够使我们对世界其他部分形成预期的规则。再者，我们也可以期望，这些规则极可能经由各种事件而得到证明。由此可见，如果我们不知道我们生活于其间的世界所具有的这样一种秩序，那么有目的的行动就是不可能的。

这一点不仅适用于自然环境，而且也可以适用于社会环境。需要指出的是，虽说自然环境的秩序是独立于人的意志而存在的——对于我们来说乃是给定的，但是社会环境的秩序却在部分上，而且也仅仅是在部分上，是人之设计的结果。那种促使人们把社会环境的秩序**全部**视作是人之行动的刻意产物的诱惑，实是滋生谬误的主要根源之一。一如我们所知，有一种洞见认为，**并非所有源于人之行动互动关系的秩序都是设计的结果**。显而易见，这一洞见才是社会理论的真正起源或出发点*。但是，“秩序”（order）这

* 有关“内部秩序”与“外部秩序”的观点，我认为乃是哈耶克社会理论中最为核心的洞见之一，亦即我所认为的“社会秩序分类学的框架”。我曾经指出，在哈耶克那里，“所有社会型构的社会秩序不是生成的就是建构的：前者是指（接下页注）

个术语所具有的拟人化含义,却往往容易掩盖这样一个基本的真相,即所有力图经由安排或组织(亦即把详尽规定的职能或工作分配给特定要素或个体的做法)而确立一种社会秩序的刻意努力,实际上都是在一个并不是人们设计之结果的更为宽泛的自生自发秩序(spontaneous order)中发生的。

虽然我们可以用“安排”(arrangement)或“组织”(organisation)这样的术语来描述一种**人造的秩序**(a made order),但是却没有一个独特的语词可供我们用来描述一种按照**自生自发的方式**形成的秩序(an order which has formed spontaneously)。就此而言,古希腊人是比较幸运的:他们把一种经由

(接上页注)‘自生自发的秩序’(spontaneous order),而后者则是指‘组织’(organization)或者‘人造的秩序’(amadeorder)。然而,为了更为确切地指称这两种社会秩序,哈耶克在60年代(20世纪60年代——编者注)以后开始采用两个希腊术语以强调它们之间的区别:他用cosmos(即‘内部秩序’)这个术语来指称自生自发的社会秩序,其特征是这种秩序不具有一种共同的目的序列,所具有的只是每个个人的目的;然而,那种由确定或实现具体目的为特征的组织形式,哈耶克则把它称之为taxis(即‘外部秩序’)。哈耶克认为,人之行动可能并不严格符合刻意设计的、有意识的组织秩序这个事实,并不意味着这些行动是非理性的或者不具有可辨识的模式,事实可能正好与此相反,因为存在于这种行动中的常规性或模式就是自生自发秩序。然而在这两种社会秩序中,哈耶克指出,只有自生自发秩序才是自由主义社会理论的‘核心概念’,或者说,‘社会理论的整个任务,乃在于这样一种努力,即重构存在于社会世界中的各种自生自发的秩序’。这是因为在哈耶克的分析中,自生自发秩序与组织完全不同,它们的出现和进化以及它们演化扩展赖以为基础的规则机制所具有的非设计性质或非意图性质,必定会引发真正需要解释和理解的问题,因此只有自生自发秩序才需要有相应的社会理论的建构”(参见拙文《法律与立法的二元观》,载《邓正来自选集》,邓正来著,广西师范大学出版社2000年版,第303~304页);更为详尽的讨论,请参见拙文《哈耶克社会理论的研究》,上引书,第179~236页;而哈耶克本人有关这个问题的最为精确的讨论,则请参见哈耶克:《法律、立法与自由》第一卷“规则与秩序”第二章“内部秩序与外部秩序”,邓正来等译,中国大百科全书出版社1999年版,第52~85页。——邓正来按

人们按照刻意的方式使众多要素或个体各就其位或把独特的工作和任务分配给它们而产生的安排称之为“外部秩序”（taxis）；与此同时，他们把一种独立于任何旨在实现上述那种目的的人之意志而存在的或自我形成的秩序称之为“内部秩序”（cosmos）。虽然古希腊人一般都将“内部秩序”这个术语只限于意指自然秩序，但是它却同样适合于任何一种自生自发的社会秩序，而且也常常有论者用它来指称这种社会秩序——尽管这种做法从来就不是系统的[3]。用一个明确无误的术语把这种自生自发的秩序与一种人造秩序明确区分开来的做法所具有的裨益，应当使我们在采取下述做法的时候不再会感到犹豫不决，亦即用一个表达了人类对自然这种“内部秩序”所具有的赞叹和敬畏之感的称谓来指称一种我们往往不喜欢的社会秩序。

在某种程度上讲，“秩序”这个术语本身也有同样的问题。一如我们所知，“秩序”这个术语乃是政治学理论当中最为古老的术语之一，但是晚近以来，这个术语却被认为有些过时了*。需要强调指出的是，根据我们给秩序

---

* 关于“秩序”一术语之所以为人们所弃用，哈耶克在这里仅仅指出了一个方面的原因，而当他在撰写《法律、立法与自由》第一卷“规则与秩序”时，他又做出了如下的补充，读者可以将他的补充陈述结合起来考虑：“再者，由于秩序已经在相当普遍的程度上被解释成了这样一种由某人做出的刻意的安排，所以秩序这个概念在大多数主张自由的人士那里蒙受了冷落，然而却在相当的程度上为一些威权主义者所青睐。根据这一解释，在社会中，秩序必须以一种命令与服从的关系为基础，或者以整个社会的等级结构（a hierarchical structure）为基础。因此，在命令与服从的关系或等级结构中，优位者的意志，从而最终是某个最高权力机构的意志，决定着每个个人所必须做的事情。然而，秩序概念所具有的这种威权主义的含义，却完全源出于这样一种信念，即只有系统外的或‘源于外部的’（exogenously）力量才能够创造秩序。因此，这一含义并不能适用于从内部确立起来的或“源于内部的”（cndogenously）一种均衡，正如一般市场理论所努力解释的那种均衡”（哈耶克：《法律、立法与自由》第一卷第二章“规则与秩序”，第54～55页）。——邓正来按

这个术语所下的定义——亦即我们能够在其间极具成效地对未来形成各种假设和预期的一种事态,秩序所指称的乃是客观事实而非价值。由此可见,秩序这个术语实是一个不可或缺的术语。事实上,一种自生自发秩序或内部秩序与一种组织(安排)或外部秩序之间最为重要的区别就在于:由于一种内部秩序并不是人们刻意创制出来的,所以它是没有目的的[4]。当然,这并不意味着内部秩序的存在对于人们追求众多目的来说是毫无用处的:不论是在自然界还是在社会中,这样一种秩序的存在对于追求任何一个目的来说实际上都是不可或缺的。需要指出的是,尽管自然秩序和社会秩序中并不是人们刻意创制出来的那些部分可以被人们用来实现诸多不尽相同的、彼此歧异的甚至是相互冲突的目的,但是我们却依旧没有理由认为自然秩序和社会秩序中并不是人们刻意创制出来的那些部分本身就有着任何目的。

一如前述,一种内部秩序或自生自发秩序是没有目的的,但是每一种外部秩序(安排或组织)却都预设了一个特定目的的存在,而且那些组成这种组织的人也必须服务于相同的目的。一种内部秩序源出于构成这种秩序的要素或个体的行为所表现出来的常规性。在这个意义上讲,内部秩序乃是一种源于内部的和内生的秩序,或者正如控制论者所指出的那样,它乃是一种"自我调整"或"自我组织"的系统[5]。然而,一种外部秩序则是由一个处于这种秩序之外的力量或机构决定的,因而是一种源于外部的或从外部强加的秩序。当然,这样一种外部因素也可以诱使或激励一种自生自发秩序的形成,而它所诉诸的方式就是把众多要素在回应其周遭事实过程中所表现出来的常规性强加给它们进而使一种自生自发的秩序得以自我形成。这样一种确使某种秩序得以形成的间接方法,要比那种直接方法拥有更为重要的益处,因为它可以在任何人都无力从整体上知道影响该秩序的因素的情势中得到运用。内部秩序中的行为规则也未必是人们刻意创制出来的,它们也同样**可以**是自生自发的发展或进化的产物。

由此可见,对秩序的自生自发性质与个体行为中决定这种秩序的常规性的自发起源进行明确的界分,乃是极为重要的。一种自生自发秩序可以在部分上以那些并非自生自发的而是由外部强加的常规性为依凭。从政策的角度看,由此也就产生了在两种确使秩序得以形成的选择方案当中何者更为可取的问题:一是采用间接的方法;二是采取直接的方法为每个要素安排一个位置并且详尽地规定其职能。

当我们所关注的只是不尽相同的社会秩序的时候,对此进行明确的界分能够使我们得出这样一个最为重要的结论:在一种内部秩序中,那种指导着个人行动的有关事实的知识(knowledge of the facts)和目的乃是行动者个人的知识和目的,而在一种外部秩序中,该秩序组织者的知识和目的将决定由此产生的那种秩序,因此,在这种组织中所能够使用的知识,与在自生自发秩序中所能够使用的知识相比较,要有限得多;因为我们知道,在一种自生自发的秩序中,所有要素或个体所拥有的知识,在无须先传送给中央组织者掌控的情况下,就能够在形成这种秩序的过程中都得到重视并发挥作用。那些能够被安排成一种外部秩序的活动的复杂性,必定只限于该秩序的组织者所能够知道的程度,但是在自生自发秩序中却根本不存在类似的限制。

尽管刻意地运用自生自发的有序化力量(也就是刻意地运用那些导使自生自发的一般性秩序得以形成的个人行为规则)在相当程度上扩展了那些能够被整合进某个单一秩序之中的行动的范围和复杂性,但是值得我们注意的是,它同时也削弱了人们在不摧毁这种秩序的情况下所能够支配这种秩序的能力。在内部秩序中,众多要素行为的常规性所决定的只是这种秩序所具有的那些最为一般且抽象的特征。这种秩序所具有的具体特性乃是由那些指导个体要素之行动的事实和目的所决定的,尽管它们会受到一般性规则的限制,只在某个特定的许可范围内行动。据此我们可以说,这样一种秩序的具体内容永远都是无法预见的,尽管这种内容很可能是实现一种宽泛秩序的唯一方法。我们必须否弃那种按照我们自己的意愿去型构其具体表现形式的权力。例如,每个个人在自生自发秩序中所占据的位置在很大程度上是由那些在我们看来必定是偶然的因素所决定的。尽管这样一种内部秩序在某种程度上服务于所有人的目的,但是它却不会赋予任何人以决定谁在其中获益多寡的权力。

从另一个方面来看,在一种安排或外部秩序中,该秩序的组织者在上述方法所能够达到的有限范围内,能够努力使种种结果在他所希望的任何程度上与其偏好相符合。一种外部秩序的目的必定是为了实现特定的目的或实现某一特定序列的目的;此外,在该秩序的组织者能够掌握有关可资运用的手段(或资源)的信息并能够有效控制这些手段(或资源)之用途的范围内,他也能够使这种安排比较彻底地与他的意愿相符合。一如前述,正是**该秩序的组织者**的目的支配着这种安排,所以他能够任意评价该秩序中的每个要素或个体所具有的价值,而且还能够按照他对其功过的评价来安排每个要素或个体的位置。

当如何使用该组织者所知道的有限资源以追求某个统一序列的目的成为一个问题的时候,一种安排或组织(即外部秩序)可以说是解决这个问题的比较有效的方法。但是,当问题所涉及的是如何运用那些分散在无数分立的个人手中的而且也只有这些个人才能够获得的知识的时候,运用自生自发的有序化力量(即内部秩序)则是解决这个问题的一种更为优越的方法。更为重要的是,那些几乎没有甚或根本就没有共同目的的人们,特别是那些彼此不认识或不了解彼此情况的人们,能够通过遵循相同的抽象规则而形成一种互利且和平的自生自发秩序。但是需要指出的是,唯有当这些人服从某个人的具体意志的时候,他们才能够组成一个组织。为了形成一种共同的内部秩序,人们只需要就抽象规则达成共识,然而为了组成一个组织,他们就必须或者赞同一个统一的目的序列,或者被迫服从一个统一的目的序列。由此可见,只有内部秩序才能建构出一种开放社会(an open society),而一种被视作是组织的政治秩序只能是一种封闭的和部落性质的社会。

二、内部规则与外部规则

与内部秩序或外部秩序相对应,也有两种截然不同的规则或规范。为了形成内部秩序或外部秩序,其间的要素或个体就必须遵循相应的规则或规范*。由于现代欧洲的各种语言在这个方面也缺乏能够明确无误地表达

---

* 哈耶克有关"内部规则与外部规则"的讨论,乃是他在"社会秩序分类学框架"基础上进一步提出的"行动结构"与"规则系统"两分框架中的核心内容。哈耶克指出,道德、宗教、法律、语言、书写、货币、市场以及社会的整个秩序都是自生自发社会秩序。我认为,哈耶克把所有这些自生自发的社会秩序都归属于同一范畴的预设,显然与它们生成演化的过程极其相似,更具体地说,亦就是它们都不是因计划或设计而生成的,而是"人之行动而非人之设计的结果"。然而值得我们注意的是,哈耶克又明确指出,在这种自生自发的社会秩序中,仍存在着两种无论如何不能混淆的秩序类型:一是在进行调适和遵循规则的无数参与者之间形成的互动网络的秩序(或称为行动结构),二是作为一种业已确立的规则或规范系统的秩序。他曾经明确指出,个人行为的规则系统与从个人依据它们行事而产生的行动的秩序,并不是同一事情;这个问题一经得到陈述,就应当是显而易见的,即使(接下页注)

这样一种必要界分的术语,而且也由于我们已然采用了“法律”(law)一词或该词的对应术语来含混且笼而统之地指称这两种截然不同的规则或规范,所以我们再一次建议人们采用那些大体上能够表达出这一必要界分的古希腊术语——我们至少可以说,雅典人在公元前5世纪和公元前4世纪所采纳的那种经典性的用法大体上表达出了那种界分[6]。

所谓“内部规则”(nomos),我们所意指的是那些在它们所规定的客观情势中适用于无数未来事例和平等适用于所有的人的普遍的正义行为规则,而不论个人在一特定情形中遵循此一规则所会导致的后果。这些规则经由使每个人或有组织的群体能够知道他们在追求他们目的时可以动用什么手段进而能够防止不同人的行动发生冲突而界分出了个人确获保障的领域。这些规则一般被认为是“抽象的”和独立于个人目的的规则[7]。它们导致了一种同样抽象的和目的独立的自生自发秩序或内部秩序。

(接上页注)这两种秩序在事实上经常被混淆,因为自生自发的社会秩序并不是自然生成的,而是这些秩序的要素在回应它们的即时环境时遵循某些规则的结果,或者说,只有当个人所遵循的是那些会产生一种整体秩序的规则的时候,个人对特定情势所做的应对才会产生一种整体秩序,如果他们所遵循的规则都是这样一些会产生秩序的规则,那么即使他们各自的行为之间只具有极为有限的相似性,也足以产生一种整体秩序。显而易见,自生自发社会秩序在这里并不能够被化约成行为规则系统,因此,社会理论的任务之一就在于揭示那些只要得到遵循便会导向自生自发秩序的规则及其赖以为基的常规性。关于这个问题的更为详尽的讨论,请参见拙文《哈耶克社会理论的研究》第二节“哈耶克的社会理论:规则系统与行动结构”,载《邓正来自选集》,邓正来著,广西师范大学出版社2000年版,第191~203页。有关哈耶克对“内部规则”与“外部规则”所做的更为精确的讨论,则请参见哈耶克:《法律、立法与自由》第一卷第五章“内部规则:自由的法律”和第六章“外部规则:立法的法律”,邓正来等译,中国大百科全书出版社1999年版,第152~232页。——邓正来按

与上述“内部规则”不同,“外部规则”(thesis)这个术语所指称的乃是那种只适用于特定之人或服务于统治者的目的的规则。尽管这种规则仍具有不同程度的一般性,而且也指涉各种各样的特定事例,但是它们仍将在不知不觉中从通常意义上的规则转变成特定的命令。它们是运作一个组织或外部秩序所必需的工具。

一个组织之所以在某种程度上必须以规则为依凭而且无法只经由特定的命令加以支配的原因,同时也解释了为什么自生自发秩序能够达致组织所不能取得的结果。如果我们只根据一般性规则来约束个人的行动,那么个人就能够使用权力机构并不拥有的信息。再者,那些从一个组织的领导者那里接受其职能的各层行动者也只能够根据那些唯有他们自己才知道的日益变化的情势进行调整或调适,因此权力机构发布的命令在一般意义上讲也会采取一般性指示而非具体命令的形式。

然而,支配组织成员的规则必定会在下述两个重要的方面区别于自生自发秩序所依凭的规则:第一,组织规则乃是以这样一种情况为前提条件的,即组织者通过命令的方式把特定的任务、目标或职责分派给了个别成员;第二,大多数组织规则只适用于那些承担着特定责任的人士。因此,组织规则在意图上不可能是普遍的或是目的独立的(end-indepedent),而只能始终依附于组织所发布的那些分派职责和规定任务或目标的命令。组织规则也无助于一种抽象秩序的自发形成,因为在这种抽象的秩序中,每个个人必须自己发现自己的位置,而且还必须有能力建立起一个确受保护的领域。再者,组织或安排的目的和总体纲领,也必定是由该组织或安排的组织者决定的。

作为普遍行为规则的“内部规则”与作为组织规则的“外部规则”之间

的区别，大体上也相对应于人们所熟知的私法（包括刑法）与公法（宪法和行政法）之间的区别。这两种法律规则之间存在着诸多混淆；而人们所采用的那些术语和各种极具误导性的法律实证主义理论（这也是公法学家在法理学发展过程中起支配作用的结果）则助长了这方面的混淆。人们所采用的那些术语以及各种极具误导性的法律实证主义理论都在某种意义上把公法视作是首要的法律，并且认为唯有公法是服务于公共利益的；与此同时，私法不仅被视作是从公法中派生出来的，而且私法的服务对象也被视作是个人利益而不是普遍利益，因而是次要的法律。但是，反过来说才可能更接近于真相*。公法乃是组织的法律，亦即原本只是为了确保私法之实施而建立的政府这一上层结构的法律。正确地说，公法会变化，而私法将一直演化下去[8]。不论政府结构会变成什么，立基于行为规则之上的社会基本结构则会长期持续下去。因此，政府的权力源于公民的臣服而且它也有权要求公民臣服，但条件是它必须维续社会日常生活的运作所依凭的自生自发秩序之基础。

---

* 关于这一点，我们可以在这里进一步指出哈耶克此后的补充观点。哈耶克认为，公法之所以被认为比私法更重要，实与人们所熟知的“私”法与“公”法这两个法理学术语所具有的误导性紧密相关，因为这两个术语与**“私”益**（private welfare）**“公”益**（public welfare）间的相似性，极容易使人们错误地以为私法只服务于特定个人的利益，而唯有公法才服务于公益。然而，哈耶克却认为，所谓只有公法旨在服务于“公益”的观点，只是在“公”于某一特定狭隘的意义上被解释为那些与政府组织方面相关的利益或其设定的特定目标相关而不被解释为“一般福利”（general welfare）的同义词的时候才能成立，因此那种认为只有公法才服务于“一般福利”而私法只保护个人私益且次位于和渊源于公法的观点，实乃是对真相的完全颠倒，因为整个私法制度并不只是为了实现个人的利益，而且亦将经由保障个人利益而增进整个社会的真正利益。此外，哈耶克还指出，现代社会之所以盛行“公法”渗透或替代“私法”的趋势，还有一个极为重要的原因，即公法学家和法律实证（接下页注）

人们之所以认为公法具有优位性，实是因为这样一个事实所致，即公法确实是人们为了实现特定目的而经由意志行为刻意创制出来的法律，而私法则是一种进化过程的产物。在整体上讲，私法根本不是任何人发明或设计出来的法律。创制法律或立法(law-making)始于公法领域，而在私法领域中，数千年来，私法的发展则是经由一种发现法律(law-finding)的过程而得以展开的——在这种发现法律的过程中，法官和法学家所试图发现和努力阐明的只是那些长期以来一直支配着人们行动的规则和"正义感"(sense of justice)。

尽管我们必须诉诸公法才能够指望发现一个组织在实践过程中究竟实施了哪些行为规则，但是这并不意味着私法的权威性必定源出于公法。就存在着自生自发的有序社会而言，公法只是旨在组织那种必要的机器，以满足一种更为宽泛的自生自发秩序得以更好地运行所必需满足的条件。公法还决定着一种上层结构，而人们建立这种上层结构的主要目的就在于：第一，为了保护一种此前就已经存在的自生自发秩序；第二，为了实施这种自生自发秩序赖以为基础的那些规则。

一如我们所知，内部规则意义上的法律观念(亦即那种并非由任何人的具体意志产生的那种抽象规则：它可以在特定情形中加以适用而不论后果为何；它可以被"发现"而不是为了实现特定且可预见的目的而制定出来

(接上页注)主义的误导性理论在法理学的发展过程中占据了绝对的支配地位，因为哈耶克认为，几乎所有杰出的现代法律实证主义者都是公法学者，此外也包括一些社会主义者，而且18世纪思想家关于正当行为规则能够导使自生自发秩序的型构的观点似乎对他们毫无作用可言。关于这个问题的更为详尽的讨论，请参见拙文《法律与立法的二元观》第三节"哈耶克对'公法'与'私法'混淆的批判"，载《邓正来自选集》，邓正来著，广西师范大学出版社2000年版，第317～321页。——邓正来按

的),只是在罗马和现代英国这样的国家里存在,而且还是与个人自由的理想一起得到维续的——在这些国家中,私法(private law)乃是在判例法(case law)而非制定法(statute law)的基础上发展起来的;这就是说,私法乃是在法官或法律学者而不是在立法者的掌控之下发展起来的。我认为,牢记这个事实,极具启示意义。然而值得我们注意的是,一旦人们把法律视作是一种实现政府自身目的的工具,作为内部规则的法律观念和个人自由的理想便会迅即消亡。

在这个方面,有一个重要问题尚未得到人们的普遍理解,即作为判例法程序的一个必然结果,那种以先例(precedent)为基础的法律必定只是由那种含有普遍意图的、目的独立的和抽象的行为规则构成的;而这些规则正是法官和法律学者试图从早期的判例中提炼出来的。但是,立法者制定的规范却不存在类似的内在限制,因此立法者也就不太可能把遵循这样的限制作为他们必须承担的首要任务。长期以来,在人们认真考虑修正内部规则的问题以前,立法者们几乎只关注如何制定那些调整政府机构的组织规则的问题。传统上视法律为内部规则的观念构成了法治(the Rule of Law)、法律下的政府(a Government under the Law)以及权力分立(the Separation of Powers)这类理想的基础。因此,当最初只关注政府治理本身问题(如税收)的代议机构也开始被人们视作是内部规则(私法或普遍的行为规则)的渊源的时候,上述传统的法律观念也就很快被另一种理念给取代了,即法律乃是获得授权的立法者根据其意志对特定问题所制定的任何措施[9]。

最能揭示我们这个时代占据支配地位的趋势的观点乃是这样一种洞见,即公法对私法的逐渐渗透和取代乃是把一种自由的自生自发的社会秩序改造成一种组织或外部秩序之过程的一个部分。而这一改造过程则是一个多世纪以来一直支配着社会发展进程的两个因素所导致的结果:一方面,"社会"正义(social justice)或"分配"正义(distributive justice)的观念逐渐取代了那些受着"交换正义"(commutative justice)指导的正义个人行为规则;而另一方面,不断把制定"内部规则"(即正义行为规则)的权力交由那种承担着指导政府之任务的机构去掌控。在很大程度上讲,正是把这两种本质上不同的任务归于同一个"立法"机构去掌控的做法,几乎彻底摧毁了作为一种普遍行为规则的法律与作为指导政府在特定情势中如何行事的命令的法律之间的区别。

唯社会论者所主张的那种正义分配收入的目标,必定会把自生自发秩序转变成一种组织。这是因为只有在一个旨在追求某一共同的目的序列和个人必须实施组织者分派给他们的任务的组织中,那种"正义"酬报的观念才可能具有意义。然而,在一种自生自发的秩序中,根本就没有人"分配"(甚或能够预见)那些由情势的变化给特定的个人或群体造成的结果;再者,在这种自生自发的秩序中,正义也仅仅被视作是正义的个人行为规则,而不是结果的正义。这种社会肯定是以这样一种信念为预设的,即正义行为规则意义上的那种正义并不是一个空洞的辞藻——但是,只要自生自发秩序还没有完全转变成一种全权主义的组织(其间,权力机构分派职责并由该机构根据个人履行职责的功过分配酬报),"社会正义"就必定是一个空洞无物的概念。"社会"正义或"分配"正义只是一种组织的正义(the justice of organisation),因而在自生自发秩序中是毫无意义可言的。

三、关于阐明的规则与未阐明的规则的简要评论

尽管本节所要讨论的有关阐明的规则(articulated rules)与未阐明的规

则(non-articulated rules)之间的那种区别*与本文所检视的其他区别并不是同一个层面上的问题,但是我们在这里插入一节文字,用以对我们运用"规则"(rules)这个术语的意义做些讨论,还是颇为有益的。当我们使用"规则"这个术语的时候,它实际上指涉了两种不同且独特的含义。然而,这两种含义之间的区别却常常被下述两种人们更为熟悉的而且也更密切相关的区别所混淆或遮蔽了:一是成文法与不成文法之间的区别;二是习惯法与制定法之间的区别。需要强调指出的是,由于我们知道一项规则,所以我们能够预见人们将如何行事。在这个意义上讲,一项规则可以有效地支配人们的行动,而无须以一种形诸文字的方式为行动者所知道。人们在并不明确"知道"某项规则的具体内容究竟为何的情况下仍可以"知道如何"行事(know how to act),而且他们行动的方式也可以经由一项阐明的规则而得到正确的描述。这就是说,人们在不需要有能力用文字把某项规则陈述出来的情况下便有能力在他们行动的过程中遵循该项规则或辨识出其他人是否遵循了该项规则。

---

* 哈耶克对"未阐明的规则"与"阐明的规则"所做的界分,以及有关"未阐明的规则"优位于"阐明的规则"的论说,依我个人对他的知识观的研究所见,实乃源出于他的知识观中"知道如何"的默会知识优位于"知道那个"的理论知识的观点并且是以此为基础的,更是经由把这一默会知识首位性的命题与他在1960年出版的《自由秩序原理》中开始创建的"无知观"结合起来而把研究的范围扩大到了诸如工作活动、文化传统、制度或社会行为规则等这样一些题域的。尽管哈耶克明确主张"未阐明的规则"优位于"阐明的规则",但是他并不因此而认为应当放弃立法,因为依前者方式演化生成的法律具有某些可欲的特性的事实,并不能证明它将永远是善法甚或不能证明它的某些规则就可能不是非常恶的规则。因此,这意味着我们并不能完全放弃立法手段。另请参见哈耶克:《法律、立法与自由》第一卷第四章"变化中的法律概念",邓正来等译,中国大百科全书出版社1999年版,第113~115页。——邓正来按

毋庸置疑，在早期社会中并自此以后，在前后一贯的司法判决中凸显自身的许多规则，并不是以文字表述的方式而为任何人所知道的；再者，即使是那些以阐明的形式为人们所知道的规则，也往往只是人们在试图用文字表述那些指导人们行动的原则的方面所做出的不尽完善的努力的结果——当然，那些原则也是通过赞同或不赞同其他人的行动这种方式得到表达的。我们所说的"正义感"，只是意指那种根据未阐明的规则行事的能力。而所谓发现正义，则意味着人们力图用文字方式来表述他们在判断一项特定决策时所依据的那些至今尚未阐明的规则而做出的努力。

这种根据未阐明的规则行事的能力或者辨识其他人是否根据这种规则行事的能力，很可能在人们尝试阐明这些规则以前就一直存在着；再者，大多数阐明的规则也只是人们大体成功地把人们于此前便依据其行事的那些规则形诸文字的尝试而已。但是需要指出的是，那些在此前便为人们所遵循的规则还将继续构成人们据以评价他们适用那些阐明的规则的结果的依据。

当然，一旦人们接受了有关行为规则的特定阐释，那么这些阐释就会成为传播这些规则的主要手段。此外，阐明的规则与未阐明的规则在发展的过程中也将不断地发生互动作用。但是，如果没有未阐明的规则作为一种背景性基础，那么任何阐明的规则系统似乎都是不可能存在的，甚或也是不可能为人们充分理解的。因为我们知道，当人们在阐明的规则系统中发现了某种缺陷或不足的时候，人们唯有诉诸那些未阐明的规则作为依凭。

未阐明的规则作为背景性基础所具有的这种支配性作用，同时也说明了这样一个问题：人们在把一般性规则适用于特定情形的时候很少会采用三段论的方式，因为只有阐明的规则才能够作为这样一种三段论论证的明确前提。如果从阐明的规则中推论出的结论与从未阐明的规则中推导出的结论发生冲突,那么前者的结论就不会得到人们的承认。伴随着那些业已充分阐明的严格的法律规则的发展,衡平法(equity)经由这一为人们所熟悉的过程也发展起来了。

就此而言,那些以阐明的(形诸文字的)规则的形式而传承下来的不成文法(或习惯法)与成文法之间的区别,要远远小于阐明的规则与未阐明的规则之间的区别。一如我们所知,许多不成文法或习惯法也许已经通过口头传播的文字形式而得到阐明了。但是需要指出的是,即使当所有那些能够被认为是为人们明确知道的法律都得到了阐明的时候,这也不意味着人们阐明那些实际指导人们决策的规则的过程已然完成了。

四、意见与意志、价值与目的

现在,我们拟对"意见与意志"之间的重要区别*以及"价值与目的"之间的重要区别进行探究——对于这两种区别来说,可资使用的术语尤为欠缺,即使是古希腊人也没有为我们提供任何比较容易理解的术语。然而,卢梭、黑格尔以及他们的追随者直至格林(T. H. Green),却用"意志"(will)这个术语来替代此前的论者所使用的"意见"(opinion)这个术语[10]以及古代论者用以与"voluntas"相区别的"ratio"这个术语,这很可能是政治思想史中

---

* 值得我们注意的是,哈耶克在《法律、立法与自由》第二卷"社会正义的幻象"中也对"意见与意志"这个重要问题进行了讨论,其间隐含着与本文内容的某些区别,因此,我在这里特意将他后来的论述征引于此处,供研究者进行参考和比较:"在这些成对的术语当中,第一对术语十分凸显而且还可能具有最为重要的意义,或者说,它们至少是一对因人们无视它们之间的区别而导致了政治理论中最大混淆的术语。这对术语就是意志与意见(will and opinion)。所谓'意志',在我们这里只是意指那种旨在达致一特定且具体之结果的旨向,而这种旨向与已知的当时特定的情势结合在一起,便足以决定采取何种特定的行动。与之相对照,(接下页注)

最具危害影响的术语杜撰。

用“意志”这个术语替代“意见”，乃是一种建构论唯理主义观点的产物[11]。这种建构论唯理主义观点认为，所有的法律都是为了实现某个已知目的而发明出来的，而不是对那些此前盛行的惯例所做的阐释或改进性的诠释——当然，那些惯例之所以得到盛行，实是因为它们产生了一种比那些在当时作为竞争对手的群体中所存在的秩序更具生存和发展能力的秩序。在这种情况下，“意见”这个术语也变得越来越不可信了，因为“意见”不仅被认为与毋庸置疑的因果知识完全不同，而且还与当时盛行的那种否弃所有不能得到证明的陈述的趋势格格不入。当时，“纯粹意见”（mere opinion）成了唯理主义者批判的主要靶子之一。人们在那个时候认为，“意志”意味着那种理性的和有目的的行动，而“意见”则意味着某种特别不确定的而且无法进行理性讨论的东西。

（接上页注）我们将把那种对不同形式的行动或某些**种类**的行动是否具有可欲性的看法称之为‘意见’，而这种意见则会促使人们根据特定人的行为是否符合那种看法去赞同或不赞同他们的行为。因此，这种仅指称行事方式的意见，除非与具体的目的相结合，否则就不足以完全决定采取何种特定的行动。一项意志行为所决定的乃是某一特定时刻所做的事情，而一种意见告知我们的却只是个人在采取行动时所应遵循的规则。这两个术语之间的区别与下述二者之间的区别紧密相关：一是引发行动的一种特定的驱动力（impulse）；二是以某种特定方式行事的一种纯粹意向（disposition）。由于意志旨在达致某种特定的结果，所以这个‘目的’一旦达到，意志也就终止了；而构成一种持续性意向的意见，则将指导许许多多特定的意志行为。再者，由于一项意志始终旨在达致一个目的，所以，如果我们业已知道一种意见乃是由某种目的所决定的，那么我们就完全有理由对这种意见的真实性进行质疑，亦即说我们完全有理由追问它究竟是一种意见还是一项意志。”引自哈耶克：《法律、立法与自由》，第二卷“社会正义的幻象”，邓正来等译，中国大百科全书出版社 2000 年版，第 18～19 页。——邓正来按

然而需要指出的是,开放社会的秩序和整个现代文明,在很大程度上都是以这样一些意见为依凭的,因为远在人们还不知道自己为什么持有这些意见以前,这些意见就已经在产生上述那种秩序的过程中发挥出了极为有效的作用再者,在很大程度上讲,这种秩序即使在今天仍是以这些信念为依凭的。甚至当人们开始追问他们所遵循的行为规则如何才可能得到改进这类问题的时候,人们也只是朦朦胧胧地理解这些行为规则所导致的结果。当然,根据这些结果,人们便可以对这些行为规则进行修正。这里的困难在于这样一个事实:任何试图根据某项行动在特定情形中所具有的可预见的结果来评价此项行动的尝试,都是与有关允许或不允许某种行动的意见在形成一种整体性秩序中所发挥的作用完全相违背的。

唯理主义者认为,理智的行为乃是完全受下述两种因素支配的:一是因果关系的知识;二是与此相关的信念,即"理性"只表现在根据这种因果关系之知识所做的演绎过程之中。唯理主义者的这种偏见在很大程度上把我们对上述情势的洞见给遮蔽了。建构论唯理主义所承认的唯一一种理性行动便是受着类似于"如果我想要 X,那么我就必须做 Y"这样的论式指导的行动。然而,人的行动事实上还受着另外一些规则的指导,比如说,规定人们只能够采取那些为规则所允许的行动的规则——这些规则一般来讲会禁止人们采取某些**种类**的行动,而不论它们所具有的可预见的特定结果为何。无论是在自然环境中还是在社会环境中,我们能够成功行事的能力不仅是以一种有关我们所作所为的特定结果的知识为依凭的,而且也同样是以那种有关我们不能做什么事情的知识(通常也不知道做了这种事情以后会引发什么后果)为基础的。事实上,我们所具有的实在知识(positive knowledge)之所以能够极为有效地为我们提供帮助,完全是因为一些规则把我们的行动严格限制在了我们有能力预见相关后果的有限范围之内。这种知识所具有的作用便在于阻止我们逾越上述那些限制。恐惧未知情势以及避免采取那些具有不可预见之后果的行动,在使我们的行动变成“理性”行动(亦即在“成功”意义上的那种行动)的过程中起着极为重要的作用,其重要程度完全可以与实在知识相媲美[12]。如果“理性”(reason)这个术语只限于意指那种有关实在事实的知识,而且排除了有关“不应当做什么事情”(ought not)的知识,那么很大一部分指导人们的行动以使个人或群体能够在他们生活于其间的环境中生存下去的规则就会被排斥在“理性”以外。再者,如果“理性”这个概念被武断地只限于意指那种有关支配着我们环境中特定事件的因果律的实在知识,那么人类积累起来的大量经验就会被排斥在那种所谓的“理性”之外。

然而,在16和17世纪唯理主义革命(the rationalist revolution)以前,“理性”这个术语就已经含括了适当行为规则的知识,甚至认为它具有首位性。当人们在当时把ratio与voluntas相区别的时候,前者显然意指的是那种有关允许或不允许某些种类的行为的意见,而后者则把这些行为视之为实现某种特定结果的最为明显的手段[13]。因此,那种在当时被描述为理性的东西,并不是那种有关特定行动在特定情势中产生特定结果的知识,而是一种避免采取某种行为的能力——这种行为所具有的可预见结果在表面上看是可欲的,但是它们却可能把人类取得成就赖以为基础的那种秩序给摧毁掉。

我们大家都熟知这样一个极为重要的观点,即把个人行动整合起来的一般性社会秩序,并不源出于个人所追求的具体目的,而产生于他们对那些限制其行动范围的规则的遵循。对于这种一般性的社会秩序的型构来说,个人追求什么具体目的实际上并不重要。在许多情形中,个人追求的具体目的可能是完全荒谬的,但是,只要个人是在那些规则所规定的范围内追求他们自己的目的,那么他们在追求自己目的的时候就有可能满足其他人的需要。由此可见,把个人行动整合进文明所依凭的那种秩序之中的并不是人之行动的目的性,而是人之行动受着规则的支配[14]。

因此,把一项界定正义行为的规则或法律的内容描述成一种意志(人民的意志或其他人的意志)[15]的表示,是完全误导的。立法者在赞成一项阐释某一行为规则的制定法的文本的时候或者法律起草者在决定这样一项法案的措辞的时候,确实受着一种旨在实现某个特定结果的意志的指导。但是需要指出的是,特定的文字形式并不是这样一项法律的内容。**意志**所指涉的始终是那些有助于实现特定目的的特定行动,而且当人们采取了行动并且达到了目的(终点)的时候,这种意志也就终止了。但是,任何人都不可能拥有这样一种**意志**,亦即那种关涉到在无数的未来情势中将会发生什么事情的意志。

然而,从另一个角度来看,**意见**却没有任何为那些持有这些意见的人所知道的目的——事实上,如果我们发现有人持有一种有关是非问题的意见是为了实现某个目的,那么我们就完全有理由对这种意见表示怀疑。个人所持有的大多数有益的意见之所以为他们所信奉,并不是因为他们拥有已知的理由去信奉这些意见,而只是因为这些意见实是他们成长于其间的社会的传统而已。因此,有关是非的**意见**,在为了避免混淆而必须采用**意志**这个术语的情况下,实是与这种意志毫无关系可言的。我们大家都清楚地知道,我们的意志常常与我们认为是正确的事情发生冲突,这一点不仅适用于一个旨在实现某个共同具体目的的群体,也同样可以适用于任何个人。

尽管一项意志行为始终是由某个特定的具体目的(终点)决定的,而且当这个特定目的达到时,这种意志也就终止了,但是追求这个特定目的的方式却还是要以那些大体属于该行动者的品性的意向(dispositions)为依凭[16]。这些意向乃是内在规则的混合物,它们或者表明了哪些种类的行动会导致某种特定的结果,或者表明了哪些种类的行动在一般情况下是应当予以避免的。这些意向系统有着高度复杂的等级结构,它们不仅支配着我们的思维方式,而且还包括了这样一些意向:一是改变意向的意向;二是支配着某个特定生命体的全部行动的意向;三是只会在特定情势中才会产生的意向。但是,这里并不是我们对这些意向系统进行讨论的场合[17]。

极为重要的是,在支配着某个特定生命体之行动方式的意向当中,除了促成那些有可能产生特定结果的行动的意向以外,还始终存在着许多会排斥某些种类行动的否定性意向(negative dispositions)。这些否定某些有可能会危害个人或群体的行动的抑制性意向,很可能是所有生命体——特别是所有生活于群体中的个体——为了使生存成为可能而必须拥有的一种最为重要的适应性手段。“禁忌”(taboos),就如同那种有关哪种行动会产生某种特定结果的实在知识一样,实是一种社会动物据以成功生存的一个必要基础。

正如前文所述,一项意志总是旨在达到某种特定的目的(终点),而且当这个特定的目的达到以后,这项意志也就随之消失了;相比之下,意见则是意指一种赞同(或反对)某些**种类**行为的持久不变的意向。如果我们想对这种**意志**与上述那种**意见**做明确的界分,那么我们采用一个独特的名称来指称意见所旨在实现的一般性目的便不失为一种可取之计。需要指出的是,在可资使用的术语中,与意见相对应的乃是价值这个术语,正如意志与目的相对应一般[18]。当然,从目前的情况来看,价值这个术语并不只是在这种狭义上加以使用的。再者,我们大家也都容易把某个特定且具体目的的重要性说成是它所具有的价值。尽管如此,至少从价值(values)这个术语的复数形式来看,价值这个术语就像任何其他可资使用的术语一样,特别趋近于我们在这里所意指的含义。

因此,把那些指导着一个人在其大部分生活中行动的东西描述成价值,并且把它与那些决定着一个人在特定时刻的行动的具体目的明确区别开来,乃是颇为有益的。再者,这种意义上的价值在很大程度上是经由文化传承的,甚至还指导着那些并未明确意识到这些价值的人的行动。然而,人们在大多数时间里有意识关注的那种目的,在通常情况下都是人们在任何时候发现自己置身于其间的特定情势所导致的结果。从"价值"这个术语最普遍的用法所具有的含义来看,它肯定不是指涉特定的客体、特定的人或者特定的事件的,而只是指涉许多不同的客体、人或者事件在不同的时间和空间中都可能具有的那些属性或特征,而且我们通常也会通过陈述这些客体、人或行动所遵循的某项规则的方式来描述那些属性或特征——如果我们想努力描述那些属性或特征的话。一项价值的重要性乃是与某种需要的紧迫性或某项特定目的的紧迫性密切相关的,正如普遍或抽象与特定或具体的关系一般。

应当指出的是,上述被我们描述成**有关价值之意见**(opinions about values)的相对持久的意向实是与那些有时候同它们勾连在一起的情绪(emotions)极为不同的。情绪,就像需要一样,乃是由特定且具体的客体所引发的并且是指向这些客体的,同时也会伴随着这些客体的消失而迅速地消失。与意见和价值不同,情绪仅仅指导那些为了特定事情而采取的行动的**暂时性意向**(temporary dispositions),而不是一种控制所有行动的框架。如同某种特定的目的一样,一种情绪有可能压倒并冲破意见所设定的限制——而意见设定的这些限制所指涉的却不是某种情形所具有的特殊属性,而是它所具有的抽象且一般的属性。就此而言,由于意见是抽象的,所以这种意见比较接近因果知识,因此也应当被当做理性的一部分与因果知识一起归入理性的范畴。

从道德这个术语最广泛的意义上讲,所有的道德问题都源自于下述二者之间的冲突:一是有关某些特定的可欲的结果能够以某种特定的方式予以实现的知识;二是那些告知我们某些**种类**的行动应予避免的规则。我们的无知(ignorance)的范围必定会向我们提出这样一项要求,即在使用知识的时候,我们不仅应当有所限制,而且还应当避免采取许多行动,因为那些行动所产生的不可预见的后果有可能会把我们置身于既有的秩序之外,而我们知道,只有在这样一种秩序中,世界对于我们来说才是比较安全的。幸亏有了这样的限制,我们有关实在事实的有限知识,才像一种指导着我们在无知的海洋中畅行的可靠指南那样,为我们提供帮助。如果一个人坚持只让可预测的结果指导自己的行动并且拒绝考虑有关谨慎行事的意见,那么他所采取的行动很快就会失败,而且在这个意义上讲,他所采取的行动也是最无理性可言的。

长期以来,我们所使用的语词严重地妨碍了我们对上述界分或区别的理解。但是需要指出的是,对于这种界分或区别的理解实际上是特别重要的,因为达成必要共识的可能性以及开放社会那种秩序得以和平存在的可能性都是以这种理解为基础的。颇为遗憾的是,我们的思维方式以及我们可以使用的词汇,在很大程度上仍是由那种只关注全体成员所知道的具体目的的小群体所面临的问题和所具有的需求决定的。把小群体式的观念适用于开放社会所面临的问题,已然造成了巨大的混乱和危害。特别需要指出的,正是通过一种柏拉图式的"部落观"(tribalism)在道德哲学中所占据的支配地位,前述的小群体观念才被留存了下来。而我们知道,这种柏拉图式的"部落观"在现代则得到了来自下述两个方面的强大支持:一是那些从事经验研究的论者对仍可观察到的和实在有形的小群体的问题所具有的偏好;二是这些论者对社会内部秩序(亦即那种并非实在有形的和更为宽泛的秩序)所具有的厌恶之情,因为这种内部秩序只能从思想上加以重构,而永远都无法在整体上被直觉地认知到或观察到。

开放社会之所以有可能,实是以开放社会中的成员拥有共同的意见、共同的规则和共同的价值为基础的。但是,如果我们坚持认为开放社会必须拥有一种颁布命令(亦即要求其成员追求特定目的的命令)的共同意志,那么开放社会的存续也就不可能了。我们希望和平生活于其间的群体的规模越大,那些得到强制实施的必定只是抽象且一般性的行为规则的共同价值也就越多。一个开放社会的成员在价值问题上而且也只能在价值问题上持有共同的**意见**,而**不可能拥有**一种有关具体目的的**意志**。因此,一种以共识为基础的和平秩序之所以有可能,特别是民主制度中的和平秩序之所以有可能,实是以这样一种条件为基础的,即强制必须只限于实施抽象的正义行为规则。

五、规则支配的秩序与目的支配的秩序

我们在上述第一节和第二节所讨论的两种区别或界分,经由奥克萧特(Michael Oakeshott)教授的综合而被概括为"规则支配的秩序"(nomocracy)

与“目的支配的秩序”(teleocracy)这样两个概念[19]。从目前的情形来看,我们似乎不需要再对这两个概念做任何进一步的解释了。一种“规则支配的秩序”相当于我们所说的那种完全以一般性规则或内部规则为基础的内部秩序,而一种“目的支配的秩序”则相当于那种旨在实现特定目的或 teloi 的外部秩序(安排或组织)。对于前者来说,“公众利益”或“普遍福利”仅仅在于维续那种抽象且目的独立的秩序(end-independent order),而这种秩序的维续则是经由人们遵循抽象的正义行为规则而得到保障的:“公共利益只是那种排除了所有偏好或私人利益的共同权利和正义,因此它(可以)被称作是法律的绝对统治而非人的绝对统治。”[20]而就一种“目的支配的秩序”来说,共同利益则是由特定利益的总和构成的,亦即是由那些影响特定的人或群体的可预见的具体结果的总和构成的。那种幼稚的建构论唯理主义似乎更容易接受上文所述的“目的支配的秩序”的概念,因为它的理性标准就是那种服务于已知的特定目的的可以辨识的具体秩序。然而需要指出的是,这样一种目的支配的秩序却是与一种开放社会的发展不相融合的,因为开放社会是由并不具有共同且已知的具体目的的众人构成的。此外,那种试图把这种目的支配的秩序强加给那种逐渐发展起来的秩序或者那种“规则支配的秩序”的努力,显然会使开放社会堕落成小群体构成的部落社会。再者,由于所有根据个人“品性”或“功过”酬报个人的观念都必定源出于某个群体共同努力实现的那些具体且特定的目的,所以任何为了实现“分配”正义或“社会”正义而做出的努力,也必定会导致“目的支配的秩序”对“规则支配的秩序”的取代,进而导致开放社会向部落社会的倒退。

六、偶合秩序与经济

用同一个术语指称两种截然不同的秩序的情形已然造成了极大的混

淆,而且至今还在不断地误导着一些严肃认真的思想家。这方面的一个典范很可能就是用“经济”(economy)这个术语来指称下述两种不同的秩序的情形*:一是为了追求一种统一序列的目的而对资源做刻意的安排或组织,比如说,一个家庭、一个企业或者任何其他的组织(包括政府在内);二是由许多彼此关联的上述经济构成的那种结构,亦就是我们称之为一种社会的“经济”、一个民族的“经济”或世界“经济”的那种结构——有时候,我们也会直接把它称之为一种“经济”。然而,由市场产生的那种有序结构并不是一种组织,而是一种自生自发的秩序或内部秩序。因此,这种自生自发的秩序或内部秩序在许多方面都与那种在最初被称之为而且也有恰当理由被称之为一种“经济”的安排或组织存在着本质的区别[21]。

在很大程度上讲,正是由于人们用同一个术语来指称上述两种不同的秩序,所以他们认为:第一,应当使市场秩序像一种严格的经济那样进行运作;第二,市场秩序的表现能够而且也应当根据一种与评判严格经济相同的标准加以评判。显而易见,这种信念已经成了孳生许多错误与谬误的根源,因此,我们有必要采用一个全新的专门术语来指称那种自生自发形成的市场秩序。一如我们所知,常常有论者建议用 catallatics 这个术语取代“经济学”(economics)这个术语,并把它作为研究市场秩序理论的名称;按照这种方法,我们也可以把市场秩序本身称之为一种 catallaxy(偶合秩序)。这两个术语都衍生于古希腊语中的一个动词即 katallatein(或 katallassein),它的主要意思不仅是“交换”,而且还意指“被社会或共同体所接纳”和“化敌为友”[22]。

---

* 关于这个问题的更为详尽的讨论,请参见哈耶克:《法律、立法与自由》第二卷“社会正义的幻象”第十章“市场秩序或偶合秩序”,邓正来等译,中国大百科全书出版社 2000 年版,第 189~230 页。——邓正来按

我们建议采用这个新词的主要目的在于强调这样一个要点，即我们既不应当也不能够要求一种“偶合秩序”去为某种特定的目的序列服务，因此我们也不能根据特定结果的总和对这种秩序的表现进行评判。但是需要指出的是，唯社会论的所有目的、所有试图施行“社会”正义或“分配”正义的尝试，以及所谓的“福利经济学”（welfare economics），却都想把自生自发市场秩序这种内部秩序改造成一种安排或外部秩序，或者把“偶合秩序”扭转成一种严格的经济。的确，在许多经济学家看来，那种认为“偶合秩序”应当像一种严格经济那样运行的信念乃是显见不争的，因此他们从来就没有对这种信念的有效性做过检讨。他们甚至还把这种信念视作是人们在对任何一种秩序的可欲性进行理性评价的时候所必须依凭的一种毋庸置疑的前设，亦即人们在对不同的制度的价值进行判断的时候所必须依凭的那种前设。

一些人认为，市场秩序的有效性只能够根据它实现某种已知的特定目的的程度加以判断。然而，这种观点却是完全错误的。事实上，由于这些目的在整体上乃是任何人所不知道的，因此依据这种评价标准而进行的任何讨论也就必定是空洞无物的。那种被我们称之为竞争（competition）的发现过程*，目的就在于探明一种我们能够通过运用任何为我们所知道的手段而获得的捷径，以求趋近于实现一种较为低调但却高度重要的目的，即，所有实际生产出来的东西都是按照可能达到的最低成本生产出来的那种事态。这意味着：第一，就生产出来的商品与服务的那种组合而言，它生产出来的

---

* 哈耶克关于“竞争”乃是一种发现过程的观点，请参见本丛书第三辑所收入的哈耶克于1968年撰写的《作为一种发现过程的竞争》一文，还可以参见哈耶克：《法律、立法与自由》第二卷“社会正义的幻象”第十五章“政府政策与市场”，邓正来等译，中国大百科全书出版社2000年版，第365~413页。——邓正来按

组合将远远多于任何其他已知手段所可能生产出来的组合;因此,第二,虽然不同的个人将从这种产品中获得的份额乃是由任何人都无法预见的那些情势决定的,因而在这个意义上可以说是由"偶然因素"决定的,但是就每个人在这种竞赛中(亦即部分为一种技艺的竞赛,而部分则为一种机遇的竞赛)所能够挣得的份额而言,每个人都将获得与其他方法能够保障他获得的东西同样多的实际等价物。我们之所以同意个人的份额在一定程度上由运气决定,实是为了使那种供人们分享的总量尽可能达到最大的程度。

利用市场这种自生自发的有序化力量以实现这种最优的状态,实是与那种把决定不同个人的相对份额的问题交由那些必定被认为是偶然因素的事情去决定的做法不可分割的。一如前述,一种整体性秩序可以使那种在整体上不可能为任何人获致的分散知识全都得到使用。然而,这种整体性秩序之所以能够得到实现,却完全是因为这样一个事实所致,即市场始终激励着每个个人在追求他自己的目的的过程中使用他自己所拥有的有关特定机会和可能性的独特知识。上述意义上的总量或总产品的"最大化",实是与市场对它进行分配这一点不可分割的,因为正是经由对生产诸要素之价格的决定,市场这种整体性秩序才得以形成。如果人们的收入不是由那种在产量范围内确定的生产要素价格决定的,那么产量也就不可能达到与个人偏好相应的最大化。

当然,以上所述并不排除这样一种情况,即**在**市场**以外**,政府可以使用人们交由它掌控的那些独特的资源去帮助一些出于种种原因而不能通过市场挣到一份最低收入的人。一个依凭市场秩序而有效利用资源的社会,有可能以相当快的速度达到一种普遍的富足水平,进而使上述最低收入的水平有可能达致一种相应适当的水平。但是需要强调指出的是,人们决不应当经由采取操纵自生自发秩序的方式(亦即那种使人们在市场上挣得的收入与某种“分配正义”的理想相符合的方式)来达致上述境况,这是因为诸如此类的努力只会减少所有人都能够从中获得的各自份额的总产品。

七、有限民主与民主

颇为遗憾的是,以上所论还不足以充分地例举出我们为了摆脱那种支配着当今政治思想的语言混淆状况所必需的新术语,因此我们拟在这里对其间的一个重要术语进行讨论。在我看来,另一个普遍盛行的语言混淆事例就是:人们几乎都在用“民主”(democracy)这个术语来指称一种特殊种类的民主制度,然而这种制度却根本不是democracy(“民主”)这个术语最初所描述的那种基本理想所导致的一种必然结果*。实际上,亚里士多德早就对

---

* 关于哈耶克所用的与“democracy”相对的“demarchy”,相当难译,甚至当我在译校哈耶克《法律、立法与自由》第十三章“democracy 抑或 demarchy”一节时,费心多时也不曾找到一个适当的中文语词。此次翻译哈耶克《政治思想中的语言混淆》一文时,又费心考虑 demarchy 的翻译问题,最终确定译为“有限民主”。我认为,哈耶克并不反对 democracy(民主),他所反对的乃是那种被扭曲了的“民主”,亦即认为人民掌权以后一切限制权力的措施都为多余之举的那种“无限民主”。因此,把哈耶克所主张的与“无限民主”相对的 demarchy 简单地翻译成“民主”或“民治”,都是不妥的;再者,从哈耶克所主张的自由主义角度看,限制权力或强制力乃是基本的条件,因此,从这个角度来认识民主,我们也不能把 demarchy 翻译成“民主”或“民治”。据此,我认为将 demarchy 这个术语翻译成“有限民主”最为妥适,既能够反映哈耶克对民主的认识,又能够揭示出哈耶克对现代民主问题的深刻洞见和批判观点。关于哈耶克的有限民主观点,请参见本丛书第一辑所收入的哈耶克于 1976 年发表的《民主向何处去?》一文;而更为详尽的阐释,则请参见哈耶克在 1979 年发表的《法律、立法与自由》第三卷“自由社会的政治秩序”第十二章“多数意见与当代民主”、第十三章“民主权力的分立”和第十六章“民主理想的破灭:简要陈述”等文字,邓正来等译,中国大百科全书出版社 2000 年版。——邓正来按

这样一种制度形式是否应当被称之为“民主”这个问题提出过质疑[23]。原初的理想诉求已经被转化成了当今各国盛行的那种特殊形式的民主制度尽管这种特殊形式的民主制度与“民主”这个原初理念所旨在实现的目的相距甚远。

最初,“民主”这个术语仅仅意指:不论存在什么样的最高权力,它都应当由人民之多数或他们的代表来掌控,**但是它却没有论涉到这种权力的权限问题**。常常有人错误地认为,任何最高权力都必定是无限的或不受限制的。显而易见,我们根本无法从多数的**意见**应当占据支配地位这项要求当中推论出这样一项要求,即多数就特定问题的**意志**应当是无限的或不受限制的。事实上,权力分立(the separation of powers)这一经典理论所做出的乃是这样一项预设,即应当由一个代议机构掌控的“立法”(legislation)工作只应当关注制定“法律”(laws)的问题(当时的论者认为,这些法律在某种本质特性上区别于那些特定的命令);再者,那些特定的决策并不能够仅仅因为它们是“立法机构”颁布的这个事实而成为法律(亦即内部规则意义上的法律)。如果我们不对法律与特定决策进行界分,那么这种主张把特定的职能赋予独特且不同的机构的权力分立理念就会变得毫无意义,而且也只能是一种循环论证[24]。

如果立法机构只能够制定新的法律,而且除此之外不能做任何其他的事情,那么有关该机构所发布的某项特定决议是否能够成为有效的法律(valid law)的问题,就必须由该项决议所具有的某种可辨识的特性来决定。由此可见,决议的渊源本身并不能够成为人们评断它是否具有法律效力的一项充分标准。

毋庸置疑,那些主张代议政府和自由宪政的伟大理论家在要求权力分立的时候所说的法律,实际上就是我们称之为的那种内部规则。但是,他们却通过把制定另一种意义上的法律的任务(亦即制定那些决定着政府结构和运作的组织规则的任务)也委托给了同一个代议机构这种方式而糟蹋了他们自己设定的那项目标。然而,这是另外一个问题,因此我们不打算在本文中对这个问题做进一步的讨论。此外,我们也不准备对这样一种制度安排所导致的那种不可避免的后果做进一步的探究:在这种制度安排中,一个并不只限于制定普遍的正义行为规则的立法机构,肯定会在有组织的利益群体的驱使下用它的"立法"权力去为特定的私人目的服务。我们在这里所要关注的只是这样一个问题,即最高权力机构拥有这种权力并不是一种必然。限制权力,并不一定要拥有另一种权力才能限制它。如果所有的权力都以**意见**为基础,同时意见又只承认这样一种最高权力,即它乃是通过**承诺遵循普遍规则**(即使在它无从控制的特殊情形当中,也要适用这些普遍规则)这种方式来证明它对其行动之正义性的信念的,那么一旦这种最高权力逾越了上述限制,它就会丧失自己的权威性。

由此可见,这种最高权力未必就是一种无限的权力或不受限制的权力——它有可能是这样一种权力:只要这种权力颁布了任何不具有内部规则(亦即普遍的正义行为规则意义上的内部规则)所具有的实质性特征的决议,那么它就会失去对它来说不可或缺的意见对它的支持。正如在罗马天主教教义中所指出的那样,教皇是不会犯错误的,只要他制定的是教规而不是对特定的事务进行决策(dum ex cathedra loquitur)。与此同理,只要一个立法机构是在陈述有效的内部规则这种严格意义上实施其立法职能的,那么它就是一种最高的权力机构。最高权力之所以能够通过这种方式得到限制,就是因为存在着一些客观的检测标准(而不论它们在适用于特定情形的时候有多么困难),而根据这些标准,那些并不关注政府任何特定目的的独立且公允的法院就能够判定立法机构所做出的决议是否具有内部规则的特征,进而也就能够判定它是否是一项有约束力的法律。因此,我们所需要的只是一个能够判定立法机构颁布的法案是否具有所有有效的法律所必须具有的某些形式特征的法院。但是,这种法院却不得享有发布任何命令的肯定性权力(positive power)。

据此我们可以说,代议机构中的多数完全代表了**最高**的权力,但是却并不享有**无限的或不受限制的**权力。如果代议机构中的多数所拥有的权力只限于发挥 nomothetae 的作用或者只限于发挥内部规则(nomos)制定者的作用(就 nomothetae 而言,乃是我们所建议采用的另一个曾经为 17 世纪英国民主理论家和约翰·穆勒所采用的希腊术语)[25],而无权发布特定的命令,那么它试图使之变成法律的任何特权或任何偏向于特定群体的差别待遇措施就都无法获得法律的效力。这种权力之所以无法存在,实是因为无论实施最高权力的是什么人,他都必须通过承诺遵循普遍规则来证明他所颁布的具体法案是否具有合法性。

如果我们不仅希望用民主的方式来决定那些既约束政府又约束私性公民的强制性规则,而且也希望用民主的方式来决定政府机构的治理问题,那么我们就需要设立某个代议机构来专门践履上述后者的任务。但是需要指出的是,这个代议机构既不需要也不应当与那个制定内部规则的代议机构成为**同一个**机构;换言之,这个代议机构应当受另一个代议机构所制定的内部规则的支配,因为后者所制定的内部规则决定着前者所不能更改的权力限度或权力范围。据此我们可以说,这样一种政府治理的或行政指导的代议机构(从严格意义上来讲,并不是立法的代议机构),所关注的实际上是它唯有使用政府权力方能使之得到解决的多数**意志**的问题(亦即有关实现特定且具体的目的的问题),而不是那些有关是非的**意见**的问题。它会通过运用那些专门为了这个目的划拨出来的资源而致力于满足那些具体且可预见的需求。

自由宪政的开创者认为,在那些关注被他们视作是严格意义上的立法(亦即关注制定内部规则)之任务的最高机构中,那些有组织的利益联盟——他们称其为派别(factions),而我们则称其为党派(parties)——根本就不应当有任何地位;显而易见,他们的观点是正确的。的确,党派所关注的乃是具体**意志**的问题,亦即如何满足那些组成党派的人的特定利益的问题;但是,严格意义上的立法所应当表达的却是**意见**,因此这种立法工作也就不应当交由代表特定利益群体的人士去掌控,而应当交由反映普遍意见的代表(亦即那些应当免受来自特定利益群体之各种压力的人们)去负责。

在另外两篇论文中[26],我曾经就选举这样一种代议机构的问题建议人们采取这样一种方法——这种方法可以使该代议机构独立于有组织的党派,尽管为了按照民主方式有效地运作政府治理本身的工作仍然有必要保留这些有组织的党派。我所建议采取的这种方法要求:这些成员的任期应当足够长,而在任期届满以后,不再享有重新当选的资格。除此之外,为了使这些成员能够代表当下的意见,人们还完全可以采用一种同龄人群体代表制度(a representation by age groups):每一代人在其一生当中(比如说,在他们 40 岁的时候)只选举一次代表,并让这些代表任职 15 年,并在任职届满以后保证他们继续担任非专业法官这样的职务。这样,立法机构将由 40 至 55 岁之间的男性公民和女性公民组成(因而这些成员的平均年龄可能要比现今存在的各代议机构之成员的平均年龄低)。当然,这些成员是在日常生活中证明自己的品行或能力以后才由其同代人选举出来的。此外,为了在余下的生活中担当起这项受人尊敬且极具荣誉的使命,这些成员还必须放弃他们在过去从事的私人工作 *。

这样一种由同年龄段人进行选举的制度(通常来讲,同年龄段人乃是判断其同龄成员之能力的最佳裁判),与我们迄今为止所尝试的任何制度相比较,更能够趋近于实现政治理论家们所阐发的那种理想,亦即由受人尊敬的智慧人士组成议会的那种理想。把这样一种代议机构的权力限于严格意义上的立法的做法,不仅会第一次使那种从未真正存在过的权力分立制度成为可能,而且也会第一次在权力分立制度得到真正确立的情况下进一步使一种真正的“法律下的政府”和“有效的法治”成为可能。从另一个角度来

* 关于立法机构成员的年龄,哈耶克在此后的论述中做出了修正,比如说,他指出:“这似乎首先要求立法机构的成员独立于党派,而这项要求则可以经由另一项独立的必要条件——即不受重新当选之愿望的影响——得到保证。正因为如此,我想提出这样一种设想,即选出一些在日常生活中业已赢得声誉和信任的男士和女士并由他们任职约 15 年的时间。为了确保达到下述两项条件:一是他们业已赢得了足够多的经验和尊重;二是他们不必为自己任期届满以后的生活保障担忧,我想把选举年龄定得比较高一些,比如说 45 岁,并在他们 60 岁任期结束以后确使他们继续担任 10 年非专业法官或与之类似的荣誉职务。这种立法机构的成员的平均年龄将低于 53 岁,而这一平均年龄要比当今绝大多数同类机构的成员的平均年龄低。当然,这个机构的成员并不会经由一次选举全部产生,而是每年都必须经由选举出来的 45 岁的代表来取代那些业已任职 15 年的成员。我比较赞成每年由同龄人选出 1/15 的新成员。这样,每个公民一生只需要在 45 岁的时候投一次票,并选出其同龄人当中的一位佼佼者来担当立法者。这种做法在我看来之所以是可欲的,不仅是因为军事组织和类似组织中的古老经验表明,同龄人通常是评价其成员的品格和能力的最佳裁判者,而且还是因为它极可能会成为诸如地方性同龄人俱乐部这类机构得以发展的机会。而我们可以想见,这类机构的发展则可以使选举以个人知识为基础的做法成为可能”(参见本丛书第一辑所收入的哈耶克于 1976 年发表的《民主向何处去?》一文)。——邓正来按

看,那种受制于上述立法机构所制定的法律并且只关注如何提供特定服务工作的政府治理机构,则完全可以继续按照业已确立的党派方式进行选举。

对现行宪政安排进行的这种基本变革乃是以我们最终否弃这样一种幻想为前设的:即一旦政府权力掌握在人民多数的手中,那么人们曾经为了防止政府滥用权力而费尽心力设计出来的那些保障措施也就完全没有必要了。我们没有任何理由期望一个拥有无限权力的民主政府会始终服务于一般性利益而不去为特定的利益服务。那种可以为所欲为地为特殊利益群体谋好处的民主政府,注定会受到有组织的利益联盟的支配,而不可能服务于一般性利益,亦即古典意义上的那种"排除了所有偏好或私人利益的共同权利和正义"。

极为遗憾的是,"民主"这个术语居然与那种认为多数对特定问题享有无限的或不受限制的权力的观念紧密联系在了一起[27]。但是需要指出的是,如果情势真是如此的话,那么我们就需要用一个新词来指称"民主"这个术语最初表达的那种理想:这是一种由有关何者为正义的人民**意见**(the popular opinion)占据支配地位的理想,而不是一种由有关具体措施(亦即被那种暂时处于支配地位的有组织的利益联盟视作是可欲的具体措施)的人民**意志**(a popular will)的理想。如果民主与有限政府这两个观念真的成了水火不容的观念,那么我们就必须找到一个新词来指称那种在过去完全有可能被称之为有限民主(limited democracy)的观念。我们希望**人民**(the demos)的**意见**能够成为最高的权威,但是却不能允许多数用它所掌控的**赤裸裸的权力**(kratos)对个人滥施暴力。因此,多数应当根据"那些公开颁布且为人们所知的业已确立的常规法律,而不应当根据那些权宜性的律令"进行**治理**(archein)[28]。我们也许可以通过把 demos 与 archein 组合起来的方式来描述这种政治秩序,并且用 demarchy 这个词来指称这样一种有限政府,其间,具有最高权威的乃是人民的意见而不是人民的特定意志。我们在上文所讨论的那种特定方案,实际上也旨在提出一种保障这种**有限民主**(demarchy)的可能途径。

如果有人坚持认为民主必须是一种无限政府(unlimited government),那么我**就肯定不会**信奉这种民主。但是需要指出的是,我现在是而且还将继续是一个笃信上文所述的那种有限民主的人。如果我们能够通过改变术语的方式而使我们自己不再犯那些曾经不幸地与民主这个观念紧密联系在一起的错误的话,那么我们就有可能因此而成功地避免那些从一开始就困扰着民主并且在此后不断地把民主引向毁灭的危险。这个问题早在色诺芬(Xenophon)告诉我们的一次难忘的事件中就已然存在了。当时,雅典公民大会想对惩罚特定个人的问题进行表决而且[29]:

> 众多人都在吼叫:禁止人们做他们想做的事情,是大逆不道的。……尔后,惊恐莫名的五百人会议的议员们便同意提出这个问题并进行表决——然而只有索夫龙尼斯库斯的儿子苏格拉底表示反对。他说,不符合法律的事情,他一概不做。

【注释】

[1]维柯这段文字引自 *Opere*, ed. G. Ferrari, 2nd ed. Milan, 1854, vol. V, p. 183。

[2]参见拙著:*Studies in Philosophy, Politics and Economics*, London and Chicago, 1967, 尤其是其间第四、第五和第六章,以及我的演讲文稿:"Dr Bernard Mandeville",重印于本书的第十五章。

[3]例如,J. A. Schumpeter,*History of Economic Analysis*,New York,1954,p. 67;他在这里指出,A. A. Cournot 和 H. von Thünen 乃是最早“设想出所有经济因素之间普遍存在着彼此依赖的关系并且认为有必要用方程式去具体呈现这种‘内部秩序’”的两位论者。

[4]我所知道的包含着这种谬误——通常只是隐含得很深的一种谬误——的唯一一段文字即:“秩序假设了一个目的的存在”极为重要的是,得到明确陈述的这段文字却可以见之于边沁的论著之中,“An essay on political tactics”,最早发表在:*Works*,ed. Bowring,vol. Ⅱ,p. 399。

[5]有关自生自发的或自我决定的秩序的型构这个理念,就像与此相关的进化理念一样,早在自然科学采用它并发展出正文中所提到的控制论以前就已经由社会科学提出来了。一些生物学家最早注意到了这个事实。例如,G. Hardin,*Nature and Man's Fate*(1959),Mentor edn,New York,1961,p. 54:“早在克劳德·伯纳德(Claude Bernard)、克拉克·马克斯维尔(Clerk Maxwell)、康农(Walter B. Cannon)或诺伯特·维尔纳(Norbert Wiener)提出控制论以前,亚当·斯密就已经极为明确地使用了(控制论)这个观点。显而易见,这个观点就是他所说的那只极为精确且恰到好处地调整着价格的‘看不见的手’(invisible hand)。斯密的意思实际上是说,在一个自由的市场中,价格乃是由负反馈因素调整的。”

[6]我们决不可以把 thesis 同 thesmos 混为一谈,因为 thesmos 这个希腊术语是指比“内部规则”(nomos)更为古老的“法律”,但是至少在古典时代,它与其说是指非人力的行为规则,不如说是意指统治者制定的法律。相反,thesis 则是指确定一种安排的特定行为。重要的是,古希腊人从来就不曾明确过这个问题:由“自然”(physei)决定的东西,其恰当的对立面是由 nomos 决定的东西呢,还是由 thesis 决定的东西呢?关于这个问题,请参见上文注释[2]中所提到的第六章以及演讲文稿。

[7]正义行为规则的目的独立的特点,已由大卫·休谟做了明确的阐释,并由伊曼纽尔·康德做了最为系统的阐发。参见 D. Hume,"An enquiry concerning the principles of morals",in *Essays, Moral, Political, and Literary*, ed. T. H. Green and T. H. Grose, London, 1875, vol. Ⅱ, p. 273:"那种(从正义和忠诚这样的社会美德中)所产生的有益结果,并非源出于每一项单独的法规,而是源出于整个法律方案或法律系统,或者源出于所有社会成员或绝大多数社会成员所同意的整个法律方案或法律系统。普遍的和平与秩序,只是正义或普遍禁止侵占他人财产的伴随性结果;但是,对某个个别公民的特定权利予以特定的关注,就其本身而言,常常会造成有害的后果。在许多情形中,个别法案所导致的结果会与整个行动系统的结果相抵触;尽管个别法案所导致的结果有可能是极端有害的,然而整个行动系统的结果却是最具助益的。"另参见他的 *Treatise on Human Nature* (same ed.), vol. Ⅱ, p. 318:"显而易见,如果人们在这个方面依据一种特定的利益(而不论是公益还是私利)来调整他们的行为,那么他们就会陷入无穷无尽的混乱之中。"关于康德,请参见 Mary Gregor 在其所著 *Laws of Freedom* (Oxford, 1963)一书中所做的精彩介绍和阐释,尤其是第 38 ~42 页和第 81 页。

[8] H. Huber, *Recht, Staat, und Gesellschaft*, Bern, 1954, p. 5:"Staatsrecht vergeht, Privatrecht bestcht."

[9]美国一位杰出的公法学家 P. A. Freund 在其所撰写的一篇论文中,对法官所关注的法律与现代立法性法律之间的区别做出了极具启示性的描述。该文载于 R. B. Brandt 所编 *Social Justice* (New York, 1962)一书。他在该书第 94 页指出:"法官所遵循的是内在一致性、衡平性和可预见性的标准,而立法者所服从的却是公平份额、社会功效和平等分配。"

[10]休谟可以说是最为持之一贯地从这个意义上使用"意见"一术语的,尤见 *Essays, loc. cit.*, vol. Ⅰ, p. 125:"我们可以进一步说,虽然人们在很大程度上受

着利益的支配,但是,甚至利益本身,乃至所有的人类事务,却完全受着意见的支配。”又见上引书,p. 110:“既然力量总是在被统治者一边,统治者用以支持自己的东西也只有意见了。因此,政府的唯一基础便是意见。从最专制的军人政府到最自由的民众政府,这项原则都可以适用。”“意见”这个术语的这种用法似乎源出于17世纪的政治大辩论,至少1641年一篇出自Wenceslas Hollar之手的一幅版画的说明文字可以印证这一点,见William Haller(ed.),*Tracts on Liberty in the Puritan Revolution*,1638~1747,(New York,1934)第一卷中的复制件,它的标题就是“受意见支配和治理的世界”。

[11]关于卢梭这方面思想中的笛卡尔思想的渊源,Robert Derathé在其所著*Le Rationalisme de J. J. Rousseau*(Paris,1948)一书中做出了明确的阐释。

[12]知识的扩展或增长在很大程度上要归功于那些超越了这些限制的人,但是需要指出的是,在那些打破这些限制的人当中,有更多的人很可能只是给其同胞带去了灾难或危害,而没有对人们共同享用的实在知识总量做任何贡献。

[13] John Locke,*Essays on the Law of Nature*(1676),ed. W. von Leyden,Oxford,1954,p. 111:“所谓理性……我并不认为它在此处的含义是指那种构成了思想之链以及推论证据的领悟能力,而是指一些明确的行动原则,正是在这些原则的基础上,产生了所有的德性以及对于确立养育道德所必需的一切东西。……理性并不确立和宣布这种自然法,而是寻找它并发现它。……理性与其说是这种自然法的制定者,不如说是这种自然法的解释者。”

[14]我们在正文中所说的“有目的”的行动与“受规则支配”的行动之间的区别,很可能与马克斯·韦伯(Max Weber)对他所谓的zweckrational(工具理性)与wertrational(价值理性)所做的界分相同。如果真是这样,那么极为明确的是,几乎没有任何行动可以只受单一考虑因素的支配;相反,根据因果律对手段之效用的考虑,常常是与根据有关手段是否应当允许的规范性规则而对手段适

当性的考虑结合在一起的。

[15]这是古希腊人用自己的语言而使自己得以避免的一种混淆,因为他们唯一能够用来表达我们所谓"意愿"的字词乃是 bouleuomai,显而易见,这个词仅仅意指特定且具体的行动(M. Pohlenz, *Der Hellenische Mensch*, Gottingen, 1946, p. 210)。

[16]参见拙著 *Studies in Philosophy, Politics and Economics*(London and Chicago, 1967)一书中的第三章。

[17]特定论的功利主义认为,正义行为的规则旨在实现特定且具体的目的,因此必须根据这些特定且具体的目的来评价这些规则;然而这正是特定论功利主义的根本错误之所在。就我所知,这种建构论唯理性主义的根本错误,最为明确的表述可以见之于 Hastings Rashdall 所说的这样一句话(*The Theory of Good and Evil*, London, 1948, vol. Ⅰ, p. 148):"所有的道德判断归根结底都是对目的之价值所做的判断。"情况恰恰相反,道德判断并不指涉具体的目的,而是指涉各种类型的行动,换言之,它们是对手段的判断,而判断的依据则是一种假设的可能性,即一种类型的行动会产生某些不可欲的后果。但是需要指出的是,尽管我们在大多数情形中实际上对这些行动会产生不可欲的后果还是不会产生不可欲的后果这一点一无所知,这类判断依然可以适用。

[18]参见莎士比亚《特洛伊罗斯和克瑞西达》(Troilus and Cressida)第二幕第二场 p. 52:"可是价值不能凭着特定的意志而决定;一方面它本身必须确有可贵之处,另一方面它必须为争夺者所看重,它才能确立自己的尊贵。"(此处采用朱生豪先生的译文,略有改动——译注)

[19]就我所知,奥克萧特教授只是在授课时口头上使用过这两个术语,而未见于任何出版物。鉴于本文第七节所要阐明的原因,如果不是因为 nomarchy 特别容易同"monarchy"("君主制度")发生混淆,我倒是更愿意采用 nomarchy 这个术

语,而不是 nomocracy。

[20] James Harrington, *The Prerogative of Government* (1658), in *The Oceana and His Other Works*, ed. J. Toland, London, 1771, p. 224。

[21] 我现在发现,罗宾斯勋爵(Lord Robbins)有效阐释的、我也曾长期加以捍卫的那种经济科学的定义即"对配置稀缺资源以实现给定目的的做法所进行的研究",多少是有些误导作用的。在我看来,这个定义只适用于 catallactics 中的初步部分,它的研究对象就是有时候被称之为"简单经济学"(simple economics)的东西,亦即亚里士多德所著 *Oeconomica* 一书专门致力于研究的东西:对一个家庭或一家企业的资源配置所做的研究,有时它被称作是经济核算或纯粹的选择逻辑[现在被称为经济学的学问,最好被称为 catallactics——亚里士多德的说法是 chrematistike 或"财富科学"(the science of wealth)]。我现在之所以认为罗宾斯勋爵所提出的这种为人们广泛接受的定义会产生误导作用,实是因为一种"偶合秩序"(a catallaxy)所服务于的那些目的在整体上对于任何人来说都不是给定的,这就是说,无论是参与这个过程的任何个人还是对这种过程进行研究的科学家都无法从整体上知道这些目的。

[22] 参见 H. C. Liddell and R. Scott, *A Greek – English Lexicon*, new ed., Oxford, 1940, s. v. *Katallasso*。

[23] Aristotle, *Politics*, lv IV4, 1, 292a, Leob, ed. Rackham, Cambridge, Mass., and London, 1950, p. 303:"似乎有理由批评说,这样的民主制度根本就不是什么宪政;这是因为法律不处于支配的地方,就不可能有宪政;法律应当高于一切,而行政长官只处理具体事务,而且我们也应当将这种政制形式称之为宪政。如果民主制度真的是宪政的一种形式,那么显而易见,这样一种组织——其间,所有的事情都根据议会的决议进行管理——根本就不是严格意义上的民主制度,因为经由表决产生的决议是不可能成立一项普遍规则的。"

[24]参见正文“内部规则与外部规则”一节中有关私法与公法间区别的讨论;有关问题又请参见另外一部重要的著作:M. J. C. Vile, *Constitutionalism and the Separation of Power*, Oxford, 1967。

[25]参见 Philip Hunton, *A Treatise on Monarchy*, London, 1643, p. 5; John Stuart Mill, *On Liberty and Considerations of Representative Government*, ed. R. B. McCallum, Oxford, 1946, p. 171。

[26]请参见我晚近撰写的两篇论文,亦即本书第七和第八两章。

[27]参见 R. Wollheim, “A paradox in the theory of democracy”, in P. Laslett and W. G. Runciman (eds.), *Philosophy, Politics, and Society*, 2nd series, London, 1962, p. 72:“现代民主观念所意指的是一种政府治理机构不受任何限制的政府形式。”

[28] John Locke, *Second Treatise on Government*, sect. 131, ed. P. Laslett, Cambridge, 1960, p. 371.

[29]Xenophon, *Hellenica*, I, vii, 15, Loeb ed. by C. L. Brownson, Cambridge, Mass., and London, 1918, p. 73.

自由主义[*][**]

一、引论部分

1. 不同的自由主义概念

从当下的情势来看,人们乃是在极其不同的意义上使用自由主义(liberalism)这个术语的。因此,自由主义这个术语的含义在今天可以说是纷繁各异。这些含义除了都指称一种对新观念的开放态度以外,几乎毫无共同之处可言。这里特别需要指出的是,在 19 世纪和 20 世纪初期,一些自由主义含义甚至还接受了与该术语原本指称的那些观念截然对立的新观念。在本文中,我们将只对政治思想中的一股主要思潮进行探究,而这股思潮就是在 19 世纪和 20 世纪初期被称之为自由主义的那种思潮。这股思潮作为当时最具影响力的思想力量之一,始终指导着西欧国家和中欧国家的

---

* 本文译自 1974 年诺贝尔经济学奖得主哈耶克先生所著的 *New Studies in Philosophy, Politics, Economics and the History of Ideas*, The University of Chicago Press, 1978, pp. 119 ~ 151。

** 本文是哈耶克先生于 1973 年专门为意大利《新世纪百科全书》(*Enciclopedia del Novicento*)撰写的词条。——邓正来按

发展进程。然而,这场自由主义的运动却衍生于两种独特且截然不同的思想渊源。此外,由这两种思想渊源形成并发展出来的两种传统,尽管在不同的程度上被人们混为一谈,但是它们之间的共存却实在是极为牵强的。因此,如果我们真的想理解这场自由主义运动的发展历程,那么我们就必须把这两种传统明确地区分开来。

实际上,这场自由主义运动中的一种传统,要比"自由主义"这一称谓具有更为悠久的历史,因为我们可以一直将它追溯到古代。当然,这种传统只是在17世纪晚期和18世纪作为英国辉格党人的政治原则而获得其现代形式的。这种传统在当时为英国所提供的那种政治制度模式,在19世纪的时候又得到了大多数欧洲自由主义国家的效仿。正是"法律下的政府"(government under the law)为大不列颠的公民所保障的那种个人自由,激发起了欧洲大陆各国人民追求自由的运动。因为我们知道,在欧洲大陆的国家中,君主专制政制的创建在此前就已经把大多数中世纪留存下来的自由权项(liberties)破坏殆尽了,但是在英国,这些自由权项却在很大程度上被保存了下来。值得我们注意的是,在欧洲大陆,人们乃是按照一种与英国盛行的那种进化观念截然不同的哲学传统来阐释这些制度的,而这种哲学传统就是众所周知的那种唯理主义的观点或唯建构论的观点(a rationalist or constructivistic view)。这种唯理主义的观点或唯建构论的观点要求人们按照理性的原则对整个社会进行一种刻意的重构。显而易见,这种认识进路主要源出于笛卡尔(Rene Descartes)所创建的新唯理主义哲学[英国的托马斯·霍布斯(Thomas Hobbes)也是此种哲学的推动者],并且经由法国启蒙主义哲学家的努力而在18世纪得以发扬光大并产生了最大的影响力*。伏尔泰(Voltaire)和卢梭(J. J. Rousseau)乃是这场思想运动中最具影响力的两位人物。当然,这场思想运动不仅在法国大革命期间达到了高潮,而且还孕育出了欧洲大陆型自由主义或唯建构论型自由主义(the Continental or constructivistic type of liberalism)。与英国自由主义传统不同,这场思想运动的核心与其说是一种明确的政治原则,不如说是一种一般性的思想态度,亦即一种力图从所有无法得到理性证明的偏见和信仰中获得解放的诉求,或者一种力图摆脱"神父和国王"之权威的诉求。这种态度的最佳表述很可能是斯宾诺莎(B. de Spinoza)所说的这样一句话,即"如果一个人只按照理性的命令生活,那么他就是一个自由的人"。

这两股思想脉络构成了19世纪所谓的自由主义的主要内容。它们在少数基本主张(如思想自由、言论自由和出版自由)方面的一致性,不仅使它们产生了一种共同反对保守主义观点和独裁主义观点(conservative and

---

* 关于笛卡尔式的唯理主义对整个法国启蒙运动所起到的支配作用,请参见C. de Rugiero, *History of European Liberalism*, R. C. Collingwood 译(London, 1927, p. 21)以及下文:"在18世纪,几乎所有较高和中等文化程度的解释者,都属于笛卡尔学派。其中包括科学家……和社会改革者,他们把历史谴责成运用和滥用非理性的博物馆,并力图重构整个社会制度。当然,他们当中还包括法律专家,而在这些法律专家的眼中,法律是而且也必须是一个可以从少量普适且不证自明的原则中推导出来的体系。"另请参见H. J. Laski, *Studies in Law and Politics* (London and New Haven, 1922, p. 20):"(对于伏尔泰和孟德斯鸠等人来说)理性主义究竟意味着什么呢?从根本上来说,它意味着把笛卡尔主义的原则运用于对人类事务的解释的努力。理性主义把那种对根深蒂固的常识所做的不可否认的证明视作当然的前提,并且从这些前提中以逻辑的方式推导出它们所隐含的结论。所有的哲学家都相信,不论在何处,这种常识都将导出相同的结论:Ferney 的哲人所认为的,就是北京或美洲森林中的人所认为的。"另请参见哈耶克:《法律、立法与自由》第一卷"规则与秩序",邓正来等译,中国大百科全书出版社1999年版,第4~7页。——邓正来按

authoritarian views)的立场,而且还致使它们在表面上变成了一场共同运动的组成部分。大多数自由主义的拥护者都会声称自己既信奉个人的行动自由,也信奉人人之间的某种平等。但是,只要我们对他们的信念做进一步的仔细推敲,我们就会发现,他们之间所存在的这种共识在某种程度上讲只是一种字面上的共识,因为我们知道,人们乃是在颇为不同的意义上使用"自由"和"平等"这两个关键词的。对于较为悠久的英国传统来说,首要的价值乃是个人自由,亦即用法律保护个人并使其免受任何专断强制(arbitrary coercion)那种意义上的个人自由。但是在欧洲大陆传统中,有关每个群体就其治理形式的问题享有自决权的诉求却占据着最高的地位。正是这种认识致使欧洲大陆的自由主义运动早早地同民主运动发生了联系并且在此后的发展过程中几乎变成了民主运动本身。需要指出的是,这种运动所关注的问题完全不同于英国类型的自由主义传统所主要关注的问题。

当人们最早提出这些观点的时候,他们实际上并没有用自由主义这个称谓去指称它们,而只是到了19世纪,人们才渐渐地把它们认作是自由主义的观点。在18世纪下半叶,亦即当"自由主义的"(liberal)这个形容词在诸如亚当·斯密(Adam Smith)撰写的《平等、自由和正义的自由主义方案》这类表述中偶尔被使用的时候,它才逐渐呈现出了它在政治上的含义。然而一如前述,只是到了19世纪初期,自由主义才真正成为一场政治运动的名称。1812年,西班牙自由党首先采用了这个名称,稍后不久,法国的一个政党也采用了这个名称。在英国,只是到了19世纪40年代初,亦即在辉格党和激进党合并成一个政党(也就是众所周知的自由党)以后,自由主义这个名称才渐渐得到了人们的使用。由于激进党在很大程度上信奉我们所说的欧洲大陆型自由主义传统,所以英国自由党即使是在它最具影响力的时期,也是以上文所述的英国自由主义与欧洲大陆自由主义这两种传统之间的混合为基础的。

上述事实表明，宣称“自由主义”这个术语只能够指称前述两种独特且截然不同的传统中的任何一种传统的观点都是颇具误导性的。当然，这两种传统偶尔也被分别称之为“英国的”、“古典的”或“进化的”传统和“欧洲大陆的”或“建构论的”传统。在下文的“历史考察”部分中，我们将同时对这两种自由主义类型进行考察，但是鉴于只有上述第一种自由主义类型发展出了一种明确的政治原则，所以我们将在后文的“系统阐释”部分中只对这个传统进行讨论。

我们还应当在这里指出的是，美国从来就没有产生过一种能够与那种在19世纪影响了大多数欧洲国家的自由主义运动相比较的自由主义运动。当然，这种自由主义运动在欧洲的影响力还经由同那些较为晚出的民族主义运动和社会主义运动(movements of nationalism and socialism)之间的抗衡而在19世纪70年代达到了顶峰。值得注意的是，这种自由主义运动自此以后开始慢慢地衰落，但是直到1914年以前，它仍然是决定公共生活走势的主流思潮。美国之所以没有产生与此类似的自由主义运动，主要原因是欧洲自由主义的那些基本诉求在很大程度上从美国制度形成之初就已经深深地植根于其间了，而部分原因则是政治党派在美国的发展不利于那些以意识形态为基础的党派的发展。的确，那些在欧洲被称之为或曾经被称之为“自由主义”的东西，在今天的美国却有某种理由被称之为“保守主义”(conservative)的东西。此外，晚近以来，“自由主义”这个术语在美国还一直被用来指称那种在欧洲会被称之为“社会主义”的东西。但是需要强调指出的是，当今的欧洲情形实际上也没有什么不同，因为那些使用“自由主义”这个称谓的政治党派现在都已经不再信奉19世纪的自由主义原则了。

二、历史考察

2. 自由主义在古典时代和中世纪的渊源

老辉格党人据以形成其进化论自由主义(evolutionary liberalism)的若干基本原则有着极为悠久的历史。那些阐明了这些基本原则的18世纪思想家,确实在很大的程度上得益于那些源于古典时代的理念和某些在当时的英格兰没有因君主专制制度的确立而蒙遭扼杀的中世纪传统。

最早明确提出个人自由这个理想的乃是公元前5世纪和公元前4世纪的古希腊人,尤其是当时的雅典人。例如,一位雅典的将军曾在西西里远征最为危急的关头告诫他的士兵,他们正在为一个能够使他们"按照自己意愿生活"的国家而战斗。这类事例清楚地表明,某些19世纪论者认为古代人不懂得现代意义上的个人自由的观点是错误的。古代人的自由观念乃是一种"据法自由"或"法律下的自由"(freedom under the law)的观念,或者用流行的话来说,就是一种法律为王的事态(law was king)的观念。在古典时代的早期,这种自由观念乃是通过"意索诺米"(isonomia)这个理想或法律面前人人平等的理想而得到表达的。当然,亚里士多德并没有使用"意索诺米"这个古老的称谓,但是他仍然极为清晰透彻地阐明了这个理想*。古代人自由观念中的法律,所意指的就是那些为公民私人领域提供保护并使其免受城邦国家侵犯的法律。当然,由那种法律所提供的保护在当时极为强

* 关于哈耶克在这里所强调的isonomia("意索诺米")理想,极为重要。这个术语不仅揭示出了"法治"的渊源,而且更是强调指出了它与"民主"之间的关系。但是,哈耶克有关这个问题的更为详尽的阐释,并不是在本文中做出的,而是早在1960年出版的《自由秩序原理》一书中做出的;正如他所指出的:"对于这个问题的回答,可以从伊丽莎白时代借之于古希腊的一个术语中见到,但是后来,(接下页注)

大，以至于即使在“三十暴君”的统治下，一个雅典公民只要待在家里就可以享有绝对安全。有关克里特岛的情形，甚至有记载称［由伊壁鸠鲁(Ephorus)记载并为 Strabo 所征引］，由于自由被视作是城邦最高的善，所以当地的宪法明确规定要对“那些拥有财产的人的财产权进行保护，尽管在奴隶制的条件下，一切财产都属于奴隶主而不属于奴隶”。在雅典，公民议会所享有的修改法律的权力也受到了严格的限制，尽管我们发现了这类公民

(接上页注)这个术语却不再为人们所使用了，此即 isonomia(意索诺米)。英国人在16 世纪末从意大利直接引入了该术语，意指‘法律平等适用于各种人等’；稍后翻译 Livy 著作的学者以英语形式 isonomy 替之，意指法律对所有人平等适用以及行政官员也负有责任的状况。此一意义上的 isonomy 在 17 世纪得到了普遍使用，直至最后为‘法律面前人人平等’(equality before the law)、‘法律之治’(government of law)或‘法治’(rule of law)等术语取而代之。古希腊这个观念的历史提供了一个极富意义的启示……在这个概念最初被提出来的时候，它所描述的乃是梭仑(Solon)于此前在雅典所创建的那种状态，当时，他确立了‘平等适用于贵族与平民的法律’(equal laws for the noble and the base)……此外，isonomy 还与僭主的专制统治构成了对照……更有进者，此一概念似比 demokratia 的概念更为古老，而且所有人平等参与政治的要求也似乎只是此一概念所产生的诸多结果中的一个结果而已。即使在 Herodotus 看来，也仍是 isonomy，而不是‘民主’(democracy)，才是‘政治秩序的最美妙绝伦的称谓’。此一术语在民主政制获致实现以后的相当一段时间中，仍为人们继续使用着：一开始对 isonomy 的使用乃是为了证明民主制度的正当性，后来对该术语的使用，则一如人们所说，渐渐变成了一种幌子，意在遮蔽民主制度所呈现出来的负面特征，这是因为民主政府在确立以后很快否弃了‘法律面前人人平等’的观念。然而我们需要强调指出的是，正是从这一观念中，民主政制获致了其在当时存在的正当理由。古希腊人清楚地知道这两个理想虽彼此相关，但却并不相同：Thucydides 毫不犹豫地用‘isonomic 寡头政治’来指称民主，而 Plato 甚至刻意用 isonomy 来对照民主，而不是用它来证明民主的正当性。到了公元 4 世纪末期，居然产生了这样一种必要性，即必须强调‘在民主制度中，法律应当成为主宰者’。从此一背景来看，尽管亚里士多德已不再使用 isonomia 这一术语，但其某些著名的文字段落却仍可以被视作对这一传统理想的捍卫。”参见哈耶克：《自由秩序原理》，邓正来译，三联书店 1997 年版，第 206 ~ 207 页。——邓正来按

议会拒绝接受业已确立的法律禁止它们实施专断行动的事例,而且这些事例还是这个方面最早的事例。此后,这些自由主义的理想在一些哲学家(特别是斯多葛学派的哲学家)的推动下又得到了进一步的发展,因为他们经由主张一种对所有政府的权力都构成限制的自然法观念以及自然法面前人人平等的观念而使上述理想超越了城邦的范围。

然而值得我们注意的是,上述古希腊人的自由理想主要是通过罗马学者的论著而流传至现代并为现代人所知道的。就此而言,在这些罗马学者当中,最为重要的学者乃是马库斯·图里尤斯·西塞罗(Marcus Tullius Cicero),因为与其他学者相比较,西塞罗很可能是激发人们在现代伊始复兴这些理念的最为关键的人物。但是,我们必须在这里指出,16世纪和17世纪的思想家在现代初期发展自由主义的时候所依凭的思想资源是极为丰富的,而其间至少包括历史学家列维(Titus Livius)和皇帝马库斯·奥尔琉(Marcus Aurelius)的思想。此外,罗马至少还赐给了欧洲大陆一种高度个人主义的私法:这种私法不仅以一种极为严格的私人财产权的观念为核心,而且在查士丁尼皇帝将这种私法编纂成典以前还甚少受到立法的干预。因此人们认为,这种高度个人主义的法律与其说是对政府权力的一种行使,不如说是对政府权力的一种限制。

当然,早期的现代人还可以从一种在中世纪一直得到延续的"据法自由"传统中获益良多。需要指出的是,只是在欧洲大陆,这种"据法自由"的传统在现代初期因专制君主政体的崛起而被扼杀了。正如一位现代历史学家邵森(R. W. Southern)所指出的那样:

> 人们对那种受意志统治而不是受规则统治的状态的憎恨,在

> 中世纪的人们那里可谓是根深蒂固；在中世纪后半期，这种憎恨要比它在任何其他时候都更是一种强有力的实践力量……法律并不是自由的敌人，恰恰相反，自由的范围却正是经由中世纪演化而成的纷繁复杂的种种法律所确立的……在当时，无论是上层人士还是下层人士，无一不是通过坚持要求扩大其生活赖以为凭的规则的数量这种方式来追求自由的。

这种观念从人们坚信法律独立于政府并居于政府之上的信念中获得了强有力的支持。这种法律观念在欧洲大陆被视作是一种自然法的观念，而在英格兰则被认为是一种普通法的观念——普通法并不是立法者行为的结果，而是人们不断追求非人格正义（impersonal justice）的结果。一如我们所知，许多论者都对这些理念进行了阐释，而对这些理念做出精彩且系统阐释的第一人则是托马斯·阿奎纳（Thomas Aquinas），当然，他的努力乃是以亚里士多德的思想为基础的。在此之后，系统阐释这些理念的工作，在欧洲大陆，主要是经由经院哲学家的努力而得以继续的。到16世纪末，这些理念在一些西班牙耶稣会哲学家的推动下，业已发展成了一套基本上可以被视作是自由主义的政策体系——在经济领域中尤其如此。我们甚至可以这样说，西班牙耶稣会哲学家在经济领域中所取得的思想成就，在很大程度上预示了18世纪苏格兰哲学家所复兴的大多数自由主义理念。

最后，我们还应当指出，自由主义在意大利文艺复兴时期的各城邦（主要是佛罗伦萨）和荷兰等地也得到了某种程度的发展，而正是其间的某些早期发展趋势，在很大程度上构成了17世纪和18世纪英国自由主义赖以发展的基础。

3. 英国的辉格传统

正是在英国内战和共和政体期间所展开的大辩论过程当中,法治或法律至上的理念(the rule or supremacy of law)得到了明确的阐释。在1688年“光荣革命”以后,这些理念成了执掌大权的辉格党人的支配性原则。约翰·洛克(John Locke)所撰写的《政府论》(下篇)(*Second Treatise on Civil Government*,1689)为这些自由主义理念提供了一种经典性的阐释。然而,从某些方面来看,洛克这部大作对制度的解释,却要比18世纪英国思想家所特有的自由主义解释具有更多的唯理主义色彩[如果研究者想对这个时期的自由主义阐释做一项更为全面的考察,那么他们还必须对阿尔格农·悉尼(Algernon Sidney)和吉尔伯特·伯内特(Gilbert Burnet)这两位辉格原则的早期阐释者的论著进行研究]。也正是在这个时期,英国自由主义运动与当时颇为盛行的非国教信奉者及加尔文派商业和工业阶层发生了紧密的联系,这种联系直至晚近都是英国自由主义的一项典型特征。这是否仅仅意味着养成了一种商业进取精神的那些阶层更易于接受加尔文派的清教主义呢?或者说,这些宗教观点是否会较为直接地导向自由主义的政治原则呢?这是一个争议颇多的问题,但是甚为遗憾的是,我们不可能在这里对这个问题进行深究。无论如何,这里显然存在着两个不容争议的事实:第一,正是那些原本彼此极不宽容的宗教派别之间的斗争最终产生了宽容的原则;第二,英国的自由主义运动与加尔文派清教主义一直保持着密切的关系。

在18世纪的岁月中,经由一般性的法律规则来限制政府以及对行政权力施以严格限制这两项辉格原则成了典型的英国式政治原则。这两项原则在很大程度上是通过孟德斯鸠所著的《论法的精神》(*Esprit des lois*,1748)和其他法国论者(较著名者有伏尔泰)的论著而为世界所知的。在英国,它们的知识基础主要是经由苏格兰道德哲学家（最重要的有大卫·休谟和亚当·斯密）以及他们在英格兰同时代的思想家和他们思想的直接继承者的努力而得到进一步发扬光大的。休谟不仅从哲学方面为自由主义的法律理论奠定了基础，而且还在他所著的《英格兰史》（*History of England*，1754～1762）一书中把英格兰的历史解释成了一部法治逐渐生成和发展的历史——正是这部著作的成就使得法治这个观念的影响远远扩及英伦之外*。亚当·斯密的决定性贡献在于他对一种自我生成的秩序所做的阐释。正如他所指出的那样，如果个人只受适当的法律规则的约束，那么这种秩序就会自发形成。斯密所著的《国富论》（*Inquiry into the Nature and Causes of the Wealth of Nations*）一书，也许要比任何其他著作都更能标示出现代自由主义发展的开端。这部经典著作使人们认识到了这样一个道理，即人们之所以对政府权力施加种种限制措施，实是因为人们对一切专断权力都极不信任，而正是对政府权力所施加的这些限制措施，促成了英国在当时的经济繁荣。

然而值得我们注意的是，英国自由主义运动的开端，很快就因为英国人对法国大革命的敌视以及他们对英国国内的革命崇拜者（这些法国大革命的崇拜者力图将欧洲大陆的或建构论的自由主义观念植入英国本土）的不信任而被中断了。埃蒙德·伯克（Edmund Burke）的转向，可以说标志着英国早期自由主义发展的终结，因为一如我们所知，伯克曾经为了捍卫美洲殖民地开拓者的权利而对辉格原则做出过极为精彩的重述，但是后来，他却奋

* 这里需要指出的是，哈耶克在他的社会理论研究中一直宣称他的思想渊源之一是大卫·休谟，但是他在20世纪60年代以前不曾发表过对休谟思想的研究文字，只是到了1963年他才发表了这一方面的专门研究论文，请参见本丛书第三辑所收入的哈耶克于1963年撰写的《大卫·休谟的法律哲学和政治哲学》一文。——邓正来按

起反对法国大革命的种种理念。

只是在拿破仑战争结束以后，那种以老辉格党人和亚当·斯密所阐发的原则为基础的自由主义才恢复了发展。在这个阶段，自由主义思想在知识方面的进一步拓展主要是由一群苏格兰道德哲学家的信徒所主导的。他们团结在《爱丁堡评论》(*the Edinburgh Review*)的周围，其间的大多数论者还是继承了亚当·斯密那个传统的经济学家。在当时，历史学家麦考利(T. B. Macaulay)对纯粹的辉格原则又一次进行了重述，而且他所采取的那种重述方式还对欧洲大陆的思想产生了广泛的影响。据此我们可以说，麦考利为19世纪所做的贡献，正是休谟在其历史研究中为18世纪曾经做过的那种贡献。然而，与此同时，一场以边沁式的"哲学激进派"为首的激进运动也在迅速地展开，而这场激进运动则更多的是以欧洲大陆传统为基础而不是以英国传统为依凭的。最终，作为这两种传统相融合的结果，一个新的政治党派在19世纪30年代开始出现，并在1842年左右终于以自由党之名而为众人所知，而且在19世纪余下的时间里，这个自由党甚至还一直是欧洲自由主义运动最为重要的代表。

然而，一如我们所知，美国人早在此之前就已经做出了另一项具有决定性意义的贡献，这是因为早年前往美国的英国移民在一部成文宪法中对他们所理解的英国自由传统之精髓(亦即旨在限制政府权力的英国自由传统)做出了明确的阐释，而且还在一部权利法案(a Bill of Rights)中对基本的自由权项做出了特别的规定。毋庸置疑，正是这些阐释和规定提供了一种政治制度模式，而这种政治制度模式则深刻地影响了自由主义在欧洲的发展。一如前述，美国之所以从来没有发展出一种独特的自由主义运动，恰恰是因为美国人民认为他们已经把那些捍卫自由的措施纳入进了他们的政治制度之中。对当时的欧洲人来说,美国已经变成了一块自由的梦想之地和一种激发人们政治抱负的榜样——正如英国的政治制度在18世纪所起的作用那般。

4. 欧洲大陆自由主义的发展

法国启蒙哲学家的激进观点,主要表现为杜尔哥(Turgot)、孔多塞(Condorcet)和西士哀(Abbe Sieyes)等人用于分析政治问题的那些观点。在法国大革命和拿破仑战争期间,这种形式的激进观点在很大程度上支配了法国以及与其毗邻的欧洲大陆国家中的进步观念。但是我们必须指出的是,一场明显的自由主义运动只是在复辟时期以后才开始出现的,并且在七月王朝(1830~1848)时期达到了高潮。但是自此以后,这场运动开始式微,并且只为一小群精英分子所关注。即使如此,这样一场自由主义的运动也是由多种不尽相同的思想混杂而成的。在此期间,本雅明·贡斯当(Benjamin Constant)做出了一项重要的尝试,他力图对自己所理解的英国传统做出系统化阐释并使之与欧洲大陆的情势相适应。当然,这项尝试在19世纪30年代和40年代期间又经由基佐(F. P. C. Guizot)所领导的一群所谓的"空谈理论家"(doctrinaires)的努力而得以不断向前拓展。他们的方案,亦即众所周知的"保障主义"(guarantism)方案,从本质上讲乃是一种用宪法对政府进行限制的原则。就这项构成了19世纪上半叶欧洲大陆自由主义运动中一个最重要的部分的宪政原则而言,当时新诞生的国家比利时在1831年颁布的宪法可以说是体现这项宪政原则的一个重要范例。当然,托克维尔(Alexis de Tocqueville)——他很可能是法国最为重要的自由主义思想家——也属于这个在很大程度上源出于英国的传统。

一如前述,欧洲大陆盛行的那种自由主义类型与英国自由主义类型之间有着很大的差别,但是使前者与后者产生重大区别的则是这样一个特征,即欧陆自由主义从一开始就更强调思想方面的自由,而这使它表现出了一种强烈的反教权态度、反宗教态度和一种普遍的反传统态度。不仅在法国,而且在欧洲其他的罗马天主教地区也是一样,欧陆自由主义同罗马教会持续不断地发生冲突这个事实确实构成了它的一大特点,以至于对许多人来说,这似乎才是欧陆自由主义的首要特征。尤其是在19世纪下半叶,亦即在罗马教会发起了一场反对“现代主义”(modernism)进而反对大多数自由主义改革要求的斗争以后,人们更是这样看待欧陆自由主义了。

在19世纪上半叶,直至1848年革命,自由主义运动在法国以及大部分西欧和中欧其他国家的发展,同英国的自由主义运动相比较,还与民主运动有着更为紧密的勾连。到了19世纪下半叶,欧陆自由主义运动也确实在很大程度上被民主运动和新生的社会主义运动所替代了。除了19世纪中期那段很短暂的时间以外,亦即除了争取自由贸易的运动把各种自由主义阵营暂时团结起来的那段时间以外,自由主义在法国的政治发展过程中已经不再发挥重要作用了。当然,在1848年以后,法国思想家也没有在阐释欧陆自由主义原则方面再做出过任何重要的贡献。

在德国,自由主义运动则发挥了较为重要的作用:在19世纪的前75个年头里,自由主义在那里也确实有了一种较为独特的发展。一如我们所知,德国的自由主义运动在很大程度上受到了那些源出于英国和法国的观念的影响,但是这场运动却因为受到三位最伟大也是最早的德国自由主义者的思想的影响而发生了根本性的变化:他们是哲学家伊曼纽尔·康德(Immanuel Kant)、学者兼政治家威廉·冯·洪堡(Wilhelm von Humboldt)和诗人弗里德里希·席勒(Friedrich Schiller)。康德提出了一种在理路上与大卫·休谟相类似的理论,着重强调了法律是保护个人自由的观念和法治的观念[在德语中以“法治国”(Rechtsstaat)而为众人所知];洪堡则在一本早期的著作《论政府的职责与领域》(*on the Sphere and Duties of Government*,1792)中,描绘了一幅完全以维护法律和秩序为宗旨的国家图景——这本书在当时出版时只发表了一小部分,而当它在1854年最终以全文发表(并被译成英文)时,它不仅在德国产生了广泛的影响,而且还对诸如英国的穆勒(J. S. Mill)和法国的E. Laboulaye这样一些不尽相同的思想家产生了广泛的影响。最后,诗人席勒经由自己的努力而使得所有受过教育的德国公众都熟知了个人自由这个理想。我们甚至可以说,席勒在这个方面的贡献是最为出色的。

在弗雷尔·冯·施泰因(Freiherr vom Stein)的改革时期,普鲁士曾经出现过一种趋向于自由主义政策的萌芽阶段,但是在拿破仑战争结束以后,这个短暂的萌芽阶段却为一个反动时期所扼杀了。只是到了19世纪30年代,一场普遍的自由主义运动才真正在普鲁士开始展开。然而值得我们注意的是,这场自由主义运动从一开始就是同一场以国家统一为目标的民族主义运动紧密结合在一起的,意大利的情形亦复如此。一般来讲,德国的自由主义主要是一场宪政运动(a constitutionalist movement):在德国北部,英国模式起着较大的指导作用;而在德国南部,法国模式则更具影响力。这种差异主要表现在南北地区对待限制政府自由裁量权这个问题的不同态度上:北部地区对这个问题所持的态度使它产生了一种相对严格的法治(或“法治国”)观念;而在南部地区,法国人对权力分立原则(the Separation of Powers)的解释(亦即强调行政机关独立于普通法院的那种解释)则起着更大的指导作用。但是,即使在德国南部,尤其是在巴登和符腾堡地区,在罗托克(C. Rotteck)和威尔克(C. T. Welcker)主持的《国家百科全书》(*Staatslexicon*)周围也曾出现过一个较为活跃的自由主义理论家群体,而这个群体在1848年革命前的那段时期里则成了德国自由主义思想的重镇。1848 年革命的失败导致了另一个短暂的反动时期。但是到了 19 世纪 60 年代和 70 年代初,欧洲似乎进入了一个向自由主义秩序快速进发的时代,德国当然也不例外。正是在这个时期,德国明确旨在建立"法治国"的宪法改革和法律改革也几近完成。19 世纪 70 年代中期,很可能必须被视作是自由主义运动在欧洲赢得最大影响力和东扩范围最广的一个时期。然而到了 1878 年,随着德国转向贸易保护主义以及俾斯麦(Bismarck)制定的新社会政策的出台,整个运动的风向开始逆转了。自由主义政党只风光了约 12 个年头以后就迅速衰败了。

在德国和意大利,当自由主义运动失去了它与民族统一运动的联盟关系的时候,当民族统一运动的成功把人们的注意力转移到强化新国家机器的时候,而且当一场劳工运动的兴起剥夺了自由主义作为"先进"政党的地位(而我们知道,在此以前,工人阶级中的政治活跃分子一直是支持自由主义的)的时候,自由主义运动也就开始式微了。

5. 英国的古典自由主义

在 19 世纪的大部分时间里,最接近实现自由主义原则的欧洲国家可能要算英国了。在英国,大多数自由主义原则不仅得到了强大的自由党的采纳,而且也赢得了大多数民众的支持,即使是保守党人也常常在实现自由主义改革目标的过程中做出了自己的贡献。当时,英国取得了若干巨大的成就,其间包括 1829 年颁布的天主教解放令、1832 年颁布的改革法案和 1846 年保守党人罗伯特·皮尔(Robert Peel)爵士对谷物法的废除。正是经历了上述重大事件,英国才得以作为一种自由主义秩序的代表性范例而出现在欧洲其他国家面前。由于自由主义有关国内政策的主要要求在当时都得到了满足,所以确立自由贸易也就成了人们鼓动要达致的一个重要目标。这场由1820年商人请愿事件所引发的并在1836至1846年间由反谷物法联盟继续推进的运动,主要是经由一群受理查德·考伯登(Richard Cobden)和约翰·伯莱特(John Bright)领导的激进分子的努力而成为可能的。与亚当·斯密和步其后尘的古典经济学家所要求的自由主义原则相比较,那些激进分子所采取的乃是一种更为极端的"自由放任"(laissez faire)立场。他们所信奉的自由贸易立场乃是与下述两种态度紧密结合在一起的:一是反帝国主义、反干涉主义和反军国主义的鲜明态度;二是对任何扩大政府权力的做法表示厌恶的鲜明态度。他们认为,公共开支之所以增长,主要是因为政府对海外事务所采取的那些极不可欲的干预措施所致。他们所反对的主要是中央政府权力的扩张,并且认为大多数情势的改进都只能寄希望于地方政府或志愿性组织的自发努力。"和平、紧缩开支、改革"成了自由主义者在这个时期的口号;在这里,"改革"更多的是意指废除旧有的陋习和特权,而不是意指扩展民主。只是在1867年颁布了《二号改革法案》以后,这场运动才同民主扩展运动发生了更为紧密的联系。当英国于1860年同法国缔结考伯登条约的时候,这场运动达到了高潮。考伯登条约乃是一项商业条约,它的缔结导致了自由贸易在英国的实现而且还致使广大的民众产生了这样一种期望,即自由贸易很快就会在全球得到普遍盛行。与此同时,格拉斯通(W. E. Gladstone)作为这场自由主义运动的领袖人物在英国政坛开始崭露头角,先是出任财政大臣,后来又作为自由党代表出任首相。格拉斯通在外交政策方面的主要助手是约翰·伯莱特。因此,尤其是在帕麦斯顿(Palmerston)于1865年去世以后,格拉斯通渐渐地被人们广泛地视作是自由主义原则在对外政策方面的活的化身(the living embodiment)。此外,伴随着他的崛起,英国自由主义同那些强烈的道德观和宗教观之间的古老联系又得到了恢复。

在19世纪下半叶的知识领域中,英国的论者们对自由主义的基本原则进行了充分的讨论。哲学家赫伯特·斯宾塞(Herbert Spencer)对那种极端推崇个人主义式的最小国家的观点(与冯·洪堡所主张的观点相似)给出了一种极为有效的阐释。但是,约翰·斯图尔特·穆勒(John Stuart Mill)在他那部著名的论著《论自由》(*On Liberty*,1859)中,却将批判的矛头主要指向了思想方面的专制而不是政府的行动。更值得我们注意的是,穆勒在其他一些著作中不仅推崇分配正义(distributive justice),而且还在总体上对社会主义者的诉求采取了一种同情态度。显而易见,穆勒的这种知识取向预示着一大部分自由主义知识分子将逐渐转向主张低调的社会主义。当然,这种转向趋势还因受到哲学家格林(T. H. Green)的影响而得到了明显的强化。正如我们所知,格林不只是反对那种为早期自由主义者所普遍主张的否定性的自由观念(negative conception of liberty),甚至还转而强调国家的肯定性职能(positive functions)。

需要指出的是,尽管在19世纪最后的25年里,自由主义阵营内部出现了诸多对自由主义原则的批评,尽管自由党也正在失去新兴的劳工运动对它的支持,但是自由主义理念在英国的支配地位还是比较顺当地延续到了20世纪,而且还成功地击退了贸易保护主义要求的回潮,虽说自由党无力避免干涉主义因素和帝国主义因素对它的逐步渗透。我们也许应当把坎贝尔-巴纳曼(H. Campbell-Bannerman)政府(1905～1908)视作是最后一届老式的自由主义政府,因为他的继任者阿斯亏斯(H. H. Asquith)着手进行了一系列社会政策方面的新实验,而这些社会政策的新实验是否与旧有的自由主义原则相符合,则是颇令人怀疑的。但是,从总体上讲,英国政策的自由主义时代却一直延续到了第一次世界大战的爆发,而且自由主义理念在英国居于支配地位的影响力也只是因为受到第一次世界大战的种种影响才告终结。

6. 自由主义的式微

尽管第一次世界大战以后,一些年龄较长的欧洲政治家和许多负责实际事务的领导人仍然受着一种本质上属于自由主义观点的指导,而且人们在战争结束后即刻做出的努力也是要恢复战前时期的政治制度和经济制度,但是自此以后直至第二次世界大战爆发,自由主义的影响力在诸多因素的作用下却仍然无法遏制住自身的衰退之势。在这些因素当中,最重要的影响因素乃是这样一个事实,即许多知识分子都认为,社会主义已经取代自由主义而成了一种进步的运动。于是,政治上的争论也就主要发生在社会主义者与保守主义者之间。当然,这两派论者都支持不断地增加国家的职能,尽管他们的目的各不相同。这段时期所存在的诸如经济上的种种困难、失业以及通货不稳这类问题,不仅在表面上要求政府对经济活动施以更多的控制,而且还促使了贸易保护主义和一系列其他民族主义政策的复活。当然,这种情势更是导致了这样两个结果:第一,政府的官僚机构得到了迅速的膨胀;第二,政府谋得了范围日益广泛的自由裁量权。这些趋势在第一次世界大战后的最初十年里已经势头强劲,而在继 1929 年美国经济崩溃后接踵而至的大萧条期间则表现得更为显著了。我们完全有理由认为,金本位制的最终放弃以及英国在 1931 年对贸易保护主义政策的重新奉行,乃是自由世界经济终结的一个明确标示。在此期间,独裁政权或全权性政权在欧洲大多数国家的兴起,不仅在那些受到这种趋势直接影响的国家中彻底摧毁了其间残存的脆弱的自由主义群体,而且由此产生的战争威胁甚至还在西欧各国导致了这样两个结果:第一,各国政府对经济事务施以了日益增多的支配;第二,各国政府都倾向于采取一种自给自足的经济发展的政策。

第二次世界大战结束以后,自由主义理念又一次得到了短暂的复兴,这一部分是因为人们重新认识到了各种全权性政权所具有的压制性质,另一部分则是因为人们认识到了在两次世界大战期间发展起来的对国际贸易所施以的各种障碍措施要对那场经济大萧条负有很大的责任。战后这段时期最具代表性的成就乃是1948年达成的关贸总协定(GATT);当然,人们在当时力图创建一个较大的经济实体的努力,比如说创建欧洲共同市场和欧洲自由贸易联盟(EFTA)的努力,也无疑是为了达到同一个目的。值得我们注意的是,致使自由主义经济原则在这个时期得到重新盛行的最为显著的事件,却似乎是战败的西德在经济上所获得的奇迹般的复苏。一如我们所知,在路德维希·艾哈德(Ludwig Erhard)的倡导下,西德明确采纳了所谓的"社会市场经济"制度(social market economy),而且作为结果,西德也很快在经济繁荣方面超出了那些战胜国。上述事件似乎宣告了一个史无前例的大繁荣时期的到来。在当时,这些情势似乎还一度表明,一种从本质上属于自由主义的经济制度极可能在西欧和中欧重新得到牢固且长久的确立。当然,这个时期的知识领域也发生了一系列变化,因为这个时代所发生的各种情势促使知识分子们对自由主义的政治原则进行重述并对之加以改进。但是,欧洲国家力图通过增加货币和信贷的方法来延续这种繁荣和确保充分就业的努力,最终又造成了世界范围的全面通货膨胀,而就业市场对此已经习以为常,以至于除非造成大范围的失业,否则便不足以终止这种通货膨胀。然而值得我们注意的是,一个运行良好的市场经济是不可能在一种日益加剧的通货膨胀的情形中得到维续的,这是因为政府在这种情形中很快就会感到不得不用控制价格和工资的方法去抗衡通货膨胀所产生的各种影响,而我们知道,控制价格和工资的方法只会扼杀市场经济。据此我们可以说,无论在什么地方和无论在什么时候,通货膨胀都会导向一种指令性经济(a directed economy)。此外,奉行一种通货膨胀的经济政策,不仅在很大程度上意味着对市场经济的破坏,甚至还极可能意味着向一种中央控制的全权性经济政治制度的转变。

从目前的情况来看,古典自由主义立场的捍卫者在人数上又一次大大减少了,而且在所剩无几的人当中也主要是些经济学家。此外,"自由主义"这个名称的所指也发生了很大的变化,因为越来越多的人都把它当做一种基本上指称社会主义诉求的名称在使用——当然,这种情形在美国已经延续了相当一段时间,但是即使在当今的欧洲亦复如此。套用熊彼特(J. A. Schumpeter)的话来说:自由主义这个名称已经变成了"一种最高的敬意——尽管这并不是自由主义者所意在得到的那种敬意,因为就连私营企业制度的敌人都认为盗用这个名称是一种明智之举"。

三、系统阐释

7. 自由主义的自由观念

一如前文所述,由于只有"英国式的"或者说"进化论的"自由主义发展出了一套明确的政治纲领,所以作为一种旨在对自由主义若干原则进行系统阐释的尝试,我们在这个部分的讨论就不得不以这种"英国式的"或"进化论的"自由主义为重心,同时也只会在进行比较的时候偶尔论及"欧洲大陆式的"或者说"建构论的"自由主义观点。这个事实还要求我们在对自由主义原则进行系统阐释的时候否弃另一种常常以欧洲大陆式自由主义为依凭但却不适用于英国式自由主义的界分,亦即对政治自由主义与经济自由主义(political and economic liberalism)所做的那种界分[意大利哲学家克罗齐(Benedetto Croce)还特别将这种界分说成是一种有关 liberalismo 与 liberismo 的界分]。对于英国传统来说,政治自由主义与经济自由主义这二者乃是不可分割的,因为英国式自由主义所主张的有关政府的强制性权力只限于实施一般性的正当行为规则这项基本原则,完全剥夺了政府指令或控制个人经济活动的权力。如果我们把这种权力授予政府,那么这只能使政府谋得一种在本质上属于专断的且任意裁量的权力,这种专断且任意裁量的权力必定会对各种自由(甚至包括个人在目的方面的选择自由)构成限制,而这种个人目的的选择自由恰恰是所有的自由主义者都力图捍卫的一种自由*。法律下的自由(freedom under the law)当然也含括了经济自由,而经济控制,作为对各种手段(或资源)施以的一种控制,却使得政府有可能对所有的自由都构成限制。

一如前述,不同种类的自由主义在要求个人自由的问题(以及这种个人自由所隐含的对个人人格的尊重问题)上存在着某种共识,但是我们必须指出的是,这种表面上的共识实际上却遮蔽了它们之间所存在的一个重要差

---

* 需要强调指出的是,哈耶克不仅在这里主张要否弃"政治自由主义"与"经济自由主义"的界分,而且还早在20世纪60年代就专门讨论了"专断性强制之不存在的个人自由"与下述几种所谓的自由的区别:第一,与"政治自由"的区别。因为这种意指人们对选择自己的政府、对立法过程以及对行政控制的参与的"政治自由",乃是一些论者经由将自由的原初含义适用于整体意义上的群体而形成的一种概念,从而它赋予了人们一种"集体的自由"。但是,一个自由的群体,却未必就是由一个由自由的个人构成的群体,而且要成为一个自由的个人,亦无须以享有这种集体自由为前提条件。第二,与"内在自由"的区别。因为这种意指一个人的行动受其自己深思熟虑的意志、理性或持恒的信念所指导的"内在自由",与哲学上所谓"意志自由"(freedom of the will)这个含混的概念有着极为密切的关系。(接下页注)

别。在自由主义的全盛时期,自由这个概念有着一种相当明确的含义:它在根本上意味着一个享有自由的人不受专断性强制(arbitrary coercion)的支配。但是,对于一个生活在社会中的人来说,对他进行保护并使他免受这种强制,就必定要求对所有的人都施以这样一种限制,即彻底根除他们强制其他人的可能性。伊曼纽尔·康德在他的一个著名的论式中指出,只有当每个人的自由在范围上并不超出与所有的其他人所享有的同等自由相容合的程度的时候,所有人的自由才能够得到实现。因此,自由主义的自由观念必定是一种法律下的自由观念,因为唯有通过法律对每个人的自由施以限制,我们才能够确使所有的人都获得同等的自由。这种自由所意指的并不是人们有时候所说的一个孤立的个人所享有的那种"天赋自由"(the"natural freedom"of an isolated individual),而是那种在社会中可能的自由,亦即那种必须受制于保护其他人的自由所必需的法律规则的自由。从这个角度来看,

---

(接上页注)第三,与"作为力量或能力的自由"的区别,因为这种意指"做我想做的事情的实质能力"、满足我们希望的力量或对我们所面临的各种替代方案做出选择的能力的"自由",常常被人们用来将它意指一种无所不能(omnipotence)的自由,并且与任何社会秩序都能够予以保障的个人自由相混淆。此外,这种视自由为能力或力量的观点,一经认可,就会变得荒诞至极,使某些人大肆利用"自由"一术语的号召力,去支持那些摧毁个人自由的措施;另一方面,这种观点一经认可,还不可避免地会导向把自由视为财富(wealth),进而使人们利用"自由"这一术语所具有的一切号召力以支持那种重新分配财富的要求。正如哈耶克所言:"力量或能力意义上的自由、政治自由和内在自由这三者的状态,一如上述,实与个人自由的状态不同,因为我们不可能通过少许牺牲其中的一种状态以求较多地达致另一种状态而最终获致自由的某种共通品格。"关于这方面更为详尽的讨论,请参见哈耶克所著《自由秩序原理》一书第一章,邓正来译,三联书店 1997 年版,第 3~18 页。——邓正来按

自由主义可以说与无政府主义(anarchism)截然不同。自由主义明确认识到,如果要使所有的人都享有尽可能多的自由,那么我们就决不能完全否弃强制,而只能够把强制减少到阻止个人或群体以专断方式强制其他人所必需的那种最低限度。唯有那种受到已知规则明确限定的个人领域中的自由,才能够使个人避免受到强制,当然,他必须严格遵循这些已知规则所设定的限制。

再者,这种自由也只能够为那些有能力遵循各项旨在保障这种自由的规则的人所切实享有。只有成年人和神志健全的人——也就是被假定能够对他们自己的行为承担完全责任的人——才被认为是完全有资格享有这种自由的人;而儿童和那些精神不健全的成人则被视作是需要受到各种程度监护的人。此外,如果一个人违反了那些旨在保护所有的人所享有的同等自由的规则,那么作为一种惩罚,他就有可能丧失那些遵循这些规则的人所享有的那种免受强制的权利。

按照上述方式授予所有被认为有能力对自己的行为承担责任的人的这种自由,同时还预设了享有这种自由的人必须对他们自己的命运负责。尽管法律提供保护的目的在于帮助所有的人去追求他们自己的目的,但是政府的目的却绝不在于确使个人的努力获得某些特定的结果。确使个人能够运用他们自己的知识和能力去追求他们自己选择的目的,不仅被认为是政府能够确使所有的人获得的最大益处,而且也被视作是激励这些个人为其他人的幸福做出最大贡献的最佳方法。如果个人能够根据他所面对的特定情势以及他所拥有的特定能力——这些情势和能力乃是任何权力机构所无力知道的——而做出最佳的努力,那么这在当时被认为是每个人的自由可以给所有的其他人带去的一项极为重大的利益。

自由主义的自由观念常常被描述成一种纯粹的否定性观念(negative conception)*。而在我看来,它实际上就是一种否定性的观念。像和平和正义这两个观念一样,自由所意指的乃是一种恶的不存在,是一种开放机会但却并不保障特定利益的境况,尽管人们在当时还期望能够增进这样一种可能性,即不同的个人都能够获得他们追求各自的目的所需要的手段(或资源)。因此,自由主义对自由的诉求,乃是一种排除所有妨碍个人努力的人为障碍的诉求,而不是一种认为共同体或国家应当给予特定福利的主张。自由主义对自由的诉求并不排斥在必要的时候采取这种集体行动。更为准确地说,自由主义对自由的诉求至少不会在这种集体行动属于一种确使人们获得某些特定服务的较佳方式的时候排斥采取这样的集体行动,但是它却会把这视作是一种权宜之计,而且还要受到法律面前人人享有同等自由

---

* 众所周知,negative freedom 与 positive freedom 这两个概念乃是伊赛亚·柏林对自由概念做出的一项著名界分(参见他所著的《自由四论》"两种自由的概念",台北:联经出版事业公司 1986 年版,第 225~296 页),究竟如何翻译,当根据柏林的理论脉络进行详考,方能确定。需要指出的是,哈耶克理论脉络中的 negative freedom,在汉语世界一般译作"消极性自由",然而根据我对哈耶克社会政治理论的理解和分析,我认为把这种自由译作"消极性自由"无法表达此一术语的真实含义并往往会产生误导。哈耶克认为,所谓个人自由的状态,乃是"一个人不受制于因另一人或另一些人的专断意志而产生的强制的状态"。哈耶克的意思很明显:一个人的自由所要求的绝不是其他人以某些方式的**作为**,而是其他人以某些方式的**不作为**;这即是说,一个人的自由对其他人构成了**不作为**的禁令或者说是对其他人某种**作为**的否定,而不构成对其他人某种**作为**的肯定性命令。一如哈耶克所言:"因此,自由主义对自由的诉求,乃是一种排除所有妨碍个人努力的人为障碍的诉求,而不是一种认为共同体或国家应当给予特定福利的主张。"据此,译者以为,negative freedom 在哈耶克的社会政治理论中只能译作"否定性自由",而绝不能译作"消极性自由";相应地,positive freedom 也不能译作"积极性自由",而应当译作"肯定性自由",因为在"肯定性自由"的观念中,完全否弃了"否定性自由"观念对"禁令"和"肯定性命令"的界分。 邓正来按

这项基本原则的限制。自由主义原则的式微始于19世纪70年代,而这是与当时的论者们对自由所做的重新解释紧密勾连在一起的,因为这种解释把自由视作是对人们达到各种特定目的所需依凭的手段(或资源)的支配——通常是由国家实施的支配。

8. 自由主义的法律观念

自由主义有关"法律下的自由"观念的含义或者有关"专断强制之不存在"的观念的含义,实际上是由人们赋予这两项论式中"法律"(law)和"专断"(arbitrary)这两个具体术语的含义所左右的。在某种程度上讲,正是由于人们在使用这些术语的时候存在着很大的区别,所以即使在自由主义传统内部也存在着观点上的冲突:比如说约翰·洛克这样的论者就认为,自由只有在法律之下方能存在("当每个其他人都可以盛气凌人地对待他的时候,他怎么还能够获得自由呢?"),而对于许多欧洲大陆的自由主义者和杰理米·边沁(Jeremy Benthan)来说,正如后者所言的那样,"所有的法律都是一种恶,因为所有的法律都是对自由的一种侵犯"。

毫无疑问,法律可以被用来破坏自由。但是值得我们注意的是,并不是每项立法的产物都是约翰·洛克、大卫·休谟、亚当·斯密、伊曼纽尔·康德或者晚些时候的英国辉格党人所意指的那种保护自由的法律*。当他们

---

* 关于这个问题,哈耶克在1973年所撰《法律、立法与自由》第一卷"规则与秩序"中做过更为详尽的讨论。为了使读者能够更清楚地理解哈耶克的观点,我在这里特将哈耶克的观点征引如下:"立基于上文的讨论,我们还将在本书的其他章节中始终关注这样两个问题:一是这两种规则是如何为两种全然不同的法律观念提供典范的;二是这种状况又是如何使那些运用同一个'法律'(law)术语的论者实际上却是在意指完全不同的东西。在历史的长河中,这两个问题在下述两种观点间的冲突中可以说是最为凸显:一些论者认为法律与自由不可分离,而另(接下页注)

说法律是自由不可或缺的保护者的时候，他们所意指的只是那些构成了私法和刑法的正当行为规则，而不是立法机关所颁布的每一项命令。如果政府实施的规则要成为法律（亦即成为英国式自由主义传统中用以指称自由之条件的那种法律）的话，那么这些规则就必须具有像英国普通法这样的法律所必须拥有的某些特征：第一，它们必须是一般性的个人行为规则；第二，它们必须在无数的未来情势中平等地适用于所有的人；第三，它们必须对确获保护的个人领域做出界定；因而，第四，它们必定在本质上是具有禁令性质（the nature of prohibitions）的一般性规则，而不是具体的命令。然而我们知道，立法的产物却未必拥有这些特征。因此，上述正当行为规则还与分立财产权制度（the institution of several property）不可分割。正是在这些正当行为规则所规定的限度范围内，个人被认为可以自由地按照他自己认为合适的任何方式去运用自己的知识和技艺以达到他自己的目的。

因此自由主义者认为，政府的强制性权力应当只限于实施上文所述的正当行为规则。除了自由主义传统中的一个极端派别以外，自由主义者一般都认为，上述对政府所拥有的强制性权力的限制并不意味着政府不得向

（接上页注）一些论者则认为法律与自由是不可调和的。我们在古希腊人和西塞罗经中世纪到约翰·洛克、大卫·休谟、伊曼纽尔·康德等古典自由主义者以及苏格兰道德哲学家，直至19世纪及20世纪的许多美国政治家的历史发展过程中发现了一个伟大的传统：对于他们来说，法律与自由相互依存而不可分离；然而，对于托马斯·霍布斯、杰里米·边沁，众多法国思想家和现代法律实证主义者来说，法律则必然意味着对自由的侵犯。在这么多伟大的思想家之间所存在的这一明显的冲突，并不意味着他们达致了相反的结论，而只意味着他们是在不同的意义上使用着'法律'（law）这个术语。”参见《法律、立法与自由》第一卷，邓正来等译，中国大百科全书出版社1999年版，第74～75页。有关哈耶克自由主义法律理论建构的具体讨论，亦可参见拙著《邓正来自选集》“法律与立法的二元观”，广西师范大学出版社2000年版，第297～360页。——邓正来按

公民提供其他的服务。这是因为上述限制仅仅意味着,无论政府被要求提供什么样的其他服务,政府在提供这些服务的时候都只能动用人们交由它掌控的资源,而不得强制公民个人。换言之,政府不得把公民的人身和财产用作实现它自己特定目的的手段。在这个意义上讲,一项由某个按照正当方式获得授权的立法机关所颁布的法案,完全有可能与一项由一个独裁者所颁布的法令一样专断。实际上,针对特定个人或群体所发布的任何命令或禁令,只要与具有普遍适用性的规则不相符合或者无法从一项具有普遍适用性的规则中推演出来,就都可以被认为是专断的。据此我们可以说,致使一项"强制性法案"——从这个术语在早期自由主义传统中所具有的含义来看——变成一种专断法案的原因就在于:第一,它所旨在服务的乃是政府所设定的某个特定目的;第二,它是由某种具体的意志行为决定的,而不是由维续那种自我生成的整体行动秩序所必需的普遍规则决定的——但是我们知道,所有应予实施的普遍的正当行为规则却都是以服务于那种整体性的行动秩序为旨归的。

9. 法律与自生自发的行动秩序

自由主义理论之所以认为正当行为规则极为重要,实是以这样一种洞见为基础的,即这些正当行为规则乃是人们维续一种自我生成的或者说自生自发的行动秩序所依凭的一项基本条件。当然,我们在这里所说的行动秩序,实际上就是在那些根据各自知识追求各自目的的不同个人和不同群体所采取的行动当中自我生成的或自生自发形成的那种秩序。自由主义者一般都认为,各种利益之间并不存在一种自然的和谐,至少18世纪自由主义理论的伟大创立者大卫·休谟和亚当·斯密就持这样的观点,因为他们明确主张,不同个人之间的不同利益可以通过他们遵循适当的行为规则而得到协调;或者,正如休谟和斯密的同时代人塔克(Josiah Tucker)所说的那样,“人性中最普遍的驱动力(即那种爱己倾向)有可能会……把个人的努力在各种情形中都导向这样一个方向,即个人可能通过追求一己私利的种种努力而使公共利益得到增进”。的确,这些18世纪的学者既是法律哲学家又是经济秩序的研究者,而且他们的法律观念也是与他们的市场机制理论紧密联系在一起的。他们知道,只有承认某些法律原则(主要是指分立财产权的制度和践履契约的原则),人们才能够确使不同个人的行动计划得到彼此协调,进而使所有的人都能够获得好机会去实施他们自己制定的行动计划。一如晚近的经济理论更为明确揭示的那样,正是不同个人行动计划之间的彼此协调,才使得人们在运用他们各自不同的知识和技艺去追求他们各自目的的同时也能够有助益于其他人。

据此我们可以说,行为规则的功能并不在于把不同个人的努力组织起来为那些特定的共同目的服务,而在于确保一种整体性的行动秩序,因为只有在这样一种行动秩序中,每个人才能够在追求他自己的目的的过程中尽可能多地从其他人的努力中获益。自由主义者认为,这些有助于型构这种自生自发秩序的规则,乃是在过去的岁月中经由长期的实验而达致的结果。此外,尽管这些规则被认为是可以加以改进的,但是自由主义者却认为,这种改进的过程必须按照一种缓慢且稳步的方式予以展开,因为唯有依据这种方式,新生成的经验才足以向人们表明这种改进是否是可欲的。

自由主义者认为,这样一种自我生成的秩序所具有的一大优点,不仅在于它为个人提供了追求他们各自目的的自由(而不论这些目的是利己的还是利他的),而且还在于它使得人们利用那些广为分散的有关不同时空之特定情势的知识有了可能。值得我们注意的是,这种广为分散的知识只是作为那些不同的个人的知识而存在的,而且也是不可能为某个指导性权力机构以任何可能的方式所拥有的。显而易见,自生自发秩序得以运用有关特定事实的知识的程度,实是任何中央指令性经济制度所不可能企及的。此外,自生自发秩序经由广泛运用这种特定事实的知识而创生的社会总产品的丰富程度,达到了任何其他已知手段所可能达到的程度。

毋庸置疑,把这样一种秩序的型构问题交由自生自发的市场力量去决定(当然是在适当的法律规则的约束下运行)的做法,不仅能够使人们获得一种更为广泛的秩序,而且还能够使人们对特定的情势做出更为充分的调适。然而需要指出的是,这同时还意味着这种秩序的具体内容不得受制于人们的刻意控制,而在很大程度上只能为偶然性所左右。法律规则的框架以及所有有助于市场秩序之型构的特殊制度,只能够决定这种秩序的一般特性或抽象特性,而不能决定这种秩序对于特定个人或特定群体的具体影响。尽管这种秩序的正当性在于它能够增进所有人的机会,也在于它使得每个人的地位可以在很大程度上取决于他本人的努力。但是不可否认的是,在这种自生自发的秩序中,每个个人或每个群体所获得的结果还要取决于他们本人或者任何其他人都无力控制的各种无从预见的情势。自亚当·斯密始,这个过程,亦即个人据以决定自己在市场经济中所获得的份额的过程,就经常被比作是一种竞赛(a game),而在这种竞赛中,每个人所取得的结果,部分是由他的技艺和努力决定的,而部分则是由他的机遇决定的。个人完全有理由同意参加这种竞赛,因为它制造了一个特别大的“蛋糕”供参与者个人分享——当然,这么大的“蛋糕”实是人们通过任何其他方法所无法提供的。但是,与此同时,这种竞赛也使得每个人的份额处于各种偶然性因素的支配之下。除此之外,这种竞赛也肯定无法保证每个个人所获得的份额能够始终与个人的主观品行或者其他人对他所做的努力的评价相符合。

在进一步考察由"法律与自生自发的行动秩序"这个论题所引发的自由主义正义观念以前,我们有必要先对某些体现了自由主义法律观念的宪政原则做一番探究。

10. 自然权利、权力分立和主权

长期以来,自由主义关于政府的强制性权力只限于实施一般性的正当行为规则这项基本原则,很少是按照这样一种明确的方式加以表述的。在一般的情况下,这项基本原则乃是通过自由主义宪政所特有的两个观念来表达的:一个是关于个人享有不可剥夺的权利或自然权利(indefeasible or natural rights)的观念(有时候也被称之为基本权利或人权的观念);另一个则是权力分立(the separation of powers)的观念*。正如法国1789年颁布的《人权和公民权宣言》(French Declaration of the Rights of Man and of the Citizen)——它同时也是人们在当时对自由主义原则所做的一个最为简明且最具影响力的陈述——所宣称的那样,"凡权利无切实保障和权力分立未确立的社会,就没有宪政可言"。

---

* the separation of powers,汉语世界一般译作"分权"。然而,从政治实践的角度来看,由于政治制度的发展要求将中央政府经由各种途径所获得的一部分权力下放至地方政府机构,特别是考虑到目前中国学者在中国改革的过程中把中央机构将权力下放至地方机构的做法亦称作分权(the decentralization of powers),从政治理论的角度来看,政治学者自近代主张 the separation of powers 以来,所阐发的主要不是有关权力机构自上而下配置权力的问题,而毋宁是这些权力在不同机构之间彼此独立的意义。因此,一是为了避免混淆;二是为了更准确地译出 the separation of powers 此一术语所侧重的各项权力彼此独立的意义,我们认为把此一术语通译为"权力分立"更为妥切。——邓正来按

有一种观点主张,某些基本权利应当得到特别的保障,比如说"自由权、财产权、安全权利和抵制压迫的权利",更为具体地说,诸如思想自由、言论自由、集会自由和出版自由(最早是在美国独立战争期间提出的)。然而,这种做法只是力图把一般性的自由主义原则适用于那些在当时被认为特别重要的权利而已。此外,由于这种做法只限于那些被列举的权利,所以它并没有超出一般性的自由主义原则所适用的范围。我们之所以认为它们只是对一般性原则的具体适用,实是因为这样一个事实所致,即所有这些基本权利都没有因此而被视作是一种绝对的权利,而是必须以一般性法律的规定为限。一如我们所知,自由主义所拥有的一项最为普遍的原则主张,政府采取的所有强制性行动都必须只限于实施这类一般性规则,因此,所有由保障权利的文献或法案专门列举的基本权利以及从来就没有被纳入这些文献或法案的许多其他的权利,实际上都可以通过一条陈述这项最为普遍的自由主义原则的条款而得到保障。正如经济自由的情形一样,只要个人的活动不受具体禁令(或具体许可令的要求)的限制,而只受平等适用于人人的一般性规则的限制,那么所有其他的自由也都可以得到保障。

实际上,原初意义上的权力分立原则也是对政府的强制性行动必须只限于实施一般性规则这项普遍原则的适用。但是值得我们注意的是,在对立法、司法和行政这三项权力进行界分的情况下,"法律"这个术语只能被理解成狭义上的一般性正当行为规则,正如权力分立这项原则的早期阐释者所明确理解的那样。如果立法机构只能够通过或颁布这种狭义上的法律,那么法院也就只能够为了确使人们服从这类一般性规则而发布强制性命令(而且行政机构也只能够为了达到这个目的而运用强制)。需要指出的是,上述情势的实现必须以这样一项条件为限,即立法机构的权力只限于制定这类严格意义上的法律(按照洛克的观点,立法机构的权力应当只限于制定这类严格意义上的法律),但是如果立法机构可以向行政机构发布任何它认为合适的命令,又如果行政机构因获得这类授权而采取的任何行动都被认为是合法的,那么上述情势就是无法实现的。在代议机构(亦即所谓的立法机构)已经变成了——正如所有现代国家的情势所显示的那样——在特定问题上指导行政机构行动的最高政府治理机构的情况下,而且在权力分立的原则只意味着行政机构不得做任何不是以此方式授权的事情的情况下,人们就显然无法确使个人的自由只受自由主义理论所意指的那种严格意义上的法律的限制。

权力分立观念中所隐含的对立法机构权力的限制,还意味着反对任何无限权力(unlimited power)的观念或主权性权力(sovereign power)的观念,或者至少还意味着反对任何拥有组织化权力的机构可以为所欲为的观念。有关拒绝承认这种主权性权力的观点,在洛克的理论中可以说是凸显无遗,而且还得到了此后自由主义理论的不断强调;再者,这一点也正是自由主义理论与那些在当下占据支配地位的法律实证主义(legal positivism)观念发生冲突的要点之一。自由主义拒绝承认无限权力的观点,彻底否定了那种认为从某个主权渊源或任何有组织的"意志"中可以衍生出一切合法权力的观点在逻辑上的必然性。当然,自由主义这个论辩所依凭的乃是这样一种理据,即人们普遍持有的公众意见可以对所有有组织的权力构成限制,因为只要某个权力机构(或某种有组织的意志)实施了上述普遍公众意见并未授权的行动,那么这种普遍的公众意见就可以使人们拒绝服从这种权力机构(或这种有组织的意志)。自由主义拒绝承认无限权力的观点还认为,尽管普遍公众意见这种力量无力对具体的意志行为进行规定,但是它却依旧可以对政府所有部门的合法权力构成限制,并使它们只能够采取那些具有某些一般特性的行动。

11. 自由主义与正义

自由主义的法律观念乃是与自由主义的正义观念(conception of justice)紧密勾连在一起的。自由主义的正义观念在下述两个重要方面与人们现在广泛持有的那种正义观念相区别:第一,自由主义的正义观念所依凭的乃是这样一种信念,即人们有可能发现独立于特定利益而存在的客观的正当行为规则;第二,这种正义观念只关注人之行为的正义问题或者调整人之行为的规则的正义问题,而不关注这种行为对不同个人或不同群体的地位所造成的特定影响的问题。特别是与唯社会论相对照,我们可以说自由主义只关注交换正义(commutative justice),而不关注所谓的分配正义(distributive justice)或现在更为盛行的"社会"正义(social justice)*。

自由主义之所以认为存在着能够被人们发现但却不可能以专断方式创制出来的正当行为规则,实是以这样两个事实为基础的:第一,绝大多数正当行为规则无论在什么时候都会以不容置疑的方式为人们所接受;第二,人们对某项特定规则是否正义的问题所提出的质疑,必须在这个为人们普遍接受的规则系统中加以解决,而解决的方式则是看这项应予接受的规则是否与所有其他的规则相容合。这就是说,这项规则必须同样服务于所有其他正当行为规则所服务的那种抽象的行动秩序,而且还不得与这些规则当

---

* 关于自由主义正义观念的更为详尽的讨论,请参见本丛书第一辑所收入的哈耶克于1957年撰写的《什么是'社会的'?——它究竟意味着什么?》以及于1976年撰写的《社会正义的返祖性质》这两篇论文;更请参见哈耶克于1976年发表的《法律、立法与自由》第二卷"社会正义的幻象",邓正来等译,中国大百科全书出版社2000年版。——邓正来按

中的任何一项规则所提出的要求相冲突。因此,一项特定规则是否有可能具有普遍适用性,乃是评断该项特定规则正义与否的标准,因为唯有根据这项标准,人们才能够证明它是否与所有其他为人们所接受的规则相一致。

人们常常断言说,自由主义有关正义独立于特定利益而存在的观点,所依凭的乃是一种已经为现代思想彻底否定的自然法观念。需要指出的是,自由主义这个观点所依凭的确实是它对自然法的信奉,但是这种自然法却是一种非常特殊意义上的自然法,而所谓法律实证主义已经有效地驳斥了这种自然法观点的说法,根本就是无稽之谈。不容否认的是,法律实证主义对自然法的抨击,确实使人们对传统自由主义的这个实质性部分表现出了很大的不信任。法律实证主义断言,所有的法律都是或者都必定是立法者意志(本质上是专断的意志)的产物。就此而言,自由主义理论同法律实证主义确实是彼此冲突的。然而,一旦有关自生自发秩序必须以分立财产权和契约规则为基础这项普遍原则为人们所接受,那么它就必定会要求人们在为人们普遍接受的行为规则系统中对具体问题做出特定的回答,而且有关这类具体问题的适当答案也只能是被发现的而不可能经由专断的方式被发明出来。正是立基于上述事实,人们产生了这样一个合理的观点,即“事物之性质”所要求的乃是特定的规则而不是其他。

分配正义这个理想对于自由主义思想家来说一直有着吸引力,而且还可能构成了促使如此之多的自由主义思想家从自由主义转向唯社会论的一个主要因素。需要强调指出的是,坚定的自由主义者之所以必须拒斥分配正义这种理想,主要原因有二:第一,根本就不存在为人们所公认的或能够被人们发现的有关分配正义的普遍原则;第二,即使人们能够普遍认同这样的分配正义原则,这些所谓的分配正义原则在一个生产力取决于个人自由地运用自己的知识和能力去追求自己目的的社会中也是不可能付诸实施的。显而易见,如果有人想确使特定的人获得特定的利益(亦即与这些特定的人的品行或需求相符合的酬报),那么他们就需要有一种与自生自发秩序截然不同的社会秩序作为实施这种原则的基础;而所谓自生自发秩序,亦就是个人在只受一般性的正当行为规则约束的情况下会自我形成的那种秩序。实施分配正义原则所需要的乃是这样一种秩序(最好是将它称之为一种组织),其间,所有的个人都被迫去为一个共同且统一的目的等级序列服务,而且还被要求去做那些从一种独裁性的行动计划来看所必需的事情。这种组织乃是以它的所有成员都为同一个目的系统服务为前提条件的,但是前述意义上的自生自发秩序却并不服务于任何一种单一的需求命令,而只是为人们追求无数多样的个人目的提供最好的机会。换言之,为了确使每个人都能够得到某个权力机构认为他应当得到的东西,人们就必须把整个社会都变成一种单一化的综合性组织。但是值得我们注意的是,这种类型的组织必定会造成这样一种社会,其间,每个人都必须去做那个权力机构所规定的事情。

12. 自由主义与平等

就平等问题而言,自由主义所提出的只是这样一项要求,即在国家规定个人据以行事的各种条件的情况下,国家必须根据同样适用于所有人的形式规则来规定这样的条件。自由主义反对任何形式的法律特权,亦即反对政府把任何具体好处只给予某些人而不给予所有的人的做法。值得我们注意的是,由于政府在不拥有具体强制性权力的情况下只能够控制一小部分决定不同个人之命运的条件,又由于这些个人必定在他们各自的能力和知识以及他们所处的特定(自然的和社会的)环境这两个方面极不相同,所以根据相同的一般性法律来平等地对待所有的人，就必定会使不同的人获得不同的地位。因此，为了确使不同的个人能够获得平等的地位或平等的机会，政府就必须以不同的方式来对待不同的个人。换言之，自由主义所提出的只是这样一项要求，即据以决定不同个人相对地位的竞赛程序或竞赛规则必须是公正的（至少不是不公正的），但却并不要求不同的个人在这个过程中所获得的特定结果是公正的。这是因为在一个由自由人组成的社会中，这些结果不仅要始终取决于个人本人所采取的行动，而且还要取决于任何人都无力完全决定或预见的无数其他的情势。

在古典自由主义的全盛时期，自由主义的上述要求一般被表述为"所有的职位都应当向胜任者开放"这样一种诉求，偶尔也被大而化之且较为随意地表述为对"机会平等"（equality of opportunity）的要求。但是，这在当时只意味着应当把那些因法律上的差别待遇而在人们当中造成的妨碍人们提高他们地位的障碍彻底清除掉，而不意味着人们能够经由这样的努力而使不同的个人获得相同的机会。一如我们所知，个人不仅在他们各自的能力方面极为不同，而且更为重要的是，他们各自所处的环境（特别是影响到他们成长的家庭环境）也必定极为不同，因此，所有这些差异仍会致使不同个人的前途迥然有异。正是立基于这个原因，那种被证明为对大多数自由主义者极富吸引力的观点，亦即那种认为只有所有个人的初始机遇在一开始就相同的秩序才能够被视作是正义秩序的观点，在一个自由的社会中是不可能得到实现的。这是因为如果这种观点要得到实现，那么它就必须对所有不同的个人所置身于其间的那些环境进行刻意的操纵，而这种操纵却是与自由的理想格格不入的，因为依据这种自由理想，个人可以运用他们自己的知识和技艺去型构他们的环境。

需要指出的是,尽管通过自由主义的方式所能够达致的实质平等(material equality)在程度上受到了严格的局限,但是为了争取形式平等(formal equality)而展开的斗争,亦即反对基于出身背景、国籍、种族、信仰、性别等而实施的各种歧视性措施的斗争,却始终是自由主义传统所具有的最为鲜明的特征之一。尽管自由主义认为实质地位上的巨大差别是不可能避免的,但是它却仍然希望通过逐渐增加社会成员上下流动的可能性来减少这种差别的有害影响。在当时,确使社会成员得以上下流动的主要手段,就是确立一种普遍的教育制度(这当然需要公共基金的帮助),因为确立这样一种教育制度的做法至少可以使所有的年轻人都处在这种社会阶梯的底端,并且在日后根据自身的能力经由这个阶梯向上攀登。此外,通过向那些无力维续生计的人提供某些服务的方式,自由主义者至少还努力铲除了部分社会性障碍或藩篱,而我们知道,这些社会性的障碍或藩篱会把个人束缚在他们出生时便处在的那个阶层之中而无法进入社会成员上下流动的过程。

一如我们所知,另外一项措施也赢得了自由主义者的广泛支持,而这就是把累进税当做影响收入再分配的一种方式来帮助较为贫困阶层的措施。但是,这项措施是否同自由主义的平等观念相符合,则是大有疑问的。由于人们根本就不可能发现一项据以评断这种累进税是否与那种平等适用于人人的规则(或者是否与那种能够限制向较富裕阶层索取额外税收负担的规则)相符合的标准,所以一种普遍累进的税收制度似乎是与法律面前人人平等的原则相冲突的,而且从一般的意义上讲,19 世纪的自由主义者也确实是这样认识这个问题的。

13. 自由主义与民主

一如我们所知,自由主义坚持主张法律应当平等适用于人人的原则,因而也就反对任何形式的法律特权。正是自由主义所具有的这个特点,使得它渐渐地同民主*运动紧密地结合了起来。在19世纪为了实现宪政理想而进行的斗争中,自由主义运动与民主运动确实很难被区分开来。然而,不容否认的是,自由主义与民主原则所关注的问题有着本质的不同;而随着时间的推移,这个事实所导致的后果也变得越来越凸显了。一如我们所知,自由主义所关注的乃是政府的职能问题,特别是对政府所拥有的所有权力进行限制的问题,而民主所关注的则是应当由谁来指导政府的问题。自由主义要求对所有的权力(因而也包括多数的权力)都进行限制,而民主则把当下的多数意见视作是评断政府权力是否合法的唯一标准。如果我们对自由主义与民主各自的对立面做一番考察,那么这两项原则之间的差异便会极为明显地凸显出来:对于民主政制而言,它的对立面乃是独裁政府(authoritarian government);而对于自由主义来讲,它的对立面则是全权主义(totalitarianism)。当然,这两种政治体制都未必会排斥另一者的对立面:一个民主政府完全有可能运用全权性权力,而一个独裁政府依据自由主义原则行事这种可能性也是可以想见的。

据此我们可以说,自由主义乃是与无限民主(unlimited democracy)不相容合的,正如它同所有其他的无限政府形式不相容合一般。自由主义不仅

---

* 关于民主的问题,尽管哈耶克早在20世纪1960年发表的《自由秩序原理》一书的第七章"多数统治"中就做出了比较详尽的讨论,但是对民主的批评还不甚系统。因此,更为系统的讨论,请参见本丛书第一辑所收入的哈耶克于1967年发表的《政治思想中的语言混淆》第七节"有限民主与民主"、1976年发表的《民主向何处去?》以及1979年发表的《法律、立法与自由》第三卷"自由社会的政治秩序"第十二章"多数意见与当代民主"、第十三章"民主权力的分立"和第十六章"民主理想的破灭:简要陈述"等等。——邓正来按

要求人们遵循宪法明确规定的原则,而且还要求人们遵循为普遍意见所接受的原则;而正是经由这两项要求,自由主义预设了必须对任何权力(甚至包括多数代表所拥有的权力)进行限制,进而使立法权得到有效的约束。

因此,尽管持之一贯地适用自由主义的原则会导向民主,但是只有当多数放弃使用自己的权力去为自己的支持者提供某些不可能以同样的方式提供给所有公民的特殊好处的时候,民主才能够维护自由主义。这个目的有可能在这样一种情势中得到实现,即一个代议机构的权力只限于通过或颁布那些可能得到多数赞同的一般性正当行为规则意义上的法律。但是,在一个动辄就发布指导政府治理工作的具体措施的代议机构中,上述目的却是根本无法达致的。众所周知,由于这样一种代议机构可以同时享有和实施真正的立法权力和政府治理的权力,所以它在实施政府治理权力的过程中也就根本不可能受它自身不得改变的规则的限制;与此同时,在这样一种代议机构中,多数是不可能以它们对原则的真正认同为基础的,相反,它很可能是由各种有组织的利益群体之联盟拼凑起来的,因为它们会为了彼此的特殊利益而相互妥协并进行交易。因此,一种拥有无限权力的代议机构几乎无法避免这样两种情况:第一,决策乃是通过不同群体就特殊利益问题进行交易的方式而达成的;第二,一个有能力进行治理的多数派的形成也往往是以这种交易为基础的。在这样的情形中,所谓代议机构的权力只限于实现真正的普遍利益这项原则,确实是无法想象的。

立基于上述原因,我们几乎可以肯定地说,无限民主会因为赞同那些旨在为支持多数的各种群体谋利的歧视性措施而放弃自由主义的原则。但是,颇令人怀疑的是,如果民主政体放弃了自由主义的原则,那么从长远的角度来看,这种民主政体是否还有可能自保呢?如果一个政府所承担的任务不仅太多而且也太复杂，以至于多数决策无法为此提供有效的指导，那么践履这些任务的实际权力就不可避免地会一点一点地转由一个日益脱离民主控制的官僚机构去掌控。据此我们可以说，民主对自由主义的放弃，从长远的角度来看，也极可能导致民主自身的消亡。特别需要指出的是，民主所趋向于的那种指令性经济，为了有效地运行，就必须以一个拥有独裁性权力的政府作为支撑。

14. 政府的服务性职能

自由主义原则明确要求政府的权力必须严格限于实施一般性的正当行为规则。但是，这里所说的政府权力，只是指政府所享有的强制性权力。除了实施一般性的正当行为规则以外，政府还可以通过使用由它所掌控的手段（或资源）为人们提供许多其他的服务。就此而言，除了通过税收筹集资金的方式以外，所有这些服务都不含有任何强制性质。长期以来，由政府来承担这类服务性职能的可欲性从来就没有遭到过人们的质疑。当然，这个方面也有例外，比如说自由主义运动中的一些极端派别就对此持反对态度。然而，在 19 世纪的时候，这些服务性职能还不具有什么重要的意义（如果有什么重要意义的话，那也主要是从传统这个角度而言的），而且自由主义理论也甚少对这个问题进行讨论。更为准确地说，对于这个问题，当时的自由主义理论只是强调这些服务性职能最好还是交由地方政府而非中央政府去承担。人们在当时普遍忧虑的乃是这样一个问题，即中央政府是否会经由承担这些职能而变得太过强大，因此他们希望不同地方政府之间的竞争能够有效地控制和指导这些服务，并使它们朝着可欲的方向发展。

然而，财富的普遍增长以及因财富的普遍增长而可能满足的新的抱负，却在此后导致了这类服务性活动的急剧增加，因而也就必定要求人们对这些服务的问题采取一种比古典自由主义更为鲜明的态度。毫无疑问,在这些服务当中,有许多服务都是经济学家所说的“公共产品”(public goods)。这些服务确实是极为可欲的,但是却无法由市场机制提供,这是因为如果由市场机制来提供这些服务,那么它们就会有助益于所有的人,而无法只使那些愿意为这些服务付费的人获得助益。从防止犯罪、预防传染病传播和提供其他卫生服务这类基本任务的实施,一直到解决大规模都市化所引发的各种最为尖锐的问题,都需要权力机构提供大量的服务,但是权力机构却只有在采用税收方式筹集到支付其成本的资金以后才能够提供这些不可或缺的服务。这意味着,如果真的要提供这类服务,那么即使这些服务的实施过程不必由拥有征税权力的机构所控制,至少资助它们的财政也必须由这种拥有征税权力的机构所掌控。但是这却未必意味着,政府由此获得了提供这些服务的排他性权力。因为自由主义者希望能够始终保有这样一种可能性,即只要人们发现了私人企业提供这类服务的方式,那么就可以由私人企业来提供这些服务。此外,自由主义者还保有着一种古典自由主义的传统偏好,即这些服务应当尽可能地由地方政府而非中央政府来提供,而且还应当由地方税收来支付这些服务的费用。因为采用这种方式,至少在某种程度上可以使那些为一项特定服务出资的人成为从该项服务中获益的人。但是除此以外,自由主义在这个日益重要的广泛领域中,却几乎没有发展出任何明确的可以被用来指导政策的原则。

在现代福利国家(Welfare State)的发展历程中,人们没有用自由主义的一般性原则来解决新问题的现象可以说是凸显无遗的。尽管在一个自由主义的框架内,人们原本有可能实现现代福利国家所设定的许多目标,但是这些目标的达致却需要以一个缓慢且渐进的实验过程为前提条件。颇为遗憾的是，那种试图通过一步到位且最为有效的方式来实现这些目标的欲求，却在各地导致了对自由主义原则的放弃。特别需要指出的是，通过发展一种有助于真正竞争意义上的保障机制的制度，人们原本是有可能提供绝大多数社会保障服务的。而且在一个自由主义的框架中，人们甚至还可能建立起一种确使所有的人都可以享有某种最低收入的制度。但是，力图把整个社会保障领域都变成一种政府垄断的服务的决定，以及力图把那个为了社会保障目的而建立起来的机构变成一个实施收入再分配的庞大机器的决定，却不仅导致了政府所控制的经济部门的不断扩大，而且还导致了自由主义原则依旧盛行的经济领域的持续萎缩。

15. 自由主义立法的肯定性任务

需要强调指出的是，传统的自由主义原则，非但无法充分应对新出现的问题，而且也不曾在推动建构一种旨在维护有效的市场秩序的法律框架方面阐发出一项足够明确的方案。要使自由企业制度运行良好，法律仅仅满足我们在前文中所阐释的否定性标准显然是不够的。据此，法律还必须具有肯定性的内容，因为只有这样才能够使市场机制以一种令人满意的方式运行。这尤其要求法律含有这样一些规则，它们不仅有助益于保护竞争，而且还要尽可能地限制垄断情势的发展。但是在某种程度上讲，这些问题却遭到了19世纪自由主义原则的忽视，而且也只是在较为晚近的时候，这些问题才得到了一些“新自由主义”群体的系统考察。

然而值得我们注意的是，如果政府不曾通过关税制度、公司法和工业专利法的某些规定来助长垄断的发展，企业领域中的垄断现象就很可能不会变成如此严重的一个问题。除了赋予法律框架以一种有助于竞争的特征以外，再规定一些具体的措施来反对垄断是否必要或是否可欲，仍是一个值得探讨的问题。如果这些措施是必要的或可欲的,那么古老的普通法关于禁止密谋阻碍贸易的规定就完全可以为这些措施的发展提供一个基础。然而长期以来,普通法的这类规定却一直没有引起人们的重视,因而也没有得到人们的采纳。只是到了相对晚近的时候[美国始于1890年颁布的《谢尔曼法案》(Sherman Act),而欧洲的大部分国家则始于第二次世界大战以后],人们才开始努力以刻意的方式去制定反托拉斯和反卡特尔的法律。然而,由于这些反托拉斯和反卡特尔的立法通常都把自由裁量权赋予了行政机构,所以这些立法与古典自由主义的理想并不完全相符合。

但是,在有组织的劳工或工会所垄断的领域中,未能适用自由主义的原则却导致了一系列阻碍市场秩序发挥正常作用的趋势。最初,古典自由主义曾经支持过工人们所提出的"结社自由"(freedom of association)的诉求。也许正是这个缘故,古典自由主义在此后未能对工会逐渐演变成一种特权机构的发展态势采取有效的应对措施,因为我们知道,此后的法律居然赋予了工会这样一项特权,即工会可以按照一种任何其他人都不得采用的方式去使用强制力。正是工会所享有的这种特权地位,使得原本决定工资收入的市场机制在很大程度上失去了效力。而且令人更感到疑虑的是,如果以竞争方式决定价格的原则不能同样适用于工资方面,那么市场经济是否还有可能维续下去呢?据此我们可以说,市场秩序是否能够继续存在下去的问题或者市场秩序是否会被一种中央计划的经济制度所取代的问题,将在很大程度上取决于这种市场秩序是否有可能通过某种方式恢复一种竞争性的劳动力市场。

上述发展趋势的结果已经在它们影响政府行动的方式中得到了表现。当然,我们在这里所说的政府行动,乃是指政府在另一个重要的领域即金融领域中所采取的行动。在这个领域中,人们普遍认为,如果市场秩序要发挥正常的作用,那么它就必须以政府所采取的肯定性行动(亦即提供一种稳定的金融体系)为基础。古典自由主义曾经设想,金本位制可以为货币和信贷的供应提供一种自动的调节机制,而且这种机制也足以使市场秩序发挥出正常的作用,但是值得我们注意的是,历史的发展进程却在事实上产生出了一种渐渐高度依赖中央权力机构进行刻意调整的信贷结构。在此之前,这种控制权曾一度掌握在独立的中央银行手中,然而晚近以来,这种控制权实际上已经旁落到了政府的手中。这在很大程度上是因为预算政策被当做了金融控制的主要手段之一。一如我们所知,市场机制的有效运行乃是以某些基本条件为基础的。因此,由于政府掌握了控制金融的权力,所以它也就对决定这些基本条件中的一项条件负有责任。

处于这种境况中的所有西方国家的政府,为了能够在那种因工会行动而抬高的工资水平上保证充分就业,就不得不去实施一种通货膨胀的政策,而这种政策却使得人们对货币的需求在增长速度上大大超过了商品的供给。在这种情势中,政府只得加速通货膨胀;与此同时,政府又感到不得不采取直接控制价格的手段来削弱通货膨胀所造成的恶劣影响。但是我们知道,政府直接控制价格的做法必定会对市场机制构成威胁并使它的效力变得越来越小。从现在的情势来看,这种做法正在一步一步地摧毁着作为自由主义制度之基石的市场秩序。实际上,我在上文“历史考察”部分所做的讨论已经昭示了这一点。

16. 思想自由与物质自由

我们在本文所集中关注的自由主义政治原则,对于许多自认为是自由主义者的人来说,并不是他们信奉的自由主义的全部内容,甚或都不是他们信奉的自由主义的最为重要的部分。正如我们早就指出的那样,“自由”这个术语——尤其是在最近一段时期——经常被用来表达这样一种意思,即它所指称的主要是一种一般性的思想态度而不是有关政府适当职能的具体观点。因此,在本文的结论部分再回过头来讨论所有自由主义思想所具有的那些较为一般的基础与法律原则及经济原则之间的关系,显然是极为妥适的,因为经由这样的讨论,我们可以证明这些法律原则及经济原则实是持之一贯地适用这样一些理念的必然结果,亦即那些会导使人们对自由主义不同派别一致赞同的思想自由(intellectual freedom)提出诉求的理念。

自由主义的一个核心信念认为,如果我们不是依赖任何人的特定知识,而是鼓励人与人之间展开思想交流,那么我们就可以有望更为成功地解决社会问题(因为在这个交流的过程中能够产生更好的知识)。我们可以说,自由主义的所有假设都是由这个核心信念出发而提出的。正是对人们源出于不同经验的不同观点展开讨论和互相批评,被认为会推动人们对真理的发现,或者说,至少会激励人们尽可能地趋近那种能够为人们达致的真理。人们之所以要求个人思想自由,完全是因为每个个人都被认为是易犯错误的。因此,人们唯有通过对所有的信念不断进行检测才有可能发现最好的知识,而对所有的信念不断进行检测的工作却只有通过自由讨论才能够得到保障。换言之,对真理的逐渐趋近,所依凭的与其说是个人理性的力量(真正的自由主义者是不会信任这种个人理性的),倒不如说是人与人之间所展开的讨论和批评过程。即使是个人理性和知识的增长,也只有在他成为上述讨论和批评这个过程之一部分的时候,才被认为是可能的。

由思想自由所保障的知识增进或知识进步,以及人们实现各自目的的能力的相应增加,显然是极为可欲的,这实是自由主义信念所具有的一个不争的预设。值得我们注意的是,人们有时候并不十分确当地断言道,自由主义所强调的只是一种物质进步。毋庸置疑,自由主义确实希望通过科学知识和技术知识的增进来解决大多数问题,但这却是与另一种信念——即自由也能够使道德领域发生进步的信念——紧密联系在一起的。确实,这种信念多少有些想当然,尽管从经验的角度来看很可能是有道理的。至少有一点是不争的,亦即在文明进步的过程中,那些在早期只能被人们以不妥当的方式加以接受的或只是为人们部分接受的道德观念,现在却渐渐地得到了人们更为广泛的接受(实际上,更令人感到怀疑的乃是这样一种观点,即自由所促成的知识上的高速增长也会导使审美感的发展,但是值得我们注意的是,自由主义从来就没有宣称过自己在这个方面有影响力)。

当然,所有支持思想自由的论辩也可以同样用来赞同做事的自由或行动自由(the freedom of doing things or freedom of action)。一如前述,各种各样的经验导致了观点的差异,而这种观点的差异则是思想得以增长的源泉。然而,各种各样的经验反过来又是不同的人在不同的情势中采取不同的行动所导致的结果。思想领域如同物质领域一样,竞争可以说是其间最为有效的发现手段,因为它可以使人们发现实现自己目的的更好的方式。只有当人们能够对无数的做事方式进行尝试的时候,各种不同的个人经验、知识和技艺才有可能存在,而且也只有在这个基础上,人们持续不断地选择最为成功者的努力才会导向稳步的改进。由于行动是个人知识的主要渊源(而这种个人知识则是知识增长这种社会过程的基础),所以赞同行动自由的理据实是与赞同思想自由的理据一般强有力的。而且值得我们注意的是,在以分工和市场为基础的现代社会中,绝大多数新的行动形式都是在经济领域中产生的。

需要指出的是,还有另外一个原因可以说明为什么行动自由,尤其是经济领域中(亦即通常被描述成相对次要的领域中)的行动自由,实际上是与思想自由或心智自由(the freedom of the mind)同样重要的。如果说是人的心智选择了人之行动的目的,那么这些目的的实现便取决于所需手段(或资源)的可获得性,因此,任何为人们提供支配手段(或资源)之权力的经济控制,也会为人们提供支配目的的权力。如果印刷或出版手段处于政府控制之下,那么就不会有出版自由(freedom of press)可言;如果所需要的场所处于政府控制之下,那么就不会有集会自由(freedom of assembly)可言;如果交通手段为政府所垄断,那么就不会有迁徙自由(freedom of movement)可言;等等。这就是为什么政府对所有经济活动进行的控制必定会对个人所能够追求的各种目的构成严苛限制的原因之所在——尽管政府常常是在试图为人们达到各种目的提供更为充分的手段(或资源)的情况下控制经济活动的,但是它却注定会徒劳无获。20 世纪政治发展过程中最为重要的教训很可能表现在这样一个方面,即对物质生活的控制已经使我们所称之为的那种全权性政府谋得了支配人们思想生活的广泛权力。实际上,正是存在着无数准备向我们提供手段(或资源)的独立且不同的机构,才使得我们能够选择我们自己愿意追求的各种目的。

【参考文献】

有关自由主义运动的最佳阐释,读者还可以参见一些有关 19 世纪欧洲重要国家的国别史文献。例如:É. Halévy, *Histoire du peuple anglais au XIXe siècle*, 6 vols, Paris, 1912 ~ 1932, trans. as *History of the English People*, London, 1926, etc.; and F. Schnabel, *Deutsche Geschichte imneunzehnten fahrhundert*, vol. Ⅱ, Freiburg, 1933. 有关自

由主义理念之发展的最为详尽的研究文献，请参见 G. de Ruggiero, *Storia bes liberalismo europea*, Bari, 1925, trans, by R. G. Collingwood as *The History of European Liberalism*, Oxford, 1927, which contains an extensive bibliography to which reference must be made for all the works of an earlier date, including the classical works of the founders of modern liberalism. 下述文献按年代顺序排列，它们乃是晚近以来讨论自由主义思想史和自由主义运动史以及自由主义在当下境况的较为重要的论著。

Martin, B. Kingsley, 1926, *French Liberal Thought in the Eighteenth Century*, London; new ed. 1954.

Mises, L. von, 1927, *Liberalismus*, Jena.

Croce, B. 1931, *etica e Politica*, Bari.

Laski, H., 1931, *The Rise of European Liberalism*, London.

Pohlenz, M., 1935, *Die griechische Freiheit*, Heidelberg; trans as The Idea of Freeedom in *Greek Life and Thought*, Dordrecht, 1936.

Lippmann, W, 1937, *An Inquiry into the Principles of the Good Society*, Boston and London.

Sabine, C. H., 1943, *A History of Political Theory*, New York.

Mcllwain, C. H., 1939, *Constitutionalism and the Changing World*, New York.

Hallowell, J. H., 1943. *The Decline of Liberalism as an Ideology*, Berkeley, Calif.

Slesser, H., 1943, *A History of the Liberal Party*, London.

Roepke, W., 1944, *Civitas Humana*, Zürich.

Diez del Corral, L., 1945, *El Liberalismo doctrinario*, Madrid.

Popper, K. R., 1945, *The Open Society and Its Enemies*, London.

Rüstow, A., 1945, *Das Versagen des Wirtschaftsliberalismus als religionssoziologisches Problem*, Zürich.

Federici, F. ,1946, *Der deutsche Liberalismus*, Zürich.

Watkins, F. , 1948, *The Political Tradition of the West*, Cambridge, Mass.

Wormuth, F. D. , 1949, *The Origin of Modern Constitutionalism*, New York.

Polanyi, M. ,1951, *The Logic of Liberty*, London.

Eucken, W. ,1952, *Grundstze der Wirtschaftspolitik*, Tübingen.

Robbins, L. C. , 1952, *The Theory of Economic Policy in English Classical Political Economy*, London.

Cranston, J. L. ,1952, *The Origins of Totalitarian Democracy*, London.

Cranston, M. ,1953, *Freedom*, London.

Lübtow, U. von, 1953, *Blüte und Verfall der römischen Freiheit* , Berlin.

Neill, T. P. ,1953. *Rise and Decline of Liberalism*, Milwaukee, Wis.

Thomas, P. H. , 1953, *Liberalism, Nationalism and the German Intellectuals*, Chester Springs, pa.

Mayer-Maly, T. , 1945, "Rechtsgeschichte der Freiheitsidee in Antike und Mittelalter", *österreichische Zeitschrift für öffentliches Recht*, N. F. VI.

Hartz, L. , 1953, *The Liberal Tradition in America*, New York.

Bullock, A. ,and Shock, M. , 1956, *The Liberal Tradition from Fox to Kernes*, London.

Wirszubski, C. , 1956, *Libertas as a Political Ideal at Rome*, Cambridge.

Feuer, L. S. , 1958, *Spinoza and the Rise of Liberalism*, Boston.

Grifò, G. , 1985, "Su alcuni aspetti della libertà in Roma", *Archivoi Giuridico "Filippo Serafini"*, 6 serie XXⅢ.

Grampp, W. D. , 1960, *The Manchester School of Economics*, Stanford, Calif.

Hayek, F. A. , 1960, *The Constitution of Liberty*, London and Chicago.

Friedmann, M. , 1962, *Capitalism and Freedom*, Chicago.

Macpherson, C. B., 1962, *The Political Theory of Possessive Individualism; Hobbes to Locke*, Oxford.

Girvetz, H. K., 1963, *The Evolution of liberalism*, New York.

Schapiro, J. S., 1963, *Condorcet and the Rise of Liberalism*, New York.

Wheeler, 1963, *The Rise and Fall of Liberal Democracy*, Santa Barbara, Calif.

Grampp, W. D., 1965, *Economic Liberalism*, New York.

Böhm, F., 1966, "Privatrechtsgesellschaft und Marktwirtschaft", in *Ordo*, XVII.

Lucas, J. R., 1966, *Principles of Politics*, Oxford.

Vincent, John, 1966, *The Formation of the Liberal Party* 1857 ~ 1868, London.

Selinger, M., 1968, *The Liberal Politics of John Locke*, London.

Cumming, R. D., 1971, *Human Nature and History, a study of the Development of Liberal Thought*, Chicago.

Douglas, R., 1971, *The History of the Liberal Party* 1890 ~ 1970, London.

Hamer, D. A., 1972, *Liberal Politics in the Age of Gladstone and Rosebery*, Oxford.

民主向何处去?* **

一

民主概念(the concept of democracy)有一种含义,也就是我所谓的那种原初且真正的含义。正是因为民主有这样一种含义,我才把它视作是一种值得为之奋斗的崇高价值。事实证明,民主并不像人们曾经希望的那样是一种可以防阻专制和压制的特定手段。不过,作为一种能够使任何多数否弃它所不喜欢的政府的约定性安排,民主却有着不可估量的价值。

正是基于这个原因,我才对思想界于晚近表现出来的对民主日趋丧失信心的现象越来越感到不安。我们绝不能再对这个问题视而不见了,因为在我看来,这个问题已经变得越来越严重了。由于——也许部分是由于——民主这个魔术般的术语现在已经变成了一种包治百病的万能之药,所以人们从历史中继承而来的所有限制政府权力的措施也就变得毫无意义可言

---

* 本文译自哈耶克著:*New Studies in Philosophy, Politics, Economics and the History of Ideas*, The University of Chicago Press, 1978, pp. 152 ~ 164。

** 本文是哈耶克于1976年10月8日在公共事务学院(New South Wales, at Sydney)所做的一次讲座的文稿。

了。有时候,我们会有这样一种感觉,即世界各地的人民在今天以民主之名提出的各种要求之总和甚至使那些拥有理性和正义感的人都感到了一种惊恐,以至于任何反对这种民主的严肃措施都变成了一种真正的危险。但是值得我们注意的是,从今天的情势来看,致使人们不再信奉民主(亦即按照这种方式使其内涵得到任意扩展的那种民主)的并不是基本的民主概念,而是那些随着时间的推移而不断被加诸在民主这个原初概念(亦即意指一种特定的决策程序的原初含义)之上的附加意涵。实际上,现在发生的情况正是一些论者早在19世纪的时候所理解的那种民主情形。一种原本有助益于人们达致那些能够得到人们广泛接受的政治决策的方法,现在却变成了强制推行实质平等之目的的借口。

民主在上个世纪(指19世纪——编者注)的出现,致使政府的权限范围发生了决定性的变化。众所周知,数个世纪以来,人们一直在努力限制政府的权力;而且宪政制度的逐渐发展也都是以服务于这个目的为旨归的。然而,人们却在突然之间相信,经由选举产生的多数代表对政府所施以的控制足以使任何其他限制政府权力的措施成为多余之举,因此,人们完全可以否弃在历史的长河中逐渐发展起来的各种宪政保障措施。

就是在这种情形中,无限民主(unlimited democracy)应运而生了——正是这种无限民主而不是原初的民主构成了当下问题的症结之所在。在今天的西方国家,我们所知道的各种民主制度或多或少都是无限的民主制度。但是我们必须牢记这样一个要点:即使我们现在所拥有的那些特定的无限民主制度最终被证明是一种失败之举,这也未必意味着民主本身就是个错误,而只能够表明我们尝试或实践民主的方式发生了差错。尽管我个人认为对那些被公认为需要政府采取某种行动的问题进行民主决策的做法乃是一种不可或缺的和平变革方式,但是我还是觉得,如果在一种政府体制当中,任何即时性多数(any temporary majority)可以把它所偏好的任何事情都确定为受其控制的"公共事务",那么这种政府体制就是一种极其可憎的制度性安排。

二

最初,"权力分立"原则(the principle of the"separation of powers")乃是人们针对民主政府的权力所施加的一项最重要也是最伟大的限制性措施,但是后来却因一种全能代议机构的兴起而被取消了。我将在本文中指出,问题的根源乃在于所谓的"立法机构"(legislatures)——亦即早期主张代议政府的理论家[特别是约翰·洛克(John Locke)]所构想的只能够制定严格限定的狭义法律的"立法机构"——已经变成了一种无所不能的政府治理机构。在这种情形下,"法治"(the rule of law)或"法律下的政府"(government under the law)这一古老的理想也就被摧毁了。享有"最高权力"的议会,为了继续得到多数的支持,居然能够去干多数代表认为有利可图的任何勾当*。

但是,把经由选举产生的多数代表所做的任何决议都称作"法律",并把

* 在我看来,这个问题极为重要,实际上可以被视作是哈耶克对现代盛行的民主制度——亦即哈耶克所认为的"无限民主"制度——的批判,因此这篇论文也可以被视作是当代自由主义者对无限民主进行批判的一篇经典文献。颇为遗憾的是,这个问题尚未得到中国学界的重视,就是在中国论者讨论民主问题的论文中也鲜有论及这个问题的。实际上,哈耶克早在1960年出版的《自由秩序原理》一书中就已经比较明确地指出了这个问题:"就当下的情形而言,立法机构以适当形式赞成通过的任何文献,都被称之为'法律'。但是,在这些仅具有该词形式意义的法律中,只有一些法律——就今天来看,通常只有极小的一部分法律——是调整私人间关系或私人与国家间关系的'实质性'法律(substantive or materisl laws)。(接下页注)

他们发布的所有指令都描述成“依法治理”（这些指令实际上只是一些特别有利于某些群体或特别不利于某些群体的指令），其实质是一个糟透了的恶作剧。事实上，这只是一种“不要法律的治理”（lawless government）。尽管无限民主这种政体的原理主张，只要政府的行为得到了多数的赞同，那么法治也就得到了维护，但是我们必须指出，这种主张纯属是在玩弄语词。一如我们所知，法治之所以被认为是一种保护个人自由的措施，实是因为它意味着，只有在要求人们遵循一般性的个人行为规则（亦即在无数的未来情势中平等适用于每个人的规则）的时候，强制的实施才是许可的。专断的压制——即多数代表所制定的任何规则都未加限制的那种强制——可以说与任何其他政体的统治者所采取的专断行动并无二致。不论它要求把它所憎恨的某个人烫死并分尸，还是要求剥夺他的财产，从这个方面来看，最终的结果都是一样的。尽管人们有充分的理由在有限的民主政府（limited democratic government）与非民主的政府（a non-democratic government）之间选择前者，但是我却必须承认，在非民主的但却是法律下的政府（non-democratic government under the law）与无限的（因而在实质上是不要法律的）的民主政府［unlimited

---

（接上页注）绝大部分这类所谓的‘法律’，毋宁是国家对其官员所发布的指令，其关注的主要问题也是他们领导政府机关的方式以及他们所能运用的手段。然而，在当今的各个国家，规定这类手段之运用方式的规则和制定一般公民必须遵守的规则，都属于同一个立法机构的任务。这虽说是一种久已确立的惯例，但毕竟不是一种必然的事态。据此，我不能不设问，防止混淆上述两类规则是否就不可能是一可欲之举？”参见哈耶克：《自由秩序原理》，邓正来译，三联书店 1997 年版，第 263 页。然而，更为详尽的阐释，则是哈耶克在 1979 年发表的《法律、立法与自由》第三卷“自由社会的政治秩序”第十二章“多数意见与当代民主”、第十三章“民主权力的分立”和第十六章“民主理想的破灭：简要陈述”等文字中做出的，邓正来等译，中国大百科全书出版社 2000 年版。——邓正来按

(and therefore essentially lawless) democratic government]两者之间,我更倾向于前者。法律下的政府,在我看来,乃是一项更高的价值,而且在过去,人们曾经希望民主这种监督机制所能够维护的也正是这项价值。

我坚信,建议进行一场我对当下民主制度的批判将会导向的那种改革,要比那种旨在满足由各个利益群体拼凑起来的多数之**意志**(the will)的现行安排更能够切实地实现大多数公民的共同**意见**(the common opinion) *。

---

* 有关"意志"与"意见"之间的关系,极为重要,但是坦率而言,据我阅读的文献来看,中国的政治学界和法律学界却对这个问题还未有任何认真的讨论。按照哈耶克的看法,赞同使用"意志"(will)而非意见(opinion),似乎只是源自于笛卡尔主义的传统,而且也只是通过卢梭才流行开来的。古希腊人没有受到这种含混所造成的影响;他们之所以没有受到影响,乃是因这样一个事实所致,即古希腊人的语言所提供的唯一与 willing 相对应的词是 boulomai,而该词明确意指那种旨在达到一个特定且具体的目的的努力。当然,当亚里士多德(*Politics*,1287a)认为"理性"而不是"意志"应当起支配作用的时候,这显然意味着应当由抽象规则而不是由特定目的来支配一切强制行为。C. H. Mcllwain 曾经强调指出:"即便是在一个人民当家做主的国家里……法律与意志的问题(law versus will)也仍然是一切政治问题中最为重要的问题"(参见其所著 *Constitutionalism and the Modern State*, rev. ed, Ithaca, New York, 1947, p. 145)。哈耶克更是明确地指出:"在这些成对的术语当中,第一对术语十分凸显而且还可能具有最为重要的意义,或者说,它们至少是一对因人们无视它们之间的区别而导致了政治理论中最大混淆的术语。这对术语就是意志与意见(will and opinion)。所谓'意志',在我们这里只是意指那种旨在达致一特定且具体之结果的旨向,而这种旨向与已知的当时特定的情势结合在一起,便足以决定采取何种特定的行动。与之相对照,我们将把那种对不同形式的行动或某些种类的行动是否具有可欲性的看法称之为'意见',而这种意见则会促使人们根据特定人的行为是否符合那种看法去赞同或不赞同他们的行为。因此,这种仅指称行事方式的意见,除非与具体的目的相结合,否则就不足以完全决定采取何种特定的行动。一项意志行为所决定的乃是某一特定时刻所做的事情,而一种意见告知我们的却只是个人在采取行动时所应遵循的规则。"参见哈耶克:《法律、立法与自由》第二卷"社会正义的幻象",邓正来等译,中国大百科全书出版社 2000 年版,第 18 页。——邓正来按

当然,这并不意味着经由选举产生的人民代表在指导政府治理方面主张享有最终决定权的民主要求,会少于他们在确定何为法律的方面所主张的要求。历史发展的大悲剧就在于:这两种截然不同的权力被置于了同一个代议机构的掌控之中,因为在这种情形中,政府也就不再受法律的支配了。事实证明,英国议会(the British Parliament)成功地宣称自己拥有主权性权力进而能够在不受任何法律支配的情况下进行治理之际,就是个人自由和民主的丧钟被敲响之时。

三

从历史上来看,上述发展趋势也许是无从避免的。然而,从逻辑上讲,它却没有什么说服力可言。实际上,想象事态依照不同的方向发展,并不是一件困难的事情。在18世纪,亦即当英国的下议院成功地掌控了对国库的排他性权力的时候,它实际上也由此取得了对政府的排他性控制权。如果当时的英国上议院能够在承认下议院的上述权力的时候以它自己对法律(亦即限制所有政府权力的私法和刑法)的发展享有排他性权力为条件——这种主张与上议院作为最高法院的事实并不冲突,那么政府治理机构与立法机构之间的界分也许早就确立起来了,而且通过法律对政府施以限制的做法也会妥切地存续下来。然而从政治上讲,把这种立法权力赋予某个特权阶层的代表去掌控的做法在当时却是不可能的。

一如我们所知,在现行的各种民主制度中,享有最高权力的代议机构在制定法律的同时还在指导政府。需要指出的是,这些民主制度之所以享有这样的权力,实是一种幻象所致。这种幻想虔诚地以为,这样一种民主政府会切实地体现人民的意志。当然,对于制定严格意义上的法律(亦即原初意义上的那种法律)的民选立法机构来说,这种想法也许是有道理的。这就是说,这种想法对于那些经由选举产生的,权力仅限于制定普遍的且旨在严格界分个人的控制领域和适用于无数未来之情势的正当行为规则的立法机构来说可能是有道理的。这是因为一个社会完全有可能就那些调整个人行为且防止大多数人通常都会碰到的冲突的规则形成一种占据支配地位的意见,而且多数的代表也可能就此达成一种一致的意见。据此我们可以说,肩负这样一种明确且有限任务的立法机构有可能反映多数的**意见**——而且由于这种机构只关注一般性规则,所以它也就无甚理由再去反映特定利益群体在具体问题上的**意志**了。

然而,制定上述严格意义上的法律的工作,却是那些被我们在今天仍然称作“立法机构”的代议机构所承担的最小的一部分工作,因为政府治理工作才是它们关注的根本之所在。正如一位研究英国议会的敏锐的观察家在70多年以前所指出的那样,“对于法律人的法律(lawyers' law),英国议会确实既无时间也无兴趣”。从今天的情势来看,世界各国的代议机构所确立的程序、所形成的品格以及所进行的活动,确实都是由它们所担负的政府治理任务所决定的,因此我们可以说,这些机构之所以具有“立法机构”之名,已经不再是因为它们制定法律了。这二者之间的关系正好被颠倒了。今天,我们之所以在实践中把这些机构所达成的每一项决议都称作是法律,完全是因为这些决议源出于一个立法机构所致——然而这种机构也许根本就不具备制定一种一般性的正当行为规则的品格。值得我们注意的是,在一个自由的社会里,政府所拥有的强制性权力应当只限于实施这种一般性的正当行为规则。

四

需要指出的是,由于这种享有最高权力的政府治理机构所达成的每一项决议都具有“法律效力”(the force of law),所以它采取的政府治理行动也就不会受到法律的限制。更为严重的问题是,这些机构甚至都不需要在得到人民之多数意见的授权的情况下进行治理活动。事实上,支撑一个全能之多数的成员的理据,完全不同于支撑一个真正的立法机构采取的行动所赖以为基的多数的那些理据。投票赞成一种权力有限的立法者,就是要在保障一种整体秩序(亦即产生于自由的个人之决策的那种整体秩序)的各种可能方式之间做出选择;而从另一个方面来看,投票赞成一种有权给予特殊好处而自身又不受一般性规则约束的机构的成员,其情形就全然不同了。正如我们所知道的那样,在这样一种按照民主方式选举产生的拥有着给予某些特定群体以特殊好处和把特殊的负担强加给某些特定群体的无限权力的机构当中,多数只有通过下述方式才能够形成,即在牺牲少数人的利益的情况下给予多数特殊利益群体以特殊好处进而贿买到他们的支持。

在这种情况下,一个成员威胁不支持多数甚或不支持一般性法律实在是一件轻而易举的事情,因为他对这种一般性法律的赞成乃是以其他群体对他所在群体做出特殊的让步为前提的。因此,在一个权力无限的机构里,决策都是以一种约定俗成的充斥着敲诈和腐败的做法为基础的。长期以来,这种做法一直被公认为是这种体制中的一个部分,即使是最优秀的人士也无力摆脱这种做法的影响。

由于在大多数情形中,多数成员只知道他们把一些未经明确界定的用于实现某种界定不明的目的的权力(ill-defined powers)授予了某个机构,所以那些有利于特定群体的决策也就与多数对政府行动之主旨所达成的一致意见之间没有什么关系可言了。就绝大多数措施而言,大多数投票者既没有理由赞成这些措施,也没有理由反对它们。除非他们知道,作为他们对那些提出这些措施的人给予支持的回报,他们可以获得这样一种允诺,即他们自己的某些愿望也可以得到满足。显而易见,正是这种讨价还价过程的结果,被夸大成了"多数之意志"(the will of the majority)。

那些在今天被我们称之为"立法机构"的机构,实际上是一些一直在对特定措施进行决策并且授权强制实施它们的机构。对于这些特定措施,多数内部根本就没有达成过真正的一致意见,而多数之所以支持这些特定措施,实是因为**交易**所致。因此,在一个主要关注特定事务而非原则的权力无限的机构里,多数并不是以意见一致为基础的,而是经由彼此惠顾的特殊利益群体之聚合而形成的。

从表面上看,这里存在着一个颇为矛盾的事实,即一个名义上权力无限的机构——其权力范围并不只限于制定一般性规则或者并不依赖于自身所承诺的对一般性规则的遵循——必定是极其软弱的,而且还必定是以那些千方百计要谋取政府控制之利益的派系群体的支持为基础的。尽管人们认为那些评价特定群体之要求的是非曲直的共同道德信念可以把这种机构中的多数统合起来,但是我们必须指出的是,这样一幅图景肯定是一种幻想。一如我们所知,它之所以是多数,仅仅是因为它立誓要满足特定的要求而不是因为立誓要遵循一项原则。因此,最高权力机构在使用它所拥有的不受限制的权力方面根本就不是至高无上的。颇为古怪的是,"所有现代民主制度"认为或这或那为必要之事的事实,有时候竟被人们征引来证明某项措施是可欲的或公平的。尽管多数中的大多数成员常常知道某项措施是愚蠢且不公平的,但是为了继续成为多数中的成员,他们却不得不同意这项措施。

五

一个不受限制的立法机构,乃是在颁布一些刻意且歧视性的强制措施

(例如关税、税收或救济等措施)方面不受惯例或宪法规定之限制的机构。这样一种不受限制的立法机构,显然无法避免按照一种不讲原则的方式行事。尽管它们必定会竭尽全力把这种贿买支持的做法装扮成一种给予应得者以有益帮助的善举,但是这种道德伪装却是一戳就破的。这是因为我们知道,多数在如何分配它得以从持异议的少数那里榨取到的利益问题上达成的一致意见,是很难为它的行事方式谋求到任何道德上的理据的——即使它援引虚构的"社会正义"(social justice)来为之辩护,亦将于事无补。事实上,这种做法只会导致这样一种结果,**即现行的制度安排所酿成的政治必然性(political necessity)产生了一系列无法存续甚或极具破坏性的道德信念。**

多数就瓜分它凭靠压制少数而获得的利益或者就决定从少数那里攫取多少物品的问题达成一致意见,根本就不是什么民主,至少不是那种在道德上有着正当理据的民主理想。值得我们注意的是,民主本身并不是平均主义(egalitarianism),但是无限民主却注定要变成平均主义。

一切平均主义从根本上讲都是不道德的。就这个问题而言,我在这里只想指出这样一个事实,即我们的所有道德规范都是以我们依照人们行事之方式而给予他们的不同尊重为基础的。尽管在我看来,法律面前人人平等——亦即政府根据同样的规则对待所有的人——乃是个人自由的一项基本条件,但是我却认为,为了把个体差异极大的人们置于相同的物质地位之中而必须采取的那种差别待遇措施不仅是与个人自由不相容合的,而且也是极不道德的。但是,这恰恰就是当下的无限民主正在趋向于的那种不道德性。

在这里,我必须重申我的一个观点,即与任何其他无限政府(unlimited government)不无二致的并不是民主,而是无限民主。那种致使经由选举产生的代议机构谋得无限权力的致命谬误乃在于这样一种迷信:一个最高权力机构之所以在本质上必定是无限的,实是因为任何限制措施都预设了另一种意志要比该权力机构的地位高。这样,它也就不是什么最高权力机构了。但是,这却是一种误解。这种误解的根源乃是弗朗西斯·培根(Francis Bacon)和托马斯·霍布斯(Thomas Hobbes)所提出的全权主义-实证主义观念(the totalitarian-positivist conceptions),或是笛卡尔式的唯理主义建构论(the constructivism of Cartesian Rationalism)。颇为幸运的是,在盎格鲁-撒克逊世界,上述错误观念至少在很长一段时期里一直受到爱德华·科克爵士(Sir Edward Coke)、马修·黑尔(Matthew Hale)、约翰·洛克(John Locke)以及老辉格党人(the Old Whigs)所阐发的较为深刻的观点的抵制或否弃。

就此而言,古代先哲的智慧确实要胜于现代建构论的思想,因为在古代先哲看来,一个最高权力机构无须是一个无限的权力机构,而完全可以把它的权力建基于它对严格遵循公众意见(public opinion)所赞同的一般性规则所做的承诺之上。古时候,人们之所以选出身兼法官和国王的统治者,并不是为了使他所说的一切都正确,而是因为(并且只要)他所宣称的通常都被认为是正确的。一如我们所知,法律乃是以广为分散的意见为基础的,而且一经得到人们批准的权力机构的明确阐释,它就能够发挥作用。显而易见,身兼法官和国王的统治者并不是这种法律的渊源,而只是它的解释者。即使最高权力机构仅凭自身的权力就能够下达采取行动的命令,它对其权力的行使也必须以人们对其行事所依凭的那些原则的普遍赞同为前提。因此,有权就共同行动进行决策的唯一的最高权力机构也完全可以是一个有限的权力机构——它的权力仅限于在它自身承诺遵循公众意见所赞同的一般性规则的范围内进行决策。

一个公平且体面的政府(decent government)的秘诀,就在于最高权力机构必须是一个有限的权力机构——亦即一个能够制定限制所有其他权力之规则的权力机构——因此,它只有权约束和限制私人的行动,而无权命令私人采取行动。据此我们可以说,所有权力机构都是以它们承诺遵循其臣民所认可的那些规则为基础的,因为我们知道,使社会成其为社会的因素就是社会成员对相同规则的共同认可。

因此,除了制定法律(亦即在指导个人行为的一般性规则意义上的那种法律)的权力以外,由选举产生的最高权力机构根本就不必拥有其他的权力。此外,除了强制人们遵循依此方式制定的行为规则的权力以外,这种权力机构也不得拥有任何其他的强制私人的权力。政府的其他分支机构,包括经由选举产生的政府治理机构,也都应当接受那个只限于承担真正立法工作的机构所制定的那些法律的约束和限制。简而言之,以上所述都是确保实现真正的法律下的政府的必要条件。

六

正如我在上文所指出的那样,解决这个问题的办法似乎就是在独立的立法机构与政府治理机构之间对真正的立法任务与政府治理任务做出明确的界分。当然,仅仅有两个在本质上具有当下特征而只是在承担的任务方面有所不同的机构,并不能够彻底解决这个问题,因为两个在本质上有着相同构成的机构必定会在行事的过程中互相勾结,进而产生与现行机构相同的结果。再者,这类机构的特征、程序和构成也完全是由它们所主要关注的政府治理任务决定的,因此,这类机构极不适合真正的立法工作。

当然,最能够说明这个问题的乃是这样一个事例,即18世纪的代议政府理论家一般都谴责那种按照党派路线去组织他们所认为的立法机构的做法——他们通常会用“派别”来指称“党派路线”。但是值得我们注意的是,在当时,立法机构对政府治理事务的全力关注,却使得人们按照党派路线组织它们的做法成了一种普遍的必要之举。因此,一个政府要想成功地践履其职责,就必须得到一个承诺履行某项行动纲领的有组织的多数的支持。此外,为了给人民一种选择的机会,还必须存有一个有能力组建一个可供替代的政府的有组织的反对派。

坦率而言,现行的“立法机构”已经相当适应它们所承担的那些严格意义上的政府职责了;再者,它们也完全可以继续按照既有模式行事,只要它们支配私人的权力受着另一个民主机构制定的而且也是前者不能更改的法律的限制。实际上,它们可以掌管那些为了使政府能够为全体公民提供各种服务而交由政府支配的物质资源和人力资源;此外,它们还可以为了资助那些服务而确定每年从公民那里征收多少岁入总额。但是,有关每个公民究竟应当为这种岁入总额承担多少份额的决策却必须以一项真正的法律为依凭,也就是必须以唯有立法机构能够制定的那种具有强制性质的统一的个人行为规则为依凭。我们很难构想出一种比下述系统更有助益的控制开支的办法,因为在这种系统中,政府治理机构中的每个成员都知道,就他所支持的每一项开支而言,他和他的选民都必须以一种他无法改变的比率承担自己的份额!

据此我们可以说,这里的关键问题也就在于立法机构的人员构成问题。我们如何才能够在使立法机构成为普遍意见(亦即有关何者是正确的普遍意见)的真正代表的同时,又使它免遭特殊利益群体的压力呢?按照宪法,立法机构只限于颁布一般性法律,因此,它所颁布的任何具体的或歧视性的命令都是无效的。一如前述,它的权力源出于它对遵循一般性规则所做的承诺。此外,宪法要对这种规则得以成为有效的法律所必须具备的特性做出明确的界定,例如对无数未来情势的适用性、一致性、普遍性,等等。具体言之,宪法法院必须对政府治理机构与立法机构之间的权限冲突做出裁定,并且逐步阐明一般性规则之特性的定义。

必须指出的是,只颁布真正的法律这项限制性规定并不足以阻止立法机构与一个在人员构成上与其相似的政府治理机构进行勾结,因为在人员构成相同的情况下,立法机构完全有可能为政府治理机构制定它在实现特定目的的过程中所需要的那些法律——由此导致的结果与现行体制所导致的结果实无二致可言。显而易见,在这种立法机构当中,我们所希望见到的乃是一个代表普遍意见的群体,而非诸多特殊利益的群体。因此,它应当由那些一旦被赋予这项使命就能够独立于任何特定群体之支持的个人组成。当然,它也应当由那些能够从长远角度认识问题并且不为他们必须令其满意的无常多变之大众一时的热情和时尚所左右的男士和女士组成。

七

这首先要求立法机构的成员独立于党派,而这项要求则可以经由另一项独立的必要条件——即不受重新当选之愿望的影响——得到保证。正因为如此,我想提出这样一种设想*,即选出一些在日常生活中业已赢得声誉

---

* 关于哈耶克重构代议机构的设想,就我的研究范围所涉,他已经在这个问题上耗用了相当多的时间。在哈耶克看来,最早讨论这个设想的文字乃是他以"New Nations and the Problem of Power"为题发表的一篇笔谈,载于 *the Listener*, no. 64, London, 10 November 1960;以及哈耶克于 1960 年出版的《自由秩序原理》(邓正来译,三联书店 1997 年版,第 428 页注释[12])中指出:"我们不妨可以设想一下这样一种发展方案,或许会颇具意义:即一方面下议院能够有效地主张对公共(接下页注)

和信任的男士和女士并由他们任职约 15 年的时间。为了确保达到下述两项条件:一是他们业已赢得了足够多的经验和尊重;二是他们不必为自己任期届满以后的生活保障担忧,我想把选举年龄定得比较高一些,比如说 45 岁,并在他们 60 岁任期结束以后确使他们继续担任 10 年非专业法官或与之类似的荣誉职务。这种立法机构的成员的平均年龄将低于 53 岁,而这一平均年龄要比当今绝大多数同类机构的成员的平均年龄低。

当然,这个机构的成员并不会经由一次选举全部产生,而是每年都必须经由选举出来的 45 岁的代表来取代那些业已任职 15 年的成员。我比较赞成每年由同龄人选出 1/15 的新成员,这样,每个公民一生只需要在 45 岁的时候投一次票,并选出其同龄人当中的一位佼佼者来担当立法者。这种做法在我看来之所以是可欲的,不仅是因为军事组织和类似组织中的古老经验表明,同龄人通常是评价其成员的品格和能力的最佳裁判者,而且还是因为它极可能会成为诸如地方性同龄人俱乐部这类机构得以发展的机会。而我们可以想见,这类机构的发展则可以使选举以个人知识为基础的做法成为可能。

既然没有党派的存在,比例代表制当然也就没有什么可以受指责的了。一个地区的同龄人会把这种荣誉视作是对他们当中最值得敬重的成员的一种褒奖。当然,这样一种安排还有许多其他引人关注的问题值得我们做进

(接上页注)开支的排他性控制,从而在实际上对行政进行控制,而上议院则能有效地获致制定一般性法律(其中包括对私人课税所赖以为基的诸原则)的排他性权力。根据这一原则而将两个立法机构的职能做如此的划分,不曾有过任何尝试,但却完全值得考虑。”又请参见本丛书第一辑所收入的哈耶克于 1966 年发表的《自由社会秩序的若干原则》、于 1967 年发表的《自由国家的构造问题》,以及于 1968 年发表的《政治思想中的语言混淆》等论文。而最为详尽和最为准确的描述,则请参见哈耶克著《法律、立法与自由》第三卷第十七章“一种宪法模式”,邓正来等译,中国大百科全书出版社 2000 年版,第 425 ~ 456 页。——邓正来按

一步的思考——比如说，为了达到这个目的，某种间接选举的安排是否就不再可能是一种可取的安排了（在地方性俱乐部力争使各自的候选人获得当选代表这种荣誉的情况下）——但是我认为，在一篇阐释一般性原则的文字中对这些问题进行讨论并不合适。

八

我认为，经验丰富的政治家并不会把我对我们现行立法机构中的程序和做法所做的描述视作是完全错误的，尽管他们很可能会把我所认为的那些可以避免且有害的东西看作是不可避免且有益的东西。但是，他们却不应当一听到立法机构被描述成一种制度化的敲诈和腐败就大为恼火，因为正是我们维续了各种使他们在力图有所作为的时候只得采取这些敲诈和腐败的做法的制度。

在一定程度上讲，我在上文中所描述的那种讨价还价的做法，实际上在民主**政府**中很可能是无从避免的。

我所反对的乃是这样一种现象，即当下盛行的那些制度把这种讨价还价的做法引入到了那个应当制定竞赛规则并约束政府的最高机构当中。这里的不幸并不在于发生了那些事情——因为我们知道，在地方政府行政过程中那些事情很可能是无从避免的——而在于它们是在那个必须制定法律（亦即应当保护我们并使我们免受压制和专断的那种法律）的最高机构当中发生的。

把立法权力与政府治理权力分立开来的做法还有另一种颇为重要且极为可欲的作用，即它可以彻底根除造成权力不断加速集中和中央集权化趋势的主要原因。从今天的情势来看，这种权力加速集中和中央集权化的趋势乃是由这样一个事实造成的,即作为立法权力与政府治理权力被统于同一个机构之中的结果,这个机构便拥有了自由社会中任何权力机构都不得拥有的权力。当然,越来越多的政府治理任务之所以都交给了这个机构去承担,实是因为它能够制定专门的特殊法律去满足特定的需求所致。如果中央政府的权力并不比地区政府或地方政府的权力大,那么在这种情况下,中央政府只需要去处理那些按照一种统一的全国法规行事才会对所有人都有利的事务,而且现在由中央政府处理的许多事务也都可以转交给它的下级单位去处理了。

一旦人们普遍认识到,法律下的政府与多数代表所拥有的那种无限权力是不可调和的,而且所有的政府都必须平等地被置于法律之下,那么只有对外关系这项工作需要交由中央政府去处理了——这是一项与立法不同的工作。此外,地区政府和地方政府(它们在要求它们各自的居民交纳税收的方式方面受着同样且统一的法律的限制)也可以逐渐发展成像商界中的公司那样,彼此之间展开竞争,以赢得公民对那个为他们提供了最大利益(亦即与其索要价格相比较的意义上的最大利益)的公司的坚决支持。

依照这种方式,我们不仅能够保有民主,同时还能够阻止当下出现的对于许多人来说似乎已是不可阻挡的那种“全权性民主”(totalitarian democracy)的趋势。

自由社会秩序的若干原则[*][**]

1. 所谓“自由主义”(liberalism),按照本文的理解,乃是意指一种可欲的政治秩序(a desirable political order)的观念。这种政治秩序的观念,最早是从英国发展起来的,而具体时间则是从17世纪末期的老辉格党人(Old Whigs)时代一直延续到19世纪末期的格拉斯通(Gladstone)时代。大卫·休谟(David Hume)、亚当·斯密(Adam Smith)、埃德蒙·伯克(Edmund Burke)、麦考利(T. B. Macaulay)和阿克顿勋爵(Lord Acton)等人,则可以被视作是这种政治秩序观念在英国的典型代表人物。这种法律下的个人自由观念(this conception of individual liberty under the law),先是激励了欧洲大陆的各种自由主义运动,尔后又成了美国政治传统的基础。在这些国家中,一些重要的政治思想家都是这种自由主义观念的阐释者和捍卫者,如法国的贡斯当(B. Constant)和托克维尔(A. de Tocqueville),德国的康德(Immanuel Kant)、席勒(Friedrich von Schiller)和洪堡(Wilhelm von Humboldt),美国的

* 本文译自哈耶克所著 *Studies in Philosophy*, *Politics and Economics*, The University of Chicago Press, 1967, pp. 160 ~ 177。

** 本文在1966年9月召开的“朝圣山学社”东京会议上宣读,并发表在 *Il Palitico*, December, 1966。

麦迪逊(James Madison)、马歇尔(John Marshall)和韦伯斯特(Daniel Webster)。

2. 我们必须把这种自由主义与另一种源出于欧洲大陆传统的而且也同样被称之为"自由主义"的观念明确区分开来。而一些当代的美国论者所主张的自由主义,实际上就是这种欧陆式自由主义的直接翻版。* 尽管欧陆式自由主义始于对英国式自由主义传统的模仿,但是它却是按照那种盛行于法国的建构论唯理主义(constructivist rationalism)的精神来解释自由主义的,因而也就发展出了一种与英国式自由主义观念迥然不同的自由主义。最终,这种欧陆式的自由主义不再主张对政府的权力进行限制,反而以多数拥有无限权力的理想为旨归。这就是伏尔泰(Voltaire)、卢梭(Rousseau)、孔多塞(Condorcet)和法国大革命的传统。这种传统实际上还构成了现代社会主义的先驱。当然,晚些时候的英国功利主义在很大程度上也承继了这种欧陆传统。后来,由于自由主义的辉格党人同功利主义的激进党人联合组成了一个政治党派,所以,19 世纪末的英国自由党也就变成了英国传统与欧陆传统之混合体的产物。

3. 自由主义与民主(democracy),尽管彼此能够相容,但却并不相同。前者关注的是政府权力的限度,而后者则关注由谁来执掌政府权力。如果我们从它们各自的对立面来考虑问题,那么自由主义与民主之间的区别便能够最为明确地凸显出来:自由主义的对立面是全权主义(totalitarianism),而

* 在我看来,哈耶克这篇讨论"自由社会秩序的若干原则"的论文,在很大程度上是对《自由秩序原理》一书内容的精要提炼和部分拓展,因此,建议读者在阅读本文的时候以《自由秩序原理》一书作为参考。此外,读者还可以参见本丛书第一辑所收录的哈耶克在 1973 年专门为意大利《新世纪百科全书》撰写的"自由主义"的长篇词条。——邓正来按

民主的对立面则是独裁主义(authoritarianism)。因此,至少从理论上讲,一个民主的政府有可能是一个全权主义的政府,而一个独裁主义的政府则有可能按照自由原则行事。上文论及的欧陆式“自由主义”事实上已经变成了民主主义而非自由主义,并且经由主张多数的**无限**权力(unlimited power of the majority)而在本质上变成了一种反自由主义的观念。

4. 应当特别强调指出的是,上述两种都把自己称之为“自由主义”且在为数极少的方面会达致相似结论的政治哲学,乃是以截然不同的哲学观为基础的。英国式自由主义传统的基础是:第一,主张对所有的文化现象和心智现象做进化论解释的观点;第二,高度认识人之理性的力量的限度的洞见。然而,欧陆式自由主义传统的基础则是:第一,我称之为的“建构论”唯理主义,亦即那种会导致人们把所有的文化现象都视作是刻意设计之产物的观念;第二,那种宣称根据一个预先确定的计划对所有自我生成的制度进行重构既是可能的也是可欲的信念。据此我们可以说,上述第一种自由主义表现出了对传统的尊重,因为它明确承认所有的知识和所有的文明都是以传统为依凭的,而第二种类型的“自由主义”则蔑视传统,因为它认为一种独立存在的理性,有能力设计出文明(就此而言,读者可以参见伏尔泰的观点,“如果你想要好的法律,那么就烧掉你已有的法律,并去制定新的法律”)。此外,第一种类型的自由主义基本上也是一种极为低调的原则,因为它在扩展理性有限力量的方面所依赖的唯一手段便是抽象。而第二种类型的自由主义则拒绝承认理性具有任何这样的限度,并且宣称理性本身就足以证明特定且具体的安排是可欲的。

(值得我们注意的是,这两种自由主义的上述差异还导致了这样一个结果:第一种类型的自由主义与宗教信仰至少不是不相容合的,因为我们知道,这种自由主义长期以来常常为那些持有坚定宗教信仰的人所信奉,并且还在他们的努力下得到了发展;然而,第二种类型的自由主义却始终与所有的宗教教派处于对立的状态之中,而且在政治上也一直与有组织的宗教团体处于不断的冲突之中)

5. 需要指出的是,自此段文字以降,本文将只对第一种类型的自由主义进行讨论。这种自由主义本身并不是一种理论建构的产物,而是产生于人们力图扩展和推广他们在限制政府权力过程中派生出来的种种未意图的有益结果的那种欲求——当然,人们之所以限制政府权力,完全是因为他们对统治者的不信任所致。的确,英国人在18世纪所享有的较大的人身自由,使英国在当时产生了前所未有的物质繁荣。但是,值得我们注意的是,只是当人们发现了这个事实以后,人们才开始去努力发展一种系统化的自由主义理论。当然,这方面的努力在英国从来就没有得到过充分的展开,但是欧陆论者所做的种种解释却在很大程度上改变了英国传统的含义。

6. 据此我们可以说,自由主义乃源出于下述两种因素:第一,人们对社会事务中的自我生成秩序或自生自发秩序(a self-generating or spontaneous order)的发现[需要指出的是,这项发现还使人们认识到,这里存在着一种供理论社会科学(theoretical social sciences)研究的对象*];这种自我生成的或

---

* 正如我在为《自由秩序原理》一书所写的"代译序"中所指出的:"哈耶克的社会秩序分类学对于他的社会理论的建构还具有更为重要的意义,这是因为哈耶克的这一分类学为他的社会理论研究对象的建构确立了基础和限度。在哈耶克的分类学中,组织这种社会秩序并不会提出社会理论的问题,从而也不会产生一个具体的社会理论,因为它们的存在和特定的作用能够从那些产生并领导它们的人的意图中得到解释。然而,哈耶克指出,自生自发秩序却与组织完全不同,(接下页注)

自生自发的秩序能够在很大程度上使所有社会成员的知识和技艺都得到利用，其程度甚至还远远超过了任何由中央指导所产生的秩序所可能达致的程度。第二，人们由此而产生的尽可能充分地利用这些强有力的自生自发性有序化力量的欲求。

7. 因此，正是在亚当·斯密及其追随者努力阐明一种先已存在但却只是以一种不完善的形式而存在的秩序的诸项原则的过程中，他们为了证明普遍适用这些原则的可欲性而提出了自由主义的若干基本原则。在这种努力的过程中，他们当然能够把盎格鲁-撒克逊世界以外的人知之甚少但却为英国人所熟悉的普通法的正义观（common law conception of justice）、法治（the rule of law）理想和法律下的政府（government under the law）的理想作为先设的前提，但是这种做法却导致了这样一个结果，即他们的思想不仅在英语国家以外很难得到充分的理解，而且当边沁（Bentham）及其追随者用一种建构论功利主义（a constructivist utilitarianism）来取代英国法律传统的时候，他们的观点甚至在英国也都无法得到充分的理解了。值得我们注意的是，

（接上页注）它们的出现和进化所具有的非计划性质或非意图性，必定会引发真正需要解释的问题，或者必定会引起研究者的好奇心并使之成为确立'一种独特的理论体系'的理由（参见《法律、立法与自由》第一卷“规则与秩序”，第19～20页），因此只有在解释自生自发秩序的过程中才需要有相应的社会理论的建构。当然，这些自生自发秩序'并不会把它们自己强施于我们的感觉，而必须通过我们的智力去探寻它们。我们无力看到……这个有意义行动的秩序，而只能够通过头脑去探寻各种存在于要素间的关系的方式来重构它们'（同上，第57页），而这样一种'重构'就是社会理论的任务。'社会理论始于——并且只具有一种对象，乃是因为——这样一种发现，即存在着一种有序结构，但它们是许多人行动的产物，而不是人之设计的结果'（同上，第56页）。换言之，社会理论就是对自发社会秩序的系统研究。”参见《邓正来自选集》，邓正来著，广西师范大学出版社2000年版，第190页。——邓正来按

边沁及其追随者所主张的那种建构论功利主义更多地源出于欧洲大陆的唯理而非英国传统的进化观*。

8. 自由主义的核心要义主张:第一,只要人们通过实施普遍的正当行为规则来保护一种可辨识的个人私域,那么一种要比任何刻意安排所能产生的秩序更为复杂的人之活动的自生自发秩序就会得到自我型构;因此,第二,政府的强制性活动应当只限于实施普遍的正当行为规则,即使当政府通过运用由它专门掌控的那些特定资源向人们提供其他服务的时候,亦无例外。

9. 我个人以为,**自生自发秩序**乃是以那些允许个人自由地运用他们自己的知识去实现自己的目的的抽象规则为基础的,而**组织或安排**(organization or arrangement)则是以命令为基础的。对这两种秩序进行明确的界分,对于我们理解自由社会诸原则来说有着特别重要的意义。因此,我们有必要在下

* 关于边沁及其追随者所主张的那种“建构论功利主义”(a constructivist utilitarianism),实际上就是笛卡尔传统中的那些论者所阐发的那种“特定论的功利主义”(a particularist utilitarianism)。其间的代表人物除了边沁以外,主要还有爱尔维修(Helvetius)、贝卡利亚(Beccaria)、奥斯汀(Austin)和莫尔(C. E. Moore)等人。那种特定论的功利主义与“一般论的功利主义”(this generic utilitarianism)截然不同:“一般论的功利主义”所探究的乃是隐含于那些经由前后相继无数代人演化而成的抽象规则之中的功效;而从“特定论的功利主义”的最终结果来看,它无异于这样一种要求,即人们应当在充分意识到一项行动所具有的所有可预见的结果的情况下对它进行判断——归根结底,这种观点趋向于否弃所有的抽象规则并致使人们产生这样一种主张,即人类能够在完全知道所有相关事实的情况下通过事无巨细地安排所有的部分而实现一种可欲的社会秩序。由此可见,“一般论的功利主义”以承认理性之限度为基础并且期望从严格遵循抽象规则中获致理性的充分效用,而建构主义者所主张的“特定论的功利主义”则是以这样一种信念为基础的,即理性能够直接操控一个复杂社会的所有细节。有关这两种不同的功利主义的讨论,在哈耶克的文献中,最为详尽的阐述请参见本丛书第二辑所收录的哈耶克于1964年发表的《理性主义的种类》一文第四节。——邓正来按

述几段文字中对这个问题做进一步的详尽解释*。特别需要指出的是,尽管一个自由社会的自生自发秩序中亦包含有许多组织(甚至包括最大的组织

---

* 哈耶克对自生自发秩序与组织或安排这两种秩序的界分,“对于我们理解自由社会诸原则来说有着特别重要的意义”。我曾经在一篇研究哈耶克社会理论的论文中将他的这一努力称之为“哈耶克的社会秩序分类学”。哈耶克的社会秩序分类学之所以重要,在我看来,至少可以认为有下述两个原因:第一,它彻底否弃了人们普遍持有的一种信念或“自负”,亦即哈耶克所谓的那种人的“思想上的拟人化习惯”(anthropomorphic habits)。一如我们所知,正是这种习惯使人们在心理层面倾向于把所有的社会秩序都视作是人为了实现某种具体的集体目的而经由审慎思考设计并创造出来的东西。哈耶克指出,依照这种方式而把所有的社会秩序都视作是人造之物,即以命令与服从这种等级关系为基础的“组织”,显然是一个大谬误;第二,哈耶克的社会秩序分类学对于他的社会理论研究对象的建构确立了基础和限度。在哈耶克的分类学中,组织这种社会秩序并不会提出社会理论的问题,因为它们的存在和特定的作用能够从那些产生并领导它们的人的意图中得到解释。然而,哈耶克指出,自生自发秩序却与组织完全不同,它们的出现和进化所具有的非计划性质或非意图性,必定会引发真正需要解释的问题,或者必定会引起研究者的好奇心并使之成为确立“一种独特的理论体系”的理由,因此只有在解释自生自发秩序的过程中才需要有相应的社会理论的建构。更具体地说,由于自生自发秩序并不能独立于参与其间的个人行为的常规性或以此为基础的一般性规则而存在,所以哈耶克认为,社会理论的任务乃在于揭示那些只要得到遵循便会导向自生自发秩序的规则及其赖以为基础的常规性,而这也是哈耶克把社会理论界定为关于一般性规则的知识的道理之所在。当然,从社会理论的发展脉络来看,哈耶克的这一努力在某种意义上构成了社会理论研究对象从“行动”向“规则”的转换。毋庸置疑,哈耶克对这种社会理论的建构,所承继的乃是由孟德维尔始创并进一步由18世纪苏格兰思想家休谟、斯密、亚当·福格森及19世纪的卡尔·门格尔所阐释的著名的社会思想传统,它不仅与笛卡尔关于独立而先在的人之理性发明了这些秩序和制度的观点完全背道而驰,而且也与那种所谓的“社会契约”观相左。哈耶克的这种社会理论明确表明,一种显见明确的秩序并非人的智慧预先设计的产物,也并非出自于一种更高级的、超自然的智能的设计,而是适应性进化的结果。用哈耶克的社会理论来表达,这种结果就是自生自发的秩序和规则的文化进化。参见《邓正来自选集》,邓正来著,广西师范大学出版社2000年版,第179~236页。——邓正来按

即政府),但是这两种秩序原则却无论如何不能按照我们所希望的那种方式被混淆。

10. 自生自发秩序的第一个特征在于:通过运用自生自发秩序的有序化力量(亦即这种秩序中的成员的行为的常规模式),我们有可能达致一种由极为复杂的事实构成的秩序,而它的这种复杂程度则是我们通过刻意安排所无力企及的。但是需要指出的是,在我们利用这种可能性来促成一种我们以其他方式无力达致的更为宽泛的秩序的同时,我们实际上也限制了我们自己支配或控制这种秩序之具体情势的能力。据此我们可以说,当我们采用自生自发秩序的原则的时候,我们只能掌控这种秩序的抽象特性而无力支配这种秩序的具体细节*。

11. 与此同样重要的一个事实是:与组织相比较,自生自发秩序既没有目的,也没有必要为了使人们就这种秩序的可欲性达成共识而要求人们对它所导致的具体结果也达成共识。这是因为自生自发秩序独立于任何特定的目的,因此这种秩序能够被人们用来追求而且也将有助于人们追求众多不尽相同甚或彼此冲突的个人目的。据此,我们可以特别指出的是,市场秩序并不是以共同目的而是以互惠互利(reciprocity)为基础的,也就是建立在对不同的目的进行协调进而使市场秩序的参与者得以互惠互利这个基础之上的。

12. 因此,自由社会中的共同利益概念或公共利益概念(the conception of the common welfare or of the public good)绝不可以被定义为应予实现的已知

---

* 关于哈耶克所强调的我们只能掌控自生自发秩序的抽象特性而无力支配这种秩序的具体细节的论辩,其知识论基础便是他反复强调的“理性不及论”或“理性有限论”。有关这方面的论证,可以参见本丛书第二辑所收录的哈耶克长达8年的研究成果:《解释的程度》和《复杂现象理论》。——邓正来按

特定结果的总和,而只能够被定义为一种抽象的秩序(an abstract order)。值得我们注意的是,这种抽象秩序作为一个整体,并不旨在实现任何特定且具体的目的,而只是为不确定的任何社会成员成功地运用他自己的知识去实现自己的目的提供最好的机会。如果我们采用迈克尔·奥克萧特(Michael Oakeshott)教授的术语,那么我们就可以把这样的自由社会称之为nomocratic(法律统治的秩序),并与一个不自由的telocratic(目的统治的)社会秩序相区别。

13. 自生自发秩序或法律统治的秩序之所以特别重要,实是因为这样一个事实所致:第一,它扩展了人们和平共处的可能性,亦即使他们互惠互利的范围远远超出了小群体的范围,而我们知道,在这种小群体中,其成员有着具体的共同目的或受制于一个共同的首领;因此,第二,它使得大社会或开放社会(Great or Open Society)的出现具有了可能性。这种自生自发秩序的范围渐渐超出了家族、族群、氏族、部落、公国乃至帝国或民族国家等组织的界限,而且还至少为人们建立一个世界社会(a world society)开创了一个开端。当然,这种秩序乃是以人们——并不是出于政治当局的要求而且还常常是在违背政治当局之欲求的情况下——采纳那些渐渐盛行的规则为基础的,而这些规则之所以渐渐得到了人们的普遍遵循,则是因为遵循它们的那些群体取得了更大的成功。此外,早在人们意识到这种自生自发秩序的存在或理解它的运行情况之前,这种秩序就已经存在并在范围上不断扩展了。

14. 这种以互惠互利为基础的自生自发市场秩序,通常都被称之为一种经济秩序。而且从“经济的”(economic)这个术语所具有的一般意义来看,大社会确实是由一般意义上的经济力量整合或凝聚而成的。但是,如果我们像人们把国民经济、社会经济和世界经济都称之为“经济”那样,也把自生自发秩序称之为一种经济的话,那将是极端误导的,而且还构成了人们误解这个问题的主要根源之一。我们至少可以这么说,这种认识实际上构成了大多数社会主义者力图把自生自发的市场秩序变成一种刻意运作的组织的主要渊源之一。当然,我们还应当牢记,社会主义者所主张的这种刻意运作的组织,乃是以服务于一种由共同目的构成的统一体制为旨归的。

15. 就严格意义上的"经济"而言,我们可以把一个家庭、一个农场、一家企业甚或政府财政管理都称之为一种"经济"(an economy)。事实上,一种经济乃是对一定数量的旨在实现某种单一目的序列的资源所做的一种刻意安排或组织。这种严格意义上的经济实是以一种统一且一致的决策体系为基础的。此外需要指出的是,在这种体系中,唯有一种有关不尽相同且彼此冲突的目的的相对重要性的观点可以被人们用来决定不同资源的用途问题。

16. 从许多这样的"经济"的互动过程中产生的自生自发市场秩序,乃是一种与上述严格意义上的经济极其不同的秩序。因此,我们必须把人们用同一个术语(即经济)来称谓这两种截然不同的秩序的做法视作是一种大不幸。我渐渐确信,由于这种做法常常会误导人们,所以我们极有必要为这种自生自发的市场秩序发明一个新的专门术语。我建议用一个与 catallactics 类似的术语来指称这种自生自发的市场秩序,而这个术语就是 a catallaxy (即偶合秩序)*。当然,我们之所以主张采用"偶合秩序"这个术语,实是因为长期以来,论者们一直在建议用 catallactics 这个术语来替代"经济学"

---

* 当然,哈耶克除了建议采用 catallaxy 以外,还用 endogenous order 来指称"自生自发秩序",而用 exoenous order 来意指"组织秩序"(参见哈耶克:《法律、立法与自由》第一卷"规则与秩序",邓正来等译,中国大百科全书出版社 1999 年版,第 52~55 页);此外,哈耶克在研究的过程当中还采用了 cosmos(内部秩序)和 taxis(外部秩序)、"内部规则"(nomos)和"外部规则"(thesis)等一系列专门术语。(接下页注)

(economics)这个术语(catallaxy 和 catallactics 这两个术语都源出于古希腊语 katallattein 这个动词,而极为重要的是,katallattein 这个动词不仅意指"易货交易"和"交换",而且还含有"被纳入共同体"和"化敌为友"的意思)。

17. 这种"偶合秩序"(the catallaxy)的关键要点在于:作为一种自生自发的秩序,它的有序性并不是以某种单一目的序列为基础的,因此,从整体上来看,它无法保证较为重要的目的就一定会先于较不重要的目的而得到关注和实现。这就是这种偶合秩序的反对者对它进行谴责的主要原因。据此我们可以说,大多数社会主义者的要求无异于这样一种主张,即应当把偶合秩序转变成一种严格意义上的经济(亦就是把一种目的不涉的自生自发秩序转变成一种目的依赖的组织),进而确保较为重要的目的永远不会因为较为次要的目的而被牺牲掉。因此,捍卫自由社会的论辩就必须证明,正是由于我们在事实上既不强制实施某种统一的具体目的序列的标准,也不试图确使某种有关不同目的之相对重要性的特定观点能够支配整个社会,所以这样一种自由社会中的成员才会有好机会(就像他们事实上所拥有的好机会那样)去成功地运用他们个人的知识以实现他们个人的目的。

18. 因此,和平秩序之所以能够扩展到目的依赖的小型组织以外,实是

(接上页注)当然,这种做法的目的乃是为了使所用的术语更加精确。但是需要强调指出的是,哈耶克在 1979 年出版的《法律、立法与自由》第三卷"自由社会的政治秩序"的序言中却放弃了这种做法。正如他本人所承认的那样,"或许我还应当向读者致以歉意,因为我在讨论的过程中没有足够的勇气持之一贯地使用我在先前所建议采用的其他一些新词,例如'cosmos''taxis''nomos''thesis''catallaxy''demarchy'等词。当然,我们因此而可能在阐释的过程中丧失掉某种精确性,但是,这种精确性的丢失却极可能因我们所采用的一般性术语易于理解而得到补偿"。因此,请读者在阅读哈耶克文献的时候注意这方面的问题。——邓正来按

通过这些小型组织的成员把那些目的独立的(形式的)正当行为规则扩展适用于调整他们与其他人之间的关系而得以实现的——值得我们注意的是,这些其他人,除了与他们遵循同样的抽象规则以外,却并不追求与他们相同的具体目的或者并不持有与他们相同的价值。这些抽象规则并不会把实施那些始终以一种具体目的为前提的特定行动的责任强加给人们,而只会禁止任何人对其他人所享有的确受保护的领域进行侵犯(当然,这些规则能够使我们对这些领域做出明确的界分)。因此,自由主义与私有产权制度(the institution of private property)是不可分割的,而所谓"私有产权制度",就是我们通常用来指称这种确受保护的个人领域之物质部分的名称。

19. 显而易见,自由主义不仅预设了对正当行为规则的实施,而且还认为,只要适当的正当行为规则得到了人们的实际遵守,那么一种可欲的自生自发秩序便能够自我形成。值得我们注意的是,只要自由主义持有上述预设和预期,那么自由主义就肯定会要求对政府的强制性权力施以严格的限制,使它只能够把它的强制性权力用来实施这类正当行为规则。毋庸置疑,在这些正当的行为规则当中,至少包括有一种规定了肯定性义务(a positive duty)的规则,而这就是要求公民根据统一的原则交纳税款的规则:一是为政府实施这些正当行为规则提供费用;二是为政府践履非强制性的服务职能提供费用。据此我们可以说,自由主义与人们对古典意义上的法治(the rule of law)的诉求并无二致,因为根据这种法治,政府的强制性职能应当只限于实施统一的法律规则,亦即用于调整涉及他人的行为的正当行为规则[需要指出的是,"法治"在这里相当于德语中所谓的"实质性法治国"(materieller Rechtsstaat),而与纯粹的"形式性法治国"(formelle Rechtsstaat)相区别,这是因为"形式性法治国"仅仅要求政府的每项行为都得到立法的授权,而不论这项立法是否是由一般性的正当行为规则构成的*]。

20. 自由主义承认,自生自发的市场力量出于种种原因不会提供或不会充分提供某些特定的服务,因此把一些明确规定的资源交由政府自由掌控或使用,乃是相当可欲的,因为政府凭靠着这些资源可以向广大的公民提供这类服务。正是立基于这种情势,我们必须对政府的强制性权力与政府的服务性职能做出明确的界分:就前者而言,政府的行动必须被严格限于实施正当行为规则,而且在实施正当行为规则的过程中,政府不得享有任何自由裁量权;而从后者来看,政府只能够使用那些交由它掌管并专门为了资助这

---

* 德语 Rechtsstaat,在汉语世界一般被译作"法律国"或"法律国家"。但是在哈耶克的理论中,此术语所指之意涵须加以明辨:(1)德国人的此一术语与法国人在大革命后形成的"行政司法"概念不同,尽管它们都意在解决同样的问题;(2)德国人依此一术语而形成的"分立的行政法院",一开始就是作为独立的司法机构而加以建立的,而且其目的也在于捍卫和保障传统上的法治理想。因此,本丛书的译文采用"法治国",一如哈耶克所言,"德语对'法治'(rule of law)术语的翻译:Herrschaft des gesetzes,事实上常被用来替代 Rechtsstaat 这一术语"。这里需要强调指出的是,一些论者将 Rechtsstaat 译作"法律国家",实乃是对此一术语望文生义的翻译,可以说是对法治观的误读所致,而且也产生了很严重的误导。这是因为在德国,只是到了19世纪末或20世纪初,Rechtsstaat 这一术语才经由法律实证主义的发展而被赋予了一种新的意义,这就是哈耶克所说的抽离了该术语实质内容以后的形式意义的 Rechsstaat,亦即指所有的国家行为,只要是立法机构的授权,即属合法。因此,只有这种实证观下的 Rechtsstaat,才能被译作"法律国家",然而这种"法律国家"观所可能导向的乃是全权性国家或法西斯政权,而绝不是什么对政府权力进行限制和对多数权力施以控制的法治国家。因此,从这个观念的演化来看,只有在此前的强调对个人自由予以保障并对行政机构的权力进行限制的具有实质意义的 Rechtsstaat,才能被译作"法治国"。更为重要的是,亦只有这种被译作"法治国"的观念,才能被列入法治发展历史中加以正面的肯定。这就是哈耶克为什么对法治国与法律实证主义时期的形式的 Rechtsstaat 加以区别并把前者称为原初意义上的法治国的道理之所在。(参见哈耶克:《自由秩序原理》第十六章第三节中的文字)——邓正来按

些服务的资源。值得我们注意的是,尽管政府不得运用强制性权力去垄断这些服务,但是它在运用这些资源的时候却可以享有广泛的自由裁量权。

21. 就此而言,我们需要强调指出以下三个要点:第一,这样一种自由秩序的观念只是在古希腊、罗马乃至现代英国这样的国家中产生,这是因为在这些国家中,“正义”(justice)被认为是某种有待法官或学者去发现的东西,而不是某种由任何权力机构的专断意志所决定的东西;第二,这种自由秩序的观念一直很难在另外一些国家中扎根,这是因为在这些国家中,法律主要被认为是刻意立法(deliberate legislation)的产物;第三,在法律实证主义(legal positivism)和民主理论的综合影响下,这种自由秩序观念在世界各国都发生了式微的现象,其原因就在于无论是法律实证主义还是民主理论都把立法者的意志视作是评断正义的唯一标准。

22. 的确,自由主义既继承了普通法的理论也接受了早期的(前唯理主义的)自然法理论(pre-rationalist theories of the law of nature)。此外,自由主义还是以这样一种正义观念为前提的,亦即那种可以使我们对这类正当的个人行为规则与权力机构发布的所有的特定命令做出明确界分的正义观念:前者是那些隐含在“法治”观念中的规则,同时也是自生自发秩序的型构所要求的规则;而后者则是权力机构为了组织的目的而发布的特别命令。这一基本界分曾经在现代最伟大的两位哲学家的法律理论中得到了极为明确的阐释,而这两位最伟大的哲学家就是大卫·休谟(David Hume)和伊曼纽尔·康德(Immanuel Kant)。但是自此以后,他们的观点却一直没有得到适当的重述,而且也与当下占支配地位的各种法律理论截然不同。

23. 这种正义观念的关键要点有如下述:(1)如果正义要具有意义,那么它就不能被用来指称任何不是由人们刻意造成的或根本就无力刻意造成的事态,而只能被用来指称人的行动;(2)正义规则从本质上具有禁令的性质,换言之,不正义(injustice)乃是真正的基本概念,因而正当行为规则的目的也就在于防阻不正义的行动;(3)应予防阻的不正义行动乃是指对任何其他人确受保护的领域(亦即应当通过正当行为规则加以确定的个人领域)的侵犯;(4)这些正当行为规则本身就是否定性的(negative),因此它们只能够通过持之一贯地把那项同属否定性的普遍适用的检测标准(negative test of universal applicability)适用于一个社会所继受的任何这类规则而得到发展——需要指出的是,这种检测标准,归根结底,仅仅是检测各种行动(亦即这些行为规则在被适用于现实世界的时候所允许的各种行动)之间是否彼此一致(self-consistency)的标准。由于这四个关键要点特别重要,所以我们将在以下的文字段落中对它们做出进一步的阐释。

24. 在这个段落中,我们将首先对上述第一个要点进行阐释。正当行为规则要求个人在进行决策的时候只对那些他本人所能够预见到的行动后果加以考虑。然而,对于特定的人来说,偶合秩序的具体结果基本上是无法预知的;再者,由于这些具体结果并不是任何人设计或意图的结果,所以把市场将这个世界上的美好东西在特定的人当中进行分配的方式称之为正义的或不正义的方式便是毫无意义可言的。然而,这却是所谓"社会的"正义或"分配的"正义("social"or"distributive"justice)所要干的事情。但是一如我们所知,正是在这种社会正义或分配正义的名义下,自由的法律秩序渐渐被摧毁了。在下文中,我们还将看到,所谓能够据以评估"社会正义"这类规则的检测标准,从来就不曾存在过,甚或也是不可能存在的,所以与正当行为规则构成鲜明对照的是,"社会正义"这类规则不得不交由掌权者的专断意志去决定。

25. 在这段文字中,我们拟对前述第二个关键要点进行讨论。如果不考虑人之特定行动所旨在达到的具体目的,那么任何这类特定行动就都是无法完全确定的。因此,那些被允许运用他们自己的手段和他们自己的知识去实现他们各自目的的自由人,就绝不能受那些告知他们必须做什么事情的规则的约束,而只能受那些告知他们不得做什么事情的规则的约束。除了个人自愿承担的义务以外,正当行为规则只能够界分或确定它们所允许的行动的范围,而不得决定一个人在某个特定时刻所必须采取的特定行动(就这个问题而言,肯定会存在某些例外,不过这些例外是极其罕见的,比如说,拯救或保护生命的行动、防止重大灾难发生的行动,等等。在这些例外情形中,正义规则事实上会要求人们采取某种肯定性的行动,或者说,如果这些正义规则要求人们采取某种肯定性的行动的话,那么它们至少也会被人们普遍认为是正义的规则。颇为遗憾的是,囿于本文的篇幅,我们不可能在这里对这类规则在整个正当行为规则系统中的地位做深入的讨论)。正当行为规则普遍具有的否定特性,以及与此相应的必须予以禁止的不正义现象的优位性(the primacy of injustice)问题,尽管常常为论者们所关注,但是却鲜有论者按照逻辑论辩的方式对这个问题做认真的思考。

26. 有关上述第三个要点,我们必须在这里指出:正当行为规则所禁止的不正义乃是指对其他个人确受保护的领域所施以的任何侵犯,因此,这就要求这些正当行为规则能够帮助我们确定何者是其他人确受保护的领域。自约翰·洛克(John Locke)时代以来,人们就一直习惯于把这个确受保护的领域称为财产权的领域(洛克本人把财产权界定为"人的生命、自由和所有权")。然而需要指出的是,就我们所说的确受保护的领域而言,财产权这个术语所指涉的乃是一种太过狭义的观念,而且也只是一种纯粹物理性的观念。实际上,这个领域不仅包含有物质性产品,而且还包括对其他人所提出的各种各样的要求和某些特定的预期。当然,如果上文所述的财产权概念能够按照洛克的思想脉络而从广义上加以解释,那么法律,亦即正义规则意义上的法律,就确实与财产权制度是不可分割的。

27. 最后,我们将对上述第四个要点进行阐释。除了把某项特定的正当行为规则置于整个正当行为规则系统的框架中加以审视或评断,否则我们就不可能对该项特定的正当行为规则是否正义的问题做出判定。这意味着,我们必须为了这个目的而把该规则系统中的大多数规则视作是不容置疑的或给定的,这是因为价值始终只能够根据其他的价值加以检测。检测一项规则是否正义的标准,(自康德以来)通常都被描述为该项规则是否具有"普遍性"(universalizability)的标准,亦即这样一种欲求的可能性:有关规则应当被适用于所有同"绝对命令"(the"categorical imperative")所陈述的条件相符合的情势。这意味着,在把某项正当行为规则适用于任何具体情势的时候,该项规则不得与任何其他被人们所接受的规则相冲突。因此,这种标准归根结底是一种评断某项规则是否与整个规则系统相容合或不矛盾的标准。当然,这项标准不仅意指某项规则与其他大多数规则之间不会发生逻辑意义上的冲突,而且还意味着这些规则所允许的行动之间不会发生冲突。

28. 值得我们注意的是,长期以来,之所以只有目的独立的(即"形式的")规则才通过了这一检测,实是因为这样一个历史事实所致:由于那些最初在目的相关的小群体("组织")中发展起来的规则逐渐被扩展到越来越大的群体直至最后被普遍适用于一个开放社会的所有成员之间的关系(而我们知道,这些开放社会的成员并不拥有共同的具体目的并且只服从相同的抽象规则),所以那些正当行为规则在这一不断的扩展过程中就不得不逐渐消除所有对特定目的的指涉。

29. 一如我们所知,在部落组织中,所有的成员都服务于共同的目的。而在开放社会的自生自发秩序中,人们却被允许以和平的方式追求他们自己的目的。因此我们可以说,从部落组织向开放社会的自生自发秩序的发展,可能始于这样一种情形,即一个原始人首次将一些商品放在他部落的边界以期其他部落的某个成员能够发现这些商品并留下其他商品作为回报以便确保获得不断的供货。从第一次确立这样一种有助于达致互惠互利目的而非共同目的的惯例起,这个过程又经历了千年岁月的发展,并在这个过程中使得行为规则逐渐脱离了对有关人士的特定目的的指涉。换言之,这个过程不仅使得人们把这些规则扩大适用于范围越来越大的群体有了可能,而且最终还会为一种普遍的世界和平秩序的形成开放出某种可能性。

30. 那些普遍的正当个人行为规则的特征,亦即自由主义所预设并希望尽可能不断完善的那种特性,长期以来,一直因为人们将正当行为规则与决定政府组织并指导政府管理资源活动的那部分法律相混淆而被遮蔽了。个人只能被强制去遵循私法和刑法的规则,恰恰是自由社会的一个特征之所在。在过去80年或100年的岁月中,公法向私法的逐渐渗透(这意味着组织规则对行为规则的逐渐替代),实际上构成了自由秩序蒙遭摧毁的主要方式之一。一位德国学者(Franz Bohm)正是立基于这个理由,才在晚近的一部论著中把自由秩序极为确当地称之为一种“私法社会”(Privatrecbtsgesellschaft)。

31. 只要我们对下述问题进行考虑,那么私法和刑法的行为规则所旨在实现的那种秩序与公法的组织规则所旨在建构的那种秩序之间的区别便会得到最为明确的凸显。这个问题就是:只有当行为规则与行动者个人所拥有的特定知识和目的结合起来的时候,这些行为规则才能够决定一种行动秩序,然而公法的组织规则却根据特定目的直接决定这类具体的行动,或者更为准确地说,这些公法的组织规则实际上是给予某个机构以权力去直接决定这类具体行动的。行为规则与组织规则之间的这种混淆还受到了另外一种错误观点的推波助澜,亦即人们把通常称之为“法律秩序”的秩序与行动秩序等而视之的那种错误观点。然而正如我们所知,在一个自由的体系中,行动秩序并不是完全由法律系统决定的,而只是预设了这样一种法律系统是这种行动秩序得以形成所必需的诸项条件之一。然而值得我们注意的是,并不是每一种确保行动统一性的行为规则系统(这便是人们常常解释“法律秩序”的一种方式)都能够确保实现这样一种行动秩序,亦即行为规则所允许的行动之间不会发生冲突那种意义上的行动秩序。

32. 用一种源自于公法的观念逐渐取代私法和刑法的行为规则的过程,实是一些人据以把仍然存在的自由社会逐步转变成全权性社会的一种过程*。阿道夫·希特勒的“第三帝国法学家”(“crown jurist”)卡尔·斯密特(Carl Schmitt)不仅最为明确地洞见到了这种发展趋势,而且还给予了这种

---

* 我们不仅要认识到“公法对私法的逐渐渗透和取代”这个事实,而且还应当努力把握造成这个事实的原因。关于这方面的原因,哈耶克此后在另一篇论文中做出了阐释:“最能揭示我们这个时代的支配地位的趋势……即公法对私法的逐渐渗透和取代。它乃是一个多世纪以来两个占支配地位的因素所导致的结果:一方面,‘社会’正义或‘分配’正义观念日益替代正当的个人行为规则,而另一方面,日益把规定‘内部规则’(即正当行为规则)的权力置于受政府之命的机构之手中。在很大程度上讲,正是把这两种根本不同的任务归于同一个‘立法’机构之中,几乎完全摧毁了作为一种普遍行为规则的法律与作为指导政府在特定情势之中如何行事的命令的法律之间的区别。”参见本丛书第一辑所收录的哈耶克于1967年撰写的《政治思想中的语言混淆》一文。——邓正来按

趋势以支持,因为他始终如一地主张用一种视“具体秩序之型构”(konkretes Qrdnung-sdenken)为其目的的法律观念来替代那种“规范的”自由主义法律思想。

33. 从历史上来看,上述发展趋势之所以成为可能,乃是因为这样一个事实所致,即同样的代议机构被赋予了制定个人行为规则和制定规则并发布有关政府组织及政府运行的命令这两种截然不同的任务。这种情势导致了这样一个结果,即“法律”这个术语渐渐被人们用来指称由宪法任命的立法机构所通过的任何组织规则甚或任何特定的命令,然而在早期的“法治”观念中,“法律”这个术语却仅仅意指平等适用于所有人的行为规则。这样一种仅仅要求一项命令必须以合法的方式予以颁布而并不要求一项规则必须是一种平等适用于所有人的正义规则的“法治”观念(德国人称其为纯粹的“形式法治国”),当然不可能再为个人自由提供任何保护。

34. 如果说上述发展趋势乃是因为那些盛行于所有西方民主社会中的宪法性安排的性质而成为可能的话,那么把它引向此一特定方向的那种驱动力便是这样一种不断强化的认识:第一,把同样的或平等的规则适用于那些在事实上存在着许多重大差别的个人的行为,不可避免地会对不同的个人产生极为不同的结果;第二,为了通过政府行动来减少不同的人在实质地位方面所存在的上述非意图的但却不可避免的差异,人们就必须按照不同的规则而非相同的规则去对待不同的人。显而易见,这种主张产生了一种新的和截然不同的正义观念,亦即人们通常所说的“社会”正义或“分配”正义观念。这种正义观念不仅意在为个人确立行为的规则,而且还旨在为特定的群体谋取特定的结果。因此我们可以说,这样一种正义观念只能在一种受目的支配的组织当中得到实现,而无法在一种目的独立的自生自发秩序中获得立足之地。

35. 当然,一种"正义价格"的概念、一种"正义报酬"的概念或者一种"正义收入分配"的概念,都是非常古老的概念。然而值得我们注意的是,在哲学家努力思考这些概念之含义的大约两千年的岁月中,他们根本就没有发现任何一项能够有助于我们确定他们所谓的"正义"在市场秩序中所具有的意义的规则。的确,一些坚持不懈追问这个问题的学者,亦即中世纪晚期和现代早期的那些经院哲学家,最后不得不把正义的价格或正义的工资定义为那种在没有欺诈、暴力或特权的情形下在市场中自发形成的价格或工资——因此,这种定义不仅重新指向了正当行为规则,而且还主张把所有相关个人的正当行为所促成的任何情势都当做一种正义的结果接受下来。一如我们所见,他们对所有有关"社会"正义或"分配"正义的思考所做出的结论之所以必定是否定性的,实是因为一种正义的报酬或正义的分配只有在一个组织中才具有意义——在这种组织中,组织成员只是按照那种服务于一种共同的目的系统(a common system of ends)的命令来行事的。但是在一个不可能拥有这种共同目的系统的偶合秩序或自生自发秩序中,这种所谓的正义报酬或正义分配却是毫无意义可言的。

36. 正如我们所知道的那样,作为一个纯粹的事实,一种事态(a state of affairs)本身不可能是正义的或不正义的。只有当一种事态是人们经由设计而促成或能够经由设计而促成的时候,我们把那些促成了这种事态或允许这种事态形成的人的行动称之为正义的行动或不正义的行动才是有意义的。然而,在偶合秩序亦即自生自发的市场中,任何人都无力预见到每个参与其间的人会得到什么,而且特定的人所取得的结果也不是由任何人的意图所决定的。此外,任何人也不对取得特定东西的特定的人负有责任。因此,我们可以追问这样一个问题,即人们经由刻意的选择而把市场秩序当做一种指导经济活动的方法(与此同时,谁将在这种市场秩序中获益的问题也只是一个不可预测的并在很大程度上是由机遇决定的问题)是否是一个正义的决策,但是我们却肯定无法追问这样一个问题,即一旦我们已经决定用偶合秩序来达到那个目的,那么它对特定的人所产生的特定结果是正义的还是不正义的。

37. 然而值得我们注意的是,人们之所以动不动就把正义的概念套用于收入的分配,完全是因为他们用那种错误的拟人化方式(an erroneous anthropomorphic)把社会解释成了组织而非自生自发秩序所致。在这个意义上讲,“分配”这个术语基本上同“经济”术语一样,有着极大的误导作用,因为“分配”这个术语也意味着把事实上是自生自发有序化力量的结果当做是刻意行动的结果。在市场秩序中,实际上根本就没有人对收入进行分配(但是在组织中却有人对收入进行分配),因此针对市场秩序的情形,谈论正义的分配或不正义的分配,无异于一派胡言。实际上,如果人们对市场秩序的情形只讲收入“分散”(a dispersion of incomes)而不说收入“分配”,那么误导就要少得多。

38. 因此,所有力图确保一种“正义”分配的努力都必定会趋向于把自生自发的市场秩序变成一个组织,或者说,都必定会趋向于把它变成一种全权性秩序(a totalitarian order)。正是在对这样一种新的正义观念进行追求的过程中,政府确立了各种各样的措施,而我们知道,正是通过这些措施,那些旨在使人们追求特定结果的组织规则(亦即“公法”)渐渐地取代了目的独立的正当个人行为规则(purpose-independent roles of just individual conduct),进而还一步一步地摧毁了一个自生自发秩序所必须依凭的基础。

39. 然而,用政府的强制性权力去实现“肯定性的”(即社会的或分配的)正义(positive justice)这种理想,肯定会摧毁个人自由,尽管有些人会认为这种代价并不算太高。此外,根据考察,我们还能够证明这种理想实是一种在任何情势中都无法实现的幻想或妄想。这是因为它预设了人们对不同的具体目的的相对重要性达成了一致的认识,然而这种一致的认识在一个社会成员互不相识而且也无法知道相同的特定事实的大社会中却是根本不可能达成的。人们有时候会认为,大多数人在今天都欲求社会正义这个事实证明了这个理想有着明确的内容。但是颇为遗憾的是,实现一种幻想根本就是不可能的,而且竭力实现一种幻想的努力只能始终导致这样一种结果:一个人努力奋斗的结果将与他在此前意图的东西截然不同。

40. 除非我们对不同个人的相对“品行”或相对“需求”确立某种统一的观念,否则我们就不可能发现一项可供我们用以确定每个人“应当”获得多少东西的规则。因为我们知道,对于这种相对“品行”或相对“需求”来说,根本就不可能有一种客观的评价尺度,换言之,中央在分配所有商品和服务时所依凭的那种所谓的客观基础乃是根本不存在的。如果我们对不同个人的相对“品行”或相对“需求”强行确立一种统一的观念,那么这就必定会要求每个人都去践履其他人强加给他的职责而不得运用他自己的知识去实现他自己的目的,而且也必定会要求每个人都根据他践履此项职责的好坏程度去领取报酬——至于他践履此项职责的好坏,则是由其他人的评判决定的。这种酬报方式只适合于一种封闭性的组织(比如说军队),但却是与维续一种自生自发秩序的力量不相容合的。

41. 我们应当坦率地承认,市场秩序确实不会使个人主观的品行或需求与他所获得的报酬达到基本相符的程度。市场秩序乃是按照一种竞赛原则加以运行并发生作用的，因此在这种由技艺和机遇复合而成的竞赛中，每个个人取得的结果既是由他的技艺或努力决定的，同样也是由他完全无力控制的各种情势所决定的。在这种情势中，每个人都是根据他为特定的人所提供的特定服务对于他们的价值来获取报酬的，因此，每个人提供的服务所具有的这种价值与我们可以确当地称之为他的品行这类东西之间是没有任何必然关系的，当然，每个人的服务所具有的这种价值与他的需求之间也就更没有任何必然关系可言了。

42. 需要特别强调指出的是，从严格的意义上讲，当有关的问题只是某些服务对某些特定的人的价值的时候，去谈论一种“对社会”的价值（a value to“society”）乃是毫无意义的，因为我们知道，某些人有可能对某些服务一点兴趣都没有。一名小提琴演奏家所服务的对象有可能与一名足球明星所娱乐的对象完全不同，与此同理，管乐器生产者与香水制造者所服务的对象也有可能完全不同。实际上，在一种自由的秩序中，“对社会的价值”的整个观念，就像那种把自由秩序描述成一种严格意义上的“经济”（其间有一个实体以正义的方式或不正义的方式“对待着”人们，或者在他们之间进行着“分配”）的观念一样，都是一种毫无道理的拟人化思维方式的产物。特定的人从市场过程中获得的结果，既不是任何人的意志（亦即决定这些特定的人应当拥有什么酬报的意志）的结果，甚或也不是任何按照这种自由秩序进行决策并主张维护这种秩序的人所能预见的。

43. 在人们抱怨市场秩序之结果不正义的各种观点中，有一种观点是抱怨他们从业已达致的地位上跌落了下来。这种观点不仅对实际生活中的政策产生了最大的影响，而且还一步一步地摧毁了平等的正当行为规则，甚至也导致了人们用一种旨在实现“社会正义”的“社会”法律（a“social”law）去替代那些正当行为规则。但是需要指出的是，这种抱怨并不是对报酬的不平等程度所做的抱怨，也不是对报酬与那些可辨识的品行、需求、努力以及由此引发的痛苦或者社会哲学家所特别强调的任何其他表现不相称所发的抱怨，因此那些抱怨自己从业已达致的地位上跌落下来的人便要求得到保护并且免受这种在他们看来属于不正当的地位变化。确实，力图保护某些群体进而使他们避免从以前的地位上跌落下来的努力，可以说对市场秩序造成了最为严重的破坏影响。此外，当人们以“社会正义”的名义要求政府进行干预的时候，这种主张在当下多半意味着是在要求政府对某个群体既有的相对地位施以保护。因此，“社会正义”的诉求也就变成了对既得利益群体进行保护的诉求以及创生新的特权的诉求，比如说，正是借着社会正义之名，农民获得了与产业工人“平价”的地位。

44. 我们在这里需要强调的重要事实有如下述：第一，一些人在过去之所以能够获得他们在今天要求以这种方式加以保护的地位，实是因某些力量所致，然而在今天，也正是这些力量要求降低这些人的相对地位；第二，他们现在要求加以保护的那种地位，与他们所面对的那种降低了的地位，都不是理所当然的；第三，他们此前的地位，在情势发生变化的过程中，只有通过拒绝把相同的发展机会给予其他的人才能够得到保护并为他们继续保有。实际上，他们之所以能够在过去获得此前的地位，也是因为他们拥有了这样的机会所致。在市场秩序中，一个群体业已获得某种相对地位的事实，并不能够使该群体成员获得一种正当权利以维护他们业已达致的地位，因为这种权利根本就不可能通过一项可以平等适用于人人的规则而得到捍卫。

45. 因此，一个自由社会的经济政策，就绝不能把确使特定的人获得特定的结果当做自己的日标，而且人们也不能够通过对这种特定结果的价值进行合计的方式来评价该项政策是否成功。就此而言,所谓“福利经济”的目标乃是根本错误的,这不仅是因为人们为了满足不同的人的需求而向这些人提供的服务,根本就是无从计算的(即使进行合计也是毫无意义的),而且也是因为这种“福利经济”赖以为凭的最大限度地满足需求(或者使社会产品最大化)这个基本理念,只适合于那种严格意义上的旨在实现某种单一目的序列的经济,但是却决不适合于那种并不具有共同具体目的的自生自发的偶合秩序。

46. 尽管人们普遍认为,那种有关最优经济政策的观念(或者任何有关一项经济政策是否比另一项经济政策更优的判断)预设了使实际的社会总收入最大化这样一种观念(而这只是在价值方面是可能的,因而其间也就隐含了一种以极不恰当的方式把效用比作不同的人的做法),但是事实并非如此。在偶合秩序中,一项最优政策会旨在(也应当旨在)增加任何社会成员获得高收入的机会,或者说,会旨在(也应当旨在)增加这样一种机会,即不论个人的收入在总收入中占据多少份额,这项份额的实际等价物都会与我们知道如何挣得的收入一样多。

47. 只要所需生产的每样产品正在由那些能够用低于任何其他人的成本(或者至少以与任何其他人一样低的成本)的人或组织进行生产——尽管这些其他人实际上并没有生产这种产品,而且只要这种产品是按照一种低于任何其他人可能提供的价格进行出售的——尽管这些其他人事实上并没有按照那种可能的价格出售这种产品,我们就可以在我们的能力范围内尽可能地趋近上述境况,而不论收入的分散程度如何(当然,这里还必须把这样一种情况考虑在内:对于上文所述的那些人或组织来说,生产一种产品或提供一种服务的成本比那些实际上生产这种产品或提供这种服务的人以及那些仍在生产某种其他产品的人所承担的成本要低,但是由于他们在其他产品的生产中有着更大的比较优势,所以他们并没有去生产这种产品或提供这种服务。在这种情势中,他们生产最初产品的总成本就必须把他们并没有生产的产品的损失考虑在内)。

48. 值得我们注意的是,这种最优状况并不是以经济理论所谓的"完全竞争"(perfect competition)作为前设条件的,而只是预设了这样一种情形,即人们进行任何一种贸易都不会有障碍,而且市场将在传播有关各种机会的信息方面发挥充分的作用。此外,我们还应当特别指出的是,这个低调且可望实现的目标之所以尚未得到彻底的实现,实是因为政府一直都在限制某些人进入某些职业,然而同时却允许一些人和组织在其他人从事某些职业对这些其他人有利的时候去阻止他们从事这些职业。

49. 这种最优状况意味着,事实上生产出来的产品组合和服务组合的丰富程度,乃是我们通过任何一种已知的方法所能够达致的程度。这是因为通过对市场机制的运用,我们能够使广大社会成员所拥有的分散知识(the dispersed knowledge)得到比较充分的运用,而且它得到运用的程度也远远超过了任何其他机制所能够达到的程度。但是值得我们注意的是,只有当我们把每个社会成员从总收入中获得的收入份额交由市场机制及其可能引发的偶然情势去决定的时候,我们才可能达致上述最优状况,因为只有让市场去决定收入问题,每个人才会被引导去做这种结果所要求的事情。

50. 显而易见,我们有机会使我们从社会总产品中获得的不可预测的份额达致它实际上所能够达致的产品和服务之总和的程度;换言之,我们之所以拥有这种机会,实是因为这样一个事实所致,即无数的其他人都持之一贯地遵从市场要求他们遵从的那些变化情势。与此同理,如果我们的收入和地位发生了相同的变化,那么我们也有义务去接受这种变化,即使这种变化意味着我们既有地位的降低,因为我们知道,这种变化乃是我们既无力预见也无法负责的那些情势所导致的结果。有一种观点认为,我们实际上是"挣得了"(亦即在道德上讲是应得的)我们在较为幸运的情形下所获得的收入,因此,只要我们像以前一样诚实地去努力,那么我们就有权利继续得到这份收入。然而,这种观点却是完全错误的。每个人,无论是富还是贫,所获得的收入实际上都是由技艺和机遇复合而成的竞赛所导致的结果;从另一个角度讲,这种复合性竞赛的总体结果以及我们从中获得的份额,无论多少,都是我们必须接受的一个事实,因为我们在此前已经同意进行这种竞赛。当然,只要我们同意进行这种竞赛而且还从它的结果中获益,那么我们就负有道德义务去接受这种竞赛所导致的结果,即使这些结果对我们不利。

51. 毋庸置疑的是,在现代社会中,那些有可能是最为不幸的人和那些在一种非现代的社会中原本可能享有一项法律特权的人,之所以能够获得一份远远超过他们在其他情形中有可能获得的收入,实是因为现代社会采纳了上文所述的那种方法所致。当然,一个因接受市场机制而像现代社会一样富有的社会是没有理由不**在市场以外**为所有在市场中只享有低于某一特定标准之收入的人提供一种最低生活之保障的。我们的观点仅仅意在指出,有关正义的考虑并不能够为人们"纠正"市场结果提供任何正当性理据,而且正义(亦即根据同样规则对待每个人那种意义上的正义)还提出了这样一项要求,即每个人都应当接受市场向他提供的东西,因为我们知道,所有参与者在市场中都是公平行事的。据此我们可以说,在市场社会中,只存在一种个人行为的正义(a justice of individual conduct),而绝不可能存在一种独立的"社会正义"。

52. 显而易见,政府也负有职责用它所掌控的资源为其公民提供服务。然而囿于种种原因,我们却不可能在这里对政府所承担的这类合法的任务展开详尽的讨论。就政府用它所掌控的资源来践履这类职责而言,我们在这里只想指出:第一,政府在实施这些职责的时候应当根据规则行事,而且它所遵循的规则应当与每个公民所遵循的规则相同;第二,政府对于任何一项这样的特定服务都不得享有垄断权;第三,政府在践履这些职责的时候应当按照这样一种方式行事,即它不得干扰人们所从事的远比政府实施的活动复杂的自生自发的社会活动;第四,政府应当根据一种统一适用于人人的规则去筹集它用以践履这些职责的财力(或手段)。(我个人认为,这在同时还否弃了政府对个人税收负担所施以的全面累进的措施,因为用这种税收方式来达到再分配的目的的做法只能够以我们在上文所否定的那些论辩为其正当性理据。)在以下的段落文字中,我们将只关注政府不仅可以通过筹集资金而且还可以通过运用权力去践履的一些职责,即强制实施私人行为规则的职责。

53. 在这样一篇概论性的文章中,我们只能够对政府所承担的这些强制性职责中的一部分进行详尽的讨论,而这个部分便是维护运行良好的市场秩序的职责。这些强制性职责首要关注的乃是这样一个问题,即为了确使竞争达到有效引导市场的程度,法律必须提供什么样的基本条件?不过,我们在这里将首先从企业的角度对这个问题做一番简要的考察,然后再从劳工的角度对这个问题做些许讨论。

54. 从企业的角度来看,我们首先需要阐明的一个要点是:政府不去支持垄断要比它去反对垄断更为重要。如果说市场秩序在今天只能够局限在人们所进行的经济活动方面,那么这在很大程度上是政府刻意限制竞争所导致的结果。如果政府不是持之一贯地通过保护性税则(protective tariffs)以及当下盛行的那种发明专利法和公司法去制造垄断和支持垄断,那么是否还会存在一种重要到足以要求政府通过特别措施加以限制或反对的垄断现象,就颇令人感到怀疑了。就这个问题而言,我们必须牢记以下几点:第一,垄断的情形始终是不可欲的,但是,出于种种我们无力改变或者并不希望改变的客观理由而又常常是无从避免的;第二,所有由政府监督的垄断(government-supervised monopolies)都趋向于变成一种受政府保护的垄断(government protected monopolies),而我们知道,这种受政府保护的垄断在它们赖以存在的正当理由消失了以后还会继续存在下去。

55. 当下盛行的支撑着反垄断政策的那些观念,在很大程度上是因为人们运用完全竞争理论提出的某些观念而得以产生的。但是我们知道,当完全竞争理论所做的事实性预设并不存在的时候,上述那些观念便是毫无立论根据的,因此也不能成为支撑上述反垄断政策的理据。完全竞争理论表明,如果市场上的购买者和销售者的人数大到足以使他们当中的任何一个人都不可能以一种刻意的方式去影响价格,那么如此大量的产品就会按照一种相当于边际成本的价格被出售。然而,这并不意味着,促成大量的人都去出售和购买同一种统一商品的事态在任何地方都是可能的而且也必定是可欲的。有一种观点认为,在我们无力促成或者不希望促成这样一种事态的情形中,生产者仍应当被认为是在完全竞争似乎存在的情况下行事的;然而,这种观点却是毫无意义可言的,因为我们并不知道在完全竞争存在的情况下需要采取什么样的特定行为或者需要确定什么样的价格。

56. 当完全竞争的条件并不存在的时候,我们又能够和应当去努力成就一种什么样的竞争呢?这显然是一个特别值得注意和极其重要的问题(亦即上文第46～49节中所描述的那些条件)。早在过去就有论者指出,只要政府或其他人不得阻止任何人进入他们所希望进入的行业或职业,那么人们就有可能趋近这种状态。

57. 然而,我个人认为:第一,所有限制交易的协议都毫无例外地被视作无效并且不得被强制执行(不是禁止而只是不得强制执行);第二,一如我们所知,一些针对某个事实上的或潜在的竞争者所采取的歧视性行动或其他刻意的行动,其目的乃在于迫使该竞争者遵循某些市场行为的规则。因此,所有这样的行动都负有赔偿各种损害的责任。只要我们做到了上述两点,那么我们就可能在很大的程度上趋近这种状态。在我看来,这样一个低调的目的,可以创生出一种远比惩罚性的事实性禁令更为有效的法律,这是因为按照这样的方式宣布所有限制交易的契约为无效或不得予以强制实施的做法,不需要规定任何例外情形;然而另一方面,正如经验所表明的那样,那些较为高调的努力却只有通过规定诸多例外的情形才能变得切实可行,而恰恰是对这些例外情形的规定,则必定会使这些努力的效力变得极为低下。

58. 上述原则主张:第一,所有限制交易的协议都应当被认为是无效的且不得予以强制实施的;第二,每个个人都应当受到保护并使他们免受任何试图通过暴力或刻意的歧视性措施来强制实施这些协议的努力的威胁。实际上,这项原则在劳工领域的适用,要比它在企业领域中的适用重要得多。从今天的情势来看,那些威胁到市场有效运行的垄断性措施在劳工方面要比在企业方面严重得多。据此我们可以说,对市场秩序的维护将在最大的程度上取决于我们是否能够成功地控制或遏制住劳工领域中的垄断现象。

59. 我们之所以这样认为,其原因乃在于劳工领域中的这种发展趋势注定会迫使政府(而且正在迫使许多国家的政府)采取下述两项会彻底摧毁市场秩序的措施:第一,力图用独裁的方式(亦即通过所谓的"收入政策")来决定各个群体的适当收入问题;第二,试图用一种通货膨胀的金融政策来克服工资的"僵硬"(wage"rigidities")问题。但是需要指出的是,由于这种通过暂时有效的金融手段来规避真正问题的做法注定会使那些"僵硬"问题日趋严重,所以这些手段充其量只是一种"搁置"问题的权宜之计,但却根本无法解决真正的核心问题。

60. 有关金融和财政政策的问题,不属于本文讨论的范围。对此,我们仅需要指出,上述基本困境在当下的情势中并没有得到解决;更为确切地说,这种基本困境实际上是任何金融手段都无法解决的,而能够解决这种困境的唯一法门便是恢复市场在这方面的作用,因为一如我们所知,市场乃是决定工资问题的一个有效手段。

61. 综上所述,一个自由社会的基本原则可以被归纳如下:在一个自由的社会中,政府所拥有的所有的强制性职能都必须受到我倾向于称之为的三个伟大的否定性价值或理想(THE THREE GREAR NEGATIVES)的指导,因为这三个伟大的价值或理想有着绝对的重要性。它们就是和平、正义和自由(PEACE,JUSTICE AND LIBERTY)*。如果我们想实现这三个伟大的价值或理想,那么一方面,政府在践履其强制性职能的时候必须受到严格的限制:只能强制实施那些可以被平等适用于人人的禁令性规定(亦即我们所谓的抽象规则);而另一方面,政府在决定用其掌控的物质资源和人力资源

---

* 关于"和平、自由和正义"这三个伟大的否定性理想的更为详尽的阐述,请参见哈耶克:《法律、立法与自由》第三卷"自由社会的政治秩序"第十八章第二节"和平、自由和正义:三个伟大的否定性理想",邓正来等译,中国大百科全书出版社2000年版,第460~462页。——邓正来按

为其公民提供服务的时候也必须受到严格的限制:只能够根据同样的统一规则去要求所有的人为这些服务的成本承担一份份额。

自由国家的构造问题[*][**]

1. 自由主义宪政(liberal constitutionalism)的奠基人曾经希望用权力分立(the separation of powers)这个手段来保护个人自由[1]。支撑他们这个希望的乃是这样一种理念,即只有在实施立法机构所认可的那些普遍的个人行为规则(universal rules of individual conduct)的时候,强制才应当是许可的。然而,我们所知道的那种权力分立手段却未能达到这个目的。的确,如果这项原则要具有意义,那么它就必须以这样一种法律观念为前设:这种法律观念乃是根据一种内在的标准(intrinsic criteria)和一种独立于其得以产生的渊源来界定何为法律的。只有当"法律制定"(law-making)被理解成一种特殊类型的活动的时候,由某个特定机构专门从事这种活动并且同时把该机构的权力严格限于从事这种活动的做法,才会产生一些意义重大的结果。

2. 事实上,我们现在已经不再把"法律"称之为一种特殊类型的规范或命令(norm or command)了,而是把它称之为那种被我们视之为立法机关的机构所做出的几乎所有的决议,因为人们在当下对权力分立所做的解释乃

---

* 本文译自哈耶克著:*New Studies in Philosophy*, *Politics*, *Economics and the History of Ideas*, The University of Chicago Press, 1978, pp. 98 ~ 104。

** 本文最早发表在 *Il Politico*, Turin, 1967。

是以一种循环推理(circular reasoning)为基础的,并且把这项原则变成了一个完全空洞的概念:只有立法机构可以通过法律,而且该机构除了拥有这项权力以外不得拥有任何其他的权力,但是它所决议的任何东西都是法律。

3. 情势之所以变得如此,实是因为下述两个事实所致:第一,那种被解释为无限政府(unlimited government)的民主政府(democratic government)的兴起;第二,与无限政府互为支撑的那种法律哲学即法律实证主义(legal positivism)的普遍盛行——因为我们知道,这种法律实证主义哲学试图把所有的法律都归结于一个立法者所表示的意志。从根本上讲,这种发展情势所依凭的乃是这样一种错误的观念,即终极性的"最高"权力或"主权性"权力必定是不受限制的,因为人们认为,一种权力只有通过另一种权力才能够得到制约。如果我们的意思是说某个特定权力机构所采取的行动的实质性内容要受到限制,那么上述观点就是正确的。但是值得注意的是,如果我们的意思是说这个权力机构只限于采取那种可以得到客观标准所认可的行动,那么上述观点就是错误的。

4. 古典自由主义对法律制定与特定命令之发布所做的界分*,乃是以这样一种基本观念为基础的,即法律制定者必须通过承诺把他们所制定的法

---

* 所谓古典自由主义对法律制定与特定命令之发布的界分,在哈耶克的理解中,主要是指"内部规则"与"外部规则"的区别。所谓内部规则,乃是指社会在长期的文化进化过程中自发形成的规则,亦即哈耶克所谓的严格意义上的法律。它们是指那些"在它们所规定的客观情势中适用于无数未来事例和平等适用于所有的人的普遍的正义行为规则,而不论个人在一特定情形中遵循此一规则所会导致的后果。这些规则经由使每个人或有组织的群体能够知道他们在追求他们目的时可以动用什么手段进而能够防止不同人的行动发生冲突而界分出了个人确获保障的领域。这些规则一般被认为是'抽象的'和独立于个人目的的规则。它们导致了一种同样抽象的和目的独立的自生自发秩序或内部秩序"(接下页注)

律普遍适用于无数的未来情势并且彻底否弃那种把法律变成仅适用于特定情势的权力来证明他们相信他们自己制定的法律是正义的。在这个意义上讲,法律乃是以那种评断某些种类的行动是否正确的**意见**(opinion)为基础的,而不是以那种旨在实现特定结果的**意志**(will)为基础的。此外,立法者的权威性也是以这样一种民众**意见**为基础的,即只要立法者是按照上述方式来证明他们相信他们自己制定的规则是正义的,那么他们经由深思熟虑而制定的规则就是值得支持的。

5. 当下对民主观念的理解显然是错误的,但是这个错误的根源却在于卢梭(Roussesu)当年以人民意志(popular will)替代普遍**意见**(general opinion)的做法以及由此形成的人民主权(popular sovereignty)的观念*;因为

(接上页注)(参见本丛书第一辑所收入的哈耶克于1968年发表的《政治思想中的语言混淆》一文)。当然,哈耶克也相当正视那些根据组织或治理者的意志制定的"外部规则",然而他却将它们视作一种独特类型的社会秩序规则,且与社会自生自发形成的内部规则正相区别,因为这种独特类型的外部规则所指称的乃是"那种只适用于特定之人或服务于统治者的目的的规则。尽管这种规则仍具有不同程度的一般性,而且也指涉各种各样的特定事例,但是它们仍将在不知不觉中从通常意义上的规则转变成特定的命令。它们是运作一个组织或外部秩序所必需的工具"(同上)。——邓正来按

*需要我们注意的是,哈耶克在这里明确指出卢梭的"人民意志"观念乃是人们在当下错误理解民主观念的根源,但是他在此后却对这个观点做出了某种修正,比如他在1979年明确指出:"有一种观点认为,人民之多数(或者他们推选的代表)应当可以自由地把他们达成共识的任何东西都变成法律予以颁布,因此在这个意义上讲,他们也必须被视作是全智全能的。实际上,这种观点乃是与人民主权的观念(the conception of popular sovereignty)息息相通、紧密勾连在一起的。这个观点的错误既不在于它认为所有的权力都应当由人民来掌控,也不在于它认为人民的愿望必须经由多数的决策来表达,而毋宁在于它相信权力的这种终极渊源必须是毫无限制的,亦即主权理念本身是不受限制的。这些论者妄称说,这种权力渊源之所以不受限制,乃是它所具有的逻辑必然性使然,但是这种所谓的逻辑(接下页注)

我们知道，“人民意志”和“人民主权”这两种观念在实践中意味着，无论多数对特定问题做出何种决定，这种决定都应当成为对所有的人具有约束力的法律。然而，这样一种不受限制的权力不仅是没有必要的，而且这种权力的存在也是不可能与个人自由相容合的。的确，只要政府被赋予了管理交由其掌控的人力资源和物质资源的权力，那么它的活动就不可能完全由一般性的正当行为规则(general rules of just conduct)所决定。但是，自由社会的实质却在于:第一，私性的个人并不是政府管理的一种资源;第二，一个自由的人可以根据自己的知识并为了实现自己的目的而安全地使用他所享有的这种人所皆知的物权。对于代议政府的理论家来说，法律下的政府(government under the law)意味着政府在指导行政机器运作的过程中，除了要求私人遵循普遍的正当行为规则以外，不得运用这种机器去强制私人。

6. 民主理想的盛兴促使当时的人们产生了这样一种欲求，即人民的代表不仅应当能够决定正当行为规则的制定问题，而且还应当能够决定政府用它所掌控的资源为民众提供服务的那些即时性活动。然而值得我们注意

(接上页注)必然性却是根本不存在的。……人们之所以相信这样一种必然性，实是因为唯建构论者对人类制度之型构所做的那种错误解释所致——这些唯建构论者力图把所有的人类制度都视作是某个原初设计者的设计结果或者是某种其他刻意的意志行为的结果。然而，社会秩序的基本渊源，却并不是人们所做出的那种要采纳某些共同规则的刻意决策，而是人们所持有的某些辨别是非的意见(opinions)”(参见哈耶克:《法律、立法与自由》第三卷“自由社会的政治秩序”，邓正来等译，中国大百科全书出版社2000年版，第316~317页)。当然，哈耶克之所以做出这种修正，其原因乃在于他后来认为:“毋庸置疑，卢梭必须对人们在政治方面使用‘意志’(will)这个不幸的观念承担主要责任，然而，即使是卢梭，至少也能够偶尔理解到这样一层意思，即为了使之成为正义的意志，这种意志就必须在**目的或意图方面是普遍的**。但是显而易见，当代立法机构之多数所做的决策却未必具有这种属性。”(上引书，第420页)——邓正来按

的是,这原本并不意味着从事这两种活动的权力都应当交由同一个代议机构去掌控。按照民主方式进行立法活动和按照民主方式进行政府治理活动这两者很可能都是可欲的,但是把这两种职能交由同一个机构去践履,却肯定会把权力分立原则所旨在提供的保护个人自由的措施摧毁掉。如果那个指导着政府治理活动的机构可以随心所欲地制定各种法律以迎合政府的各种目的,那么我们就可以肯定地说,这样的民主政府已经不再是那种真正意义上的“法律下的政府”了;再者,按照这种方式理解的立法也完全丧失了最高权力机构因承诺遵循普遍规则而获得的那种合法性。

7. 显而易见,一个拥有无限权力的机构完全可以用这种权力去偏袒某些特定的群体或个人。因此,这种情况不可避免地会导致这样一种结果,即那些向其支持者提供特殊好处的特殊利益群体之联盟会一步一步地成为这种机构的组成部分。“准政府机构”(para-government,亦即那些向立法机构施压并要求它以偏袒它们的方式进行干预的有组织的利益群体)在现代的兴起和发展,便是人们把那种能够强制特定的个人或群体为特定目的服务的无限权力赋予了最高权力机构所导致的一个不可避免且必然的结果。一如前文所述,普遍适用的正当行为规则在特定情形中对特定个人或特定群体的影响乃是不可预见的,因此一个权限仅在于阐明这类普遍适用的正当行为规则的立法机构是不会被上文所述的那种压力所支配的(据此我们可以说,游说立法机构等施压做法乃是政府干预的产物,而且这些压力活动的范围也必定会随着立法机构谋得偏袒特定群体的干预权力而日益扩大)。

8. 囿于篇幅,我们不可能在这里详尽地阐释上述发展情势是如何与“社会正义”(social justice)这个概念的盛兴联系在一起的。就此而言,我只得重述自己去年向“朝圣山学社”(Mont Pelerin Society)东京会议提交的那篇论文中的观点*并从晚近出版的一部著作中征引一段极富启示意义的文字来说明这个问题[2]：

> 政府治理的三大举措在现代的演化发展，反映了西方世界三个支配性价值——效率、民主和正义——所具有的重要意义。然而，在过去的一百多年岁月中，却出现了一个无法归入这些范畴之中的新价值——即社会正义。正是对社会正义的特别关注，不仅破坏了早期形成的政府职能和机构的三分架构，而且还为现代政府增加了一项新的职能。

9. 从历史上来看，个人自由只是在这样一些国家中才得到了确立，在这些国家中，人们认为，法律并不是任何人的专断意志的产物，而是法官或法学家（jurisconsults）力图把那些指导正义感的原则阐释成一般性规则的努力所导致的结果。一如我们所知，试图用立法手段来修正一般性正当行为规则的做法，乃是历史上较为晚出的一种现象。有论者确当地将它称之为"很可能是人类曾有过的成就中影响最为深远的一项成就——比火的使用和火药的发明所具有的影响更为深远"[3]。实际上，早期经由刻意的"立法"所做的大多数规定，所指涉的基本上都是一些有关政府组织和运作的问题而不是有关正当行为规则的问题。在很长的一段时间中，正当行为规则意义上的法律一直被视作是不可更改的给定之物，人们只需持续保持其原初状态即可。再者，即使是早期代议机构形式的创制，也主要是为了有助于对政府

---

* 哈耶克在这里所说的那篇论文，亦即本丛书第一辑所收入的他于1966年发表的《自由社会秩序的若干原则》一文。——邓正来按

治理本身的问题(特别是税收问题)进行决策,而不是为了制定普遍的正当行为规则意义上的法律。

10. 因此,当人们要求把阐明一般性的正当行为规则的权力交由代议机构或民主机构去掌控的时候,这种权力也就自然而然地落到了那些为指导政府工作而先已存在的机构的手中。只是当时的一些理论家,特别是洛克(Locke)、孟德斯鸠(Montesquieu)和美国宪法的创制者们(the Fathers of American Constitution),自甘蒙受那种把这类机构描述成“立法机构”的说法的欺骗并且以为这些机构所关注的真的只是这些理论家在当时所理解的那种法律,亦即他们希望强制只能被用于实施的那些普遍的正当行为规则。然而,从一开始起,这些“立法”机构主要关注的却是政府的组织和运作问题,并且在日后的过程中也越来越关注这方面的问题。权力分立理论家所构想的那种意义上的纯粹的“立法”机构从来就没有存在过——至少自古代雅典只拥有修正正当行为规则之排他性权力的立法大会(nomothetai)以来就一直没有存在过。

11. 据此我们可以说,权力分立之所以一直没有得到实现,实是因为自现代宪政政府(constitutional government)发展始,制定法律(就此概念所假定的那种法律而言)的权力就始终与指导政府治理活动的权力相混淆并为同一个代议机构所掌控。结果,在任何一个现代民主国家中,终极性的政府治理权力都不曾受到法律的约束,因为这种权力始终是由一个可以随心所欲地为它欲求实施的特定任务制定它想制定的任何法律的机构所掌控的。

12. 为了达致它所设定的目标,民主制度中的权力分立安排便需要有两个分立的承担着截然不同的任务并彼此独立行事的代议机构予以支撑。显见不争的是,两个有着相同构成并在行事过程中彼此勾结的机构是不可能实现这个目标的。由于旨在真正立法（权力分立理论意义上的那种立法）的机构必须制定一些限制政府治理机构的规则——因为政府治理机构乃是立法机构所制定的法律下的机构，所以政府治理机构决不能成为真正的立法机构的附属机构。然而我们知道，只要立法机构由那些与组成政府治理机构相同的利益群体或党派之联盟的代表组成，上述情况就肯定会发生。用上文采用的术语来说，立法机构应当关注有关何为正确之事的意见（opinion），而不应当关注有关政府特定目的的**意志**（will）。

13. 现行的民主制度完全是由民主政府的需要而不是由发现适当的正义规则或法律规则（亦即权力分立理论所理解的那种法律）的体系的需要所型塑的。毋庸置疑，为了达致民主政府的各种目的，就需要有一个致力于实现某个由具体目的构成的特定体制的有组织的机构予以支撑。因此，民主**政府**需要有党派作为它的基础，而且政府治理机构也没有理由不按照党派的路线进行组织——其间，多数的执行委员会乃是作为政府而发挥作用的，一如议会制度的通常情形所显示的那样。

14. 另一方面，从早期的代议政府理论家所理解的那种立法来看，他们对“派别”或有组织的利益群体的不信任也是完全有道理的。当我们所关注的乃是真正的公共利益而不是一些特定且具体的利益之聚合的时候，亦即当我们所关注的只是“那种排除了一切偏袒或私人利益的共同权益和正义”——“也就是所谓的法治而非人治”（James Harrington）——的时候，我们所需要的便是一个并不代表任何利益群体而只代表有关何为正确之事的意见的机构。就此而言，我们需要确立一个人民的“代表样板”（representative sample）——如果可能的话，其成员应当由那些因拥有正直品格和智慧而受到人们特别尊重的男士和女士组成，而不应当由那些被要求维护并关照其选区选民之特殊利益的代表组成。

15. 由于经由选举产生的立法机构的成员只是作为反映何为正义之意见的代表的,所以他们决不应当受意志和利益的左右,当然也肯定不应当受党派纪律的束缚。这一点可以通过选举他们担任较长时间的职务并在任职届满之后不得重新当选的制度安排而得到保证。尽管如此,为了使他们能够代表当下的意见,我建议确立一种由同龄人群体构成的代表制度(a system of representation by age groups):每代人在他们的一生中只进行一次选举,比如说在他们40岁的时候进行一次选举,而当选的代表则任职15年,任职届满以后还可以继续担任非专业法官(lay judges)这类职务。根据这种代议制度,立法机构将由那些年龄在40岁到55岁之间的男士和女士组成(他们的平均年龄很可能要大大低于现行立法机构之成员的平均年龄)*。这种

* 关于立法机构成员的年龄,哈耶克在此后的论述中做出了修正,比如说,他指出:“这似乎首先要求立法机构的成员独立于党派,而这项要求则可以经由另一项独立的必要条件——即不受重新当选之愿望的影响——得到保证。正因为如此,我想提出这样一种设想,即选出一些在日常生活中业已赢得声誉和信任的男士和女士并由他们任职约15年的时间。为了确保达到下述两项条件:一是他们业已赢得了足够多的经验和尊重;二是他们不必为自己任期届满以后的生活保障担忧,我想把选举年龄定得比较高一些,比如说45岁,并在他们60岁任期结束以后确使他们继续担任10年非专业法官或与之类似的荣誉职务。这种立法机构的成员的平均年龄将低于53岁,而这一平均年龄要比当今绝大多数同类机构的成员的平均年龄低。当然,这个机构的成员并不会经由一次选举全部产生,而是每年都必须经由选举出来的45岁的代表来取代那些业已任职15年的成员。我比较赞成每年由同龄人选出1/15的新成员。这样,每个公民一生只需要在45岁的时候投一次票,并选出其同龄人当中的一位佼佼者来担当立法者,而且还是因为它极可能会成为诸如地方性同龄人俱乐部这类机构得以发展的机会。而我们可以想见,这类机构的发展则可以使选举以个人知识为基础的做法成为可能。”(参见本丛书第一辑所收入的哈耶克于1976年发表的《民主向何处去?》一文以及《法律、立法与自由》第三卷第十七章“一种宪法模式”,第436~437页)——邓正来注

做法在我看来之所以是可欲的，不仅是因为军事组织和类似组织中的古老经验表明，同龄人通常是评价其成员的品格和能力的最佳裁判者。当然，他们只是有机会在日常生活中证明了自己的品质和能力以后，他们的同龄人才选择了他们，并要求他们在余下的生活中放弃各自营生的考虑以担任这项光荣的职务。我认为，由于同龄人始终是评价一个人的能力的最佳裁判者，所以这样一种以同龄人为基础的选举制度，作为对"本阶层最成功人士"的一种褒奖，会比人们曾经尝试过的任何一种制度都更接近于实现政治理论家的理想，亦即形成一个由智者组成的参议院（a senate of the wise）的那种理想。我们可以肯定地说，这种制度将第一次使权力的真正分立，一种法律下的政府和一种有效的法治（an effective rule of law）成为可能。

16. 只要我们考虑一下这种制度适用于税收立法的情形，我们就可以很好地理解这种制度的运作方式了。税收是一种强制性活动，而且要求每个个人为共同资金交纳税款所依凭的原则，或者应予筹集的一定数目的资金在不同的个人当中按照比例进行分摊所采取的方式，也都必须经由立法机构所确定的某项一般性规则来决定。每年需要开支的总额以及因此需要通过税收而筹措的年度资金总额，实际上都是政府治理机构所需决定的问题。但是，在进行这种决策的过程中，政府治理机构却必须认识到，每一项额外开支都必须由该机构的成员以及他们的选民以一种他们无权更改的方式来承担。因此，任何想把额外开支的负担转嫁给其他人去承担的图谋都是被严格禁止的。就约束政府官员而言，我实在想象不出有哪项措施会比这样一种知识更具助益性，亦即让政府官员知道他们所花费的每一分钱都将由他们自己根据一种他们无力改变的先行确定的普遍适用的比例来分摊。

17. 作为一个只限于使用它按照这种方式可以筹措到的（或者交由它永

久支配的)资金和资源的服务性机构,政府仍然能够为人们提供多数人愿意付费的任何公共设施或公益服务(collective good)。然而,在这种情况下,政府不得为了特定群体的利益而去干涉市场所促成的商品和服务的一般走向。除了交纳由一项统一的规则所确定的公民个人必须承担的公共资金中的份额以外,公民个人被认为只需要遵循那些在界分个人确获保护的领域的方面所必需的普遍的正当行为规则即可。与此同时,任何人或政府都不得要求或者禁止公民个人做特定的事情或服务于特定的目的。

18. 如果像某些人所主张的那样,民主这个术语在今天的情势中确实意指多数的无限权力,那么我们就必须发明一个新的术语来指称这样一种政府制度。其间,尽管多数的权力处于至高无上的地位,但是即使多数所拥有的这种至上权力也要受到这样一项原则的限制,即多数只有在其准备遵循一般性规则的前提下才拥有强制性权力。我建议把这样一种政府制度称之为 demarchy(有限民主)——亦即民众(demos)并不拥有赤裸裸的权力(kratos),而只能够根据"那些已向人民颁布且为人民知道的业已确立的常规法律而不是权宜性质的律令"(John Locke)实行统治(archein)的那种政府制度。当然,demarchy 这个术语还可以提醒我们注意我们因彻底放弃我们在此前所习得的所有防范和限制君主立宪政府的措施而犯下的错误。当然,我们之所以会犯这个错误,乃是因为这样一种幻想所致,即一旦人民的意志处于支配地位,多数也就不再需要对它把自己做出的决策视作是正义的做法给出证明了。

【注释】

[1]有关权力分立这个一般性论题,我想提请读者注意晚近出版的两部重要的著

作:M. J. C. Vile, *Constitutionalism and the Separation of Powers*, Oxford1967, and W. B. Gwyn, *The Meaning of Separation of Powers*, The Hague and New Orleans, 1965。此外也请参见新近出版的论著:H. Rauch (ed.), *Zur heutigen Problematik der Cewaltentreunung*, Darmstadt, 1969。

[2]参见拙著:*Studies in Philosophy*, etc., p. 160 and M. J. C. Vile,上引书, p. 347。

[3]B. Rehfeldt, *Die Wurzeln des Rechtes*, Berlin, 1951, p. 67.

什么是“社会的”？*

——它究竟意味着什么？

除了哲学领域和逻辑领域以外，一个人用一整篇文章来讨论某个单词之含义的情形，很可能是少之又少的，而且这种做法也是无甚道理可言的。然而，就是这样一个小小的语词，有时候不仅能够凸显出诸多理念的进化过程和人类犯错误的轨迹，而且还常常会产生一种人们意识不到的力量（irrational power），而唯有当我们经由分析阐明了这个词的真正含义的时候，它所具有的这种力量才会暴露无遗。从一个语词所可能产生的这种甚少为人所知的影响力来看，我认为，在近百年的岁月当中，“社会的”（social）这个词** 在整个政治题域中所发挥的而且还在继续发挥的作用可以说是一个最好的范例。我们对“社会的”这个词** 太熟悉了——我们甚至把它当做

---

* 本文译自哈耶克著：*Studies in Philosophy, Politics and Economics*, The University of Chicago Press, 1967, pp. 237 ~ 250。

** 哈耶克对“社会的”一词的批判，在其社会理论和法律理论的脉络中具有极为重要的意义。关于哈耶克对“社会的”这个概念及其所导引的各种观念的批判，最为集中的论述请参见本丛书第二辑所收录的哈耶克于 1964 年所撰写的《理性主义的种类》一文，特别是其间的第一节；还可以参见本丛书第一辑所收入的哈耶克于 1976 年撰写的《社会正义的返祖性质》一文，以及哈耶克于 1976 年出版的《法律、立法与自由》第二卷“社会正义的幻象”（邓正来等译，中国大百科全书出版社 2000 年版）。（接下页注）

一种当然之物接受了下来，所以我们也就很难再意识到这个词在含义方面所存在的任何问题了。长期以来，我们一直把这个词视作是对良好品行和诚实思想所做的一种自然描述，因此，即使对这个被许多人看作是其道德追求之指南的词的真正含义进行追问，都会被视作是一种亵渎神灵之举。实际上，我本人就颇有把握地认为：第一，尽管大多数阅读拙文的读者并不确切地了解“社会的”这个词的含义，但是他们却会在很大程度上相信这个词确实意指一种所有的好人都应当据以调整其行为的理想；第二，他们会希望我现在就确切地把它的含义告诉他们。对于后一点，我只能坦诚地指出，我将会使他们感到失望，因为我在仔细考察了这个词及其含义以后得出了这样一个基本结论：尽管“社会的”这个词是一个有着极大力量和魔力的词，但是难以置信的是，它却是一个空洞无义的词，而且也没有为我们力图解决的问题提供任何答案。

一如我们所知，晚近以来，语意学（semantics）特别热衷于对我们所有的人都极为熟知的那些语词的含义进行分析，而且也满足于这种研究方法。但是从一般的意义上讲，我并不是这场新运动的同路人。与此同时，我也不想去扭转这种局面，更没有想过要采用那种迄今为止只被用来反对自由世界之传统价值的手段去反对激进改革者（radical reformers）所主张的那些概念。然而，我认为，“社会的”这个词所具有的含混性以及人们在使用该词的时候通常采取的那种大而化之的方式，却对我们达致任何明确清晰的思想

（接上页注）当然，读者也可以参见哈耶克所著《泛灵论词汇与混乱的“社会”概念》，载于《不幸的观念：社会主义的谬误》（刘戟锋等译，东方出版社 1991 年版，第 159 ~ 169 页）——正是在这里，哈耶克极具创见地提出了需要把“社会正义”等观念与“社会权力”结合起来加以思考的深刻洞见。——邓正来按

构成了一种真正的危害,亦即对我们就我们所面临的诸多重大问题进行理性讨论的可能性构成了一种真正的危害。的确,“社会的”这个词之所以被认为是一个“褒义”词,实是因为它被裹上了一层漂亮的伪装所致,而正是凭靠这层伪装,这个“褒义”词才得以把我们在国内政策问题上的所有争论都给遮蔽了。我承认,揭开这层伪装实在不是一件轻松愉快的事情,但却是一件十分重要的事情,而且也是我们必须从事的一项工作。的确,在三四代人的岁月当中,坚持使用这个词的做法几乎一直被视作是好人的标志,但是我们绝不应当用这个事实去掩盖另一个事实,即要不了多久,避免使用这个词的做法也必定会被视作是明确清晰之思想的标志。

如果我在这个时候先解释一下我自己认识这个问题的转变过程,也许是颇具意义的。一开始,就我个人而言,我只是对人们使用“社会的”这个词感到有些不舒服,但是后来,我的这种感觉却变成了一种公开的反对态度,而正是这种反对态度致使我把这种做法视作是一种真正的危害。事实上,不仅我在德国的许多朋友认为把“自由的市场经济”(free market economy)称作是“社会的市场经济”(social market economy)是适当且可欲的,就是德意志联邦共和国的宪法也不再坚持使用传统上那个清楚明确的“法治国”(rechtssteat)概念了,而是改而采用“社会的**法治国**”(social rechtssteat)这个新的但却模棱两可的术语。我十分怀疑是否有人能够解释清楚这个附加上去的具有形容性质的修饰词的确切含义。但是,无论如何,它还是向我提出了许多需要思考的问题,而且我在上文所征引的两个事例中的第二个事例也将给未来的法学家提出大量棘手的难题。

即使如此,我在认真思考以后还是得出了这样一个最终结论,即“社会的”这个词已经变成了一个会使它所形容的每一个术语都丧失其原有的清晰含义的形容词，而且也变成了一个会把这种术语变成一种具有无限弹性的术语的形容词。如果这种术语的含义得不到人们的接受，那么它的含义就始终会蒙遭歪曲，而且从一般的意义上来讲，人们采用这些含义也只是为了掩盖这样一个事实，即人们对于他们从表面上看应当达成共识的某种规则实际上并没有达成真正的共识。在很大程度上讲，我认为，诸如“社会的市场经济”以及与之类似的术语之所以能够存在，实是因为上述力图把政治口号打扮成人人都能接受的东西的诉求所致。当我们都在使用一个始终会混淆问题且根本无法阐明问题的语词之时，也显然是我们采取一种激进的行动把我们自己从这种咒语所产生的混淆影响中解放出来之际了。当然，这种术语之所以只能混淆问题而根本无法阐明问题，实是因为它在根本就没有答案的场合假装能够给出答案，而且更为糟糕的是，它还常常被用来伪装那些与共同利益毫无关系的诉求。

就我知道的所有语言而言，过去数十年当中发生了一个极为重要的现象，即“社会的”这个术语已经逐渐取代了“道德的”(moral)甚或“好的”(good)这两个术语。据此我们可以说，这个重要的现象最为明确地揭示出了我们对“社会的”这个术语的含义所做的解释在我们的思考过程当中所具有的作用。当我们在我们的祖先只会说一个人是好人或一个人的行为是道德行为的情形中去谈论什么“社会的”情感或行为的时候，这种说法究竟意味着什么呢？实际上，只要我们对这一点进行追问，那么整个问题也就凸显无遗了。这是因为我们知道，在过去，只要一个人遵守道德规则，那么他就是一个好人；或者说，只要一个人忠实地按照本国法律行事，那么他就是一个好公民。据此我们还可以做进一步的追问，即这种新觉醒的“社会良知”(social conscience)向我们提出的并且致使我们对“纯粹的”道德与一种“社会"感进行明确界分的那种新要求又意味着什么呢?

在很大程度上讲,要求我们在既有习惯的基础上做进一步的思考,亦即要求我们在我们的行动中和所持有的态度方面认真考虑我们社会中所有**成员**的情势和问题,无疑是值得称道的。然而,为了彻底把握这项要求的意思,我们就必须回过头去考虑一下"社会问题"(social question)最初成为公众讨论之论题的那种情形。粗略而论,在19世纪中叶的时候,政治讨论和政治决策都是人数甚少的上层阶级的事情。因此,在当时的那种情形中,人们有充分的理由去提醒这个上层阶级:他们对社会中那些在政府中影响甚微或毫无影响的"人数最众且最为贫穷"的人的命运负有责任。正是在那个时候——亦即当文明世界发现存在着一个"下层社会"[(underworld)如果上层阶级没有被下层社会所吞噬,那么它自己也会觉得有责任去"提高"下层社会的地位]的时候和在现代民主及普选时代到来之前——"社会的"这个术语渐渐具有了这样一种含义,即照顾那些无力把握自己利益之所在的人。但是我们必须指出,在一个由大众掌控政治权力的时代,这样一个概念多少有些不合时宜。

然而,与上述力图处理那些直到当时都甚少有人意识到的问题的要求相伴随,还存在着一种与其同源的思潮。这种思潮对那种强调"社会"和社会行为必要性的要求与传统上认可的道德标准所提出的要求做出了明确的界分。传统上认可的那些道德规则所指涉的乃是一个人置身于其间的具体且得到承认的情势,而且所规定的也只是一个人负有应尽义务去做或不应当做的那些事情,而不论后果为何(比如说,一个人不得撒谎或欺诈,即使他这样做有可能对他本人或某个其他人有利)。但是,有关关注"社会"的诉求却还包含有这样一项要求,即我们应当有意识地去考虑我们行动的间接后果（甚至是非常间接的后果），而且还应当根据这种考虑去调整我们的行动。

就此而言，有关社会行为的诉求与传统上认可的道德规则和正义准则乃是截然不同的，因为在原则上讲，后者所提出的乃是这样一种要求，即一个人只需对其行动在正常的情况下可能导致的那些对他来说极为明显的后果加以考虑。然而根据社会行为的诉求，人们却很容易渐渐地把下述情形视作是可欲的：有关他们在任何特定情势中应当做什么事情或者能够做什么事情的问题，应当由某个比他们具有更多知识和更佳判断力的人来规定。因此，有关社会行为的整个观念，与一种企图根据一项统一且有序的计划去勾画一幅有关整个社会的详尽蓝图并据此蓝图确立一部有关社会行为的法典的欲求有着极为紧密的勾连。此外，这个观念当中还隐含了这样一种诉求，即必须确使所有的个人活动都趋向于追求明确规定的“社会”目标和“社会”任务，并确使所有的个人活动都服从于整个“社会共同体”（community）的利益。这些“社会”目标和“社会”任务也许会也许不会得到个人的承认，但是有一点却是显见不争的：如果个人的活动只是旨在实现各自一己的愿望（即使他的行动始终受着传统上的行为规则和正义规则的支配），那么那些“社会”目标和“社会”任务就肯定无法得到实现。

早在40年以前，一位科隆的社会学家威斯（Leopold von Wiese）便对人们就这个社会理念给出的那种多少有些怪异的解释予以了关注。他在1919年1月发表的一篇论文[1]中指出：“只有那些生活在‘社会时代’（social age）——亦即大战爆发以前的几十年岁月——的年轻人才能够体会到那种主张用社会领域替代宗教领域的倾向有多么强烈。在那些岁月中，出现了一种颇具戏剧性的现象——即社会牧师（the social pastors）；即使是当时的哲学家也为这些社会牧师的咒语所迷惑。一位夸夸其谈的绅士甚至还在当时撰写了一本大部头的论著,名为《从哲学角度看待社会问题》(*The Social Question in the Light of Philosophy*)。……与此同时,在整个欧洲,尤其是在德国,社会工作也被罩上了一层神圣的光环。从理性的角度看,所有的社会政策和慈善活动都有着极其重大的相对价值,但是我们也必须极为清醒地认识到它们所具有的局限性。所谓'社会的'东西,决不能被简单地视作是'上帝眼中那种正当的'东西或好的东西。"

用"社会的"这个词去替代"道德的"一词的做法,确实在根本上改变了该词的原初含义,甚至还彻底颠倒了该词的原初含义。不过,只有当我们追溯至两百多年以前"社会"这个概念最初被发现的那个时代——或者这个概念最初成为科学讨论的对象的那个时代——并且自问这个词究竟具有何种确切含义的时候,上述情形才会凸显出来。当然,人们在当时引入这个词乃是为了用它来描述那种与刻意建构的国家组织相区别的以自生自发的方式发展起来的人际关系秩序。当我们说"社会的力量"(social forces)或"社会的结构"(social structures)——比如说语言、风俗习惯或者与那些刻意赋予的权利有着明显区别的逐渐得到人们承认的权利——的时候,我们仍是在这个词的原初意义上使用该词的。因为在这种情形中,我们的意思是要表明,这些社会的力量或社会的结构并不是一种个人意志的产物,而是世世代代无数个人进行的复杂活动所产生的一种未曾预见的结果。在这个意义上讲,所谓"真正社会的",在本质上乃是无个人特征的(anonymous)、理性不及的(non-rational),当然也不是逻辑推理的结果,而是一种超个人的进化与选择过程的结果。应当承认,每个个人对这个过程所产生的结果都做出了自己的贡献,但是这种结果的组成部分却不是任何单个个人的智识所能够控制的。

人们渐渐认识到:第一,在某种程度上讲,有一些力量乃是在独立于人类愿望的情况下发挥作用的;第二,这些力量的聚合产生了一些能够推进个人做出进一步努力的结构,尽管这些结构并不是人们为了这个目的而专门设计出来的。正是这种认识导致了社会这个概念的引入,其目的就是要使它们与那种刻意创建并且受着刻意指导的国家相区别。

只要我们考虑一下这个词在人们经常使用的术语“社会秩序”(social order)中所意指的含义,那么其含义变化之快直至转变到其原初含义的反面这个事实也就变得显见无遗了。当然,这个术语完全可以被用来专门指称那种由社会本身以自生自发的方式创生出来的东西。但是在大多数情形中,“社会的”这个词在这种组合词当中往往只是意指某种**与**社会共同体**有关的**东西,如果说它并不是主要意指许多人都能够设想的那样一种秩序,亦即从外部以强力的方式强加给社会共同体的一种社会结构。今天,已经没有多少人理解奥尔特加·加塞(Qrtegay Gasset)当年所说的那句名言了,“秩序并不是一种从外部强加给社会的压力,而是一种从内部确立起来的均衡”。

如果我们不只是满足于把个人在社会中的独立活动所形成的那些彼此协调的力量视作是社会的,而且还想把只要与社会共同体有任何联系的所有其他东西都视作是社会的,那么我们就会彻底遮蔽上述二者之间的本质区别。如果事情真是这样的话,那么生活中不是“社会的”东西也就所剩无几或者根本就没有了。这样,从实际的角度来看,这个词也就变得毫无意义可言了。因此,现在是我们对上述各种含义做出明确界分的时候了。让我们先暂时接受“社会特有的”那种含义或者“从一种特定的社会过程中产生的”含义,因为当我们论及社会的结构和社会的力量的时候,我们往往是在这个意义上使用该术语的。这是我们极为需要的一种含义,而且我也很乐意看到这个术语能够保有这种真正的含义。显而易见,这种含义相当不同于我们把它用在诸如“社会的意识”、“社会的良知”、“社会的责任”、“社会的活动”、“社会的福利”、“社会的政策”、“社会的立法”或“社会的正义”等术语中的含义,也有别于“社会的保障”、“社会的权利”或“社会的控制”这类术语中所隐含的含义。在这类组合词当中,一个最令人感到惊讶的——虽然也是人们最熟悉的——术语便是“社会的民主”。我很想知道,在一种民主所具有的诸项目标当中,有哪项目标可以被说成是非社会的,而且为什么会是非社会的!然而,这只是我在这里顺便讨论的一个问题。

这里真正重要的乃是这样两个问题:第一,所有上述组合词都与社会力量的具体特性无甚关系;因此,第二,特别需要注意的是,以自生自发的方式发展起来的东西与国家刻意组织起来的东西之间的区别也就完全消失了。就“社会的”这个词并不仅仅意指“共同体的”(communal)而言,这个词显然应当意指“为了社会的利益”或“根据社会的意志”(亦即多数人的意志),有时候也许还应当意指“社会本身”对较为不幸的少数“所承担的一种义务”。在这里,我并不想讨论为什么“社会”这个相当不确定的词应当优先于诸如“人民”(the people)、“民族”(the nation)或“一国公民”(the citizens of a State)这类精确且具体的术语,尽管后面这些术语是确有所指的。对我来说,重要的乃是这样一个问题,即在所有上述的用法当中,尽管“社会的”这个词**预先设定**了一个社会共同体的活动背后存在着一些人所皆知且共同的目的,**但是却没有对这些目的做出界定**。具体言之,它所设定的乃是这样两项假设:第一,“社会”有着某些所有的人都知道并认可的具体任务;第二,“社会”应当指导它的个体成员去努力实现这些任务。因此,社会也就具有了一种双重人格：首先，它是一个有思想的集合体，它有着自己的愿望，而这些愿望不同于组成它的个人所具有的那些愿望；其次，通过把社会与人们等而视之，社会也就变成了对某些自称有着较深刻的洞见或较强的道德意识的个人根据这些社会愿望所持有的观点的人格化体现。我们在日常生活中对这样一种现象已经习以为常了，即一个演讲者常常会宣称他自己的观点和愿望是“社会的”，而把他的对手的观点和愿望斥之为“反社会的”（anti-social）。我以为，以下这种情况也是人所皆知的：当人们在“为社会利益服务”这个意义上使用“社会的”这个词的时候，这个词肯定提出了一个问题，但却没有提供任何解决方案。它赋予了社会所应当遵循的某些价值以优先地位，但是却没有对它们进行描述。如果人们严格按照此一含义使用该词，那么我想这种用法并不会有太多的反对意见。但是事实上，这个词不仅在许多方面与现行存在的伦理价值相冲突，而且还破坏了这些伦理价值的声誉和影响。的确，我越来越相信，用“社会的”这个极富弹性的词作为我们一直称之为“道德的”伦理价值的替代品，实是人世间道德观念普遍沦丧的主要原因之一。

我在前文中业已提到过的第一项重大的差别，乃源出于这样一个事实，即伦理行为的原则是由我们被要求遵循的抽象且一般性的规则构成的——当然，我们往往是在不知道后果为何，甚至不知道为什么我们以这种特定方式而不以那种特定方式行事是可欲之举的情况下被要求遵循这些规则的。这些规则绝不是发明出来的，而且到目前为止，任何人都不曾在试图为整个现行的伦理行为系统提供一个理性基础的方面取得过成功。正如我所认为的那样，这些规则乃是真正的社会产物，亦即一种进化与选择过程的结果，或者说是我们自己并不知道的那些经验的精髓之所在。这些规则之所以获得了普遍的权威性,实是因为这些规则在其间得以盛行的那些群体被证明要比其他群体更为强大和繁荣。这些规则之所以能够要求得到人们的遵循,并不是以这样一个事实为基础的,即个人意识到了无视这些规则所会面临的后果。而是因为它们表明了对这样一个基本事实的承认:在这些具体后果当中,绝大多数是我们不知道的,因此,只有当我们和我们伙伴的行动都受那些规则(亦即对我们行动的各种情势予以适当关注的规则)指导的时候,我们的行动才不会与我们伙伴的行动时常发生冲突。但是,作为"社会利益"这个概念之起源的那种虚假的唯理主义却是与**所有**上述伦理行为规则和正义规则的本质相违背的。唯理主义拒绝接受它并不完全理解的任何准则的指导;而我们知道,唯理主义之所以主张自己有权在每种个别情形中决定何者是可欲的问题,实是因为它宣称自己充分意识到了所有可能的后果;它拒绝服从任何规则,但却坚持追求明确且具体的目标。然而,唯理主义的这种做法却是与所有伦理行为的基本原则相违背的,因为只有当人们根据那些本身无法被理性化的但却得到公认的一般性规则进行讨论的时候,他们才有可能就任何愿望的重要性问题达成一致意见。因此,通过摧毁人们对规则和"日常"伦理行为的尊重,这种对"社会行为"的诉求也就摧毁了它自身赖以为凭的基础。

其次,一如上述,有关何为"社会的"这种观念乃是以那些并没有得到明确陈述甚或被忽视的伦理规则为基础的。这一点可以最为明显地见之于下述事实,亦即它导致了正义概念向它并不适用的诸多领域的扩展[2]。力主公正地或更为平等地分配世界上的物品的那种诉求,在今天已经成了一项主要的"社会"诉求。然而值得我们注意的是,把正义概念适用于分配领域的做法一定会要求根据品行或应得者予以酬报,但是品行却不能按照成就加以衡量，而只能够按照公认的伦理规则得到遵守的程度加以衡量。因此，根据品行给予酬报的做法乃是以我们知道所有导向某种特定行为的情势为前设的。但是，在一个自由的社会中，我们却允许个人自行决定他自己的行动，这是因为我们并不知道那些决定着其成就含有多少品行的情势。据此我们可以说，在一个自由的社会中，根据个人实际上为其他人所提供的服务的价值对他们进行酬报乃是极为必要的，然而这种价值却往往与他们在提供这些服务的过程中所具有的主观品行联系甚少。只有当所有的人都平等地根据各自努力的客观结果的价值而不是根据某人对其据此获得的品行的判断予以酬报的时候，正义这个概念才是可以适用的。对后者的诉求，亦即根据品行予以酬报的那种诉求，乃是一种在自由的社会中无法得到实现的诉求，因为我们不可能知道决定品行的所有情势。当然，试图部分地适用“根据品行予以酬报”这项原则，也会导致一种普遍不正义的状况，因为这意味着不同的人要根据不同的原则获得酬报。我们可以肯定地说，这样滥用正义概念，最终一定会毁灭正义感。

实际上，部分适用“根据品行予以酬报”这项原则，情况会更糟糕。由于在分配问题上并不存在统一的正义评价尺度，所以在进行决策的时候，其他一些并不很高尚的情感就会不可避免地且出乎意料地发生作用。众所周知，这种情形中的“社会的”概念，常常是被当做妒忌的一种掩饰物而加以使用的——而我们知道，穆勒（John Stuart Mill）曾经确当地把妒忌这种情感描述成所有情感当中最反社会的一种情感[3]；尽管它披上了一件美丽的伦理要求的外装，但是我们却必须剥掉它的这层外装，使它原形毕露。显而易见，用“社会的”这个概念来掩饰妒忌这种情感，可以说是最糟糕的结果之一，而这恰恰是因为人们毫无警醒地使用“社会的”这个概念而直接导致的。

“社会的”这个理念的盛行还有第三种反伦理的功效,即它摧毁了它原本想强化的个人责任感。最初,人们之所以诉诸社会感,实是因为他们期望这种做法能够导使人们更为广泛地承担起个人责任。但是,“社会感”的盛行,却在个人应当追求的更为远大的目标之间造成了混淆,在考虑社会影响与社会(亦即集体意义上的社会)行为之间造成了混淆,而且在个人对社会共同体所承担的道德义务与个人对社会共同体所主张的要求之间也造成了混淆;而我们知道,正是这些混淆一点一点地摧毁了构成所有道德规范之基础的那种个人责任感。当然,各种智识运动都在这个方面做过推波助澜的事情,颇为遗憾的是,我不可能在这里对它们进行详尽的讨论,但是我们可以指出的是,就像“社会心理学”(social psychology)一样,它们在很多情况下都是打着“社会的”旗号行事的。事实上,在我看来,这一彻底混淆个人责任问题的整个过程,亦即一方面免除个人对周遭之物或亲近之人(his immediate environment)的所有责任;而另一方面又把一些所指不明的模糊且不确定的责任强加给个人的那种过程,总的来说,肯定会大大削弱人们的个人责任感。如果为个人所设定的一些新责任并不是个人必须凭其个人努力加以实现的一些明确的责任,那么这种做法就一定会模糊所有责任的界限,而且还会不断地诱使人们提出进一步的要求或去做一些损人利己的事情。

第四,通过对具体目的以及对权宜之策的强调,上述“社会运动”对真正的政治道德原则的出现所起到的阻碍作用要远远大于它们所起到的促进作用。我们可以肯定地说,所有的道德规范和正义都是以那种把一般且抽象的原则适用于具体情形的做法为基础的;再者,长期以来,“目的可以证明手段为正当”的论点也一直被人们确当地视作是对所有道德规范的一种否定。然而需要指出的是,我们在今天常常听到的那种说法所意在表达的实际上正是上述观点，即人们必须对“社会方面”的问题做充分的考虑；更有甚者，有人竟从即时性社会意志的角度宣称，为了实现社会自身的即时性目标，无视那些真正的社会进化的产物（比如说正义和伦理规则）的做法乃是有道理的。

在我看来，就像所有其他的伦理规则一样，政治伦理规则在性质上也是长期性的原则，因此，我们决不能以它们对某一个别情势的影响为证据来判断它们。颇为遗憾的是，囿于篇幅，我无法在本文中对这些政治伦理规则为什么像所有其他的伦理规则一样在性质上是长期原则的原因做详尽的讨论。我认为，更为重要的乃是这样一个事实，即这些政治伦理规则得以形成和获得权威性乃是一种长期且自生自发之进化过程的结果。只有当人们事实上认为对原则的遵循要比在个别情形中取得成功更重要的时候，而且也只有当我们承认强制的运用唯有在与一般性原则相符合并且不被用做追求某个具体目的的权宜之策的情况下才是正当的时候，我们才能期望某项一般性的政治伦理原则会渐渐得到所有人的接受。此外，任何“社会的”道德规章也都必须以那些约束集体性的社会行为的规则为基础，而且我认为，认识到这个事实在今天要比在过去更重要。

毋庸置疑，历史上肯定存在过这样一段时期，当时，一种有关何为正义者和正当者的意识对社会为了实现它自己的目的而使用强制手段的情形设定了道德限制。在那个时候，个人自由这个理想确实是人们普遍认可的那些政治行为道德规则当中最为重要的一项规则。但是，那些根据“社会”标准行事的人以不断升级的方式猛烈抨击的却正是这种个人自由的理想。自由理想和独立理想，亦即那些对个人良知负责并尊重个人的理想，在“社会”这个概念的支配性压力下都渐渐归于失败了。然而事实上，恰恰是这种自生自发的自由力量的逐渐发展才会真正有助益于社会——即有助益于那种逐渐形成而非刻意创制的社会——并且有助益于进一步强化社会过程中的各种创造性力量。我们在社会概念这面旗帜下所经验到的乃是一种从有助益于社会(service to society)到要求完全控制社会(control of society)的转变,亦即从要求国家从属于自由的社会力量到要求社会从属于国家的转变。如果我们认为人的智识完全有能力把一种先行确定的模式强加给社会并允许它这样做,又如果我们的推理能力被认为可以穷尽人的创造性努力(因而只承认预先考虑到的那些结果),那么出现了社会本身不再作为一种创造性力量继续发挥作用的情况,我们也就没有什么可以感到惊讶的了。特别需要指出的是,如果在一项以物质平等这个理想为基础的政策的支配下出现了一个群众社会(a mass society)——它实际上是以一种得到公认的较为彻底的方式组织起来的,而不是自生自发结合起来的,那么我们也肯定不会对这种情形感到惊讶的。真正有助益于社会概念的东西,并不是经由强行设定绝对的权威或领导而达致的,甚至也不是由趋向于一种共同目标的共同努力构成的,而毋宁是由我们所有的人对这样一个过程所做的贡献总和构成的——这个过程要比我们当中的任何一个人都伟大,因为经由这个过程,一些新鲜事物和一些无法预见的事物会不断地涌现。当然,这个过程也唯有在自由的状态中才可能得到活跃和丰富。归根结底,我们之所以感到有必要否弃社会概念这个理想,实是因为这个理想已经变成了那些在原则上否认真实社会之存在并且渴望一种人为建构且由理性控制的社会的人的理想。在这种情况下,我认为,大量在今天自称是社会的东西,从“社会的”这个词所具有的更为深层且更为真实的含义来看,实际上是一些彻头彻尾反社会的东西。

【注释】

[1]*Der Liberalismus in Vergangenbeit und Zukunft*,Berlin,1917,p. 115.

[2]人们在这个方面误用“社会的”这个词的程度，似乎还引发了其他方面的抗议。令我感到特别满意的是，在我做了这个演讲以后不久，我便在 Charles Curran 撰写的一篇书评（载于 *The Spectater* of July 6,1958,p. 8）中读到了这样一句话，“社会正义与人民民主如出一辙，都是一种语义欺诈”。

[3]John Stuart Mill,*On Liberty*,1859,p. 10.

社会正义的返祖性质*

一

十多年以来，努力探寻所谓的“社会正义”（social justice）的含义，一直是我主要关注的一个问题。然而，我的这项努力已告失败——或者更为准确地说，我最终得出了这样一个结论，即对于一个由自由人组成的社会来说，“社会正义”这个说法实是毫无意义可言的。但是一如我们所知，就是这样一个毫无意义的词，竟然在一个世纪左右的岁月里一直支配着政治讨论，而且还在世界各地被成功地用来支撑特定群体巧夺生活中更多好处的主张。因此，对这种现象的原因进行探究，依旧是一件极有意义的工作。在这里，我主要讨论的也正是这个问题。

然而，我必须首先扼要地解释一下为什么我最终把“社会正义”看成了一个空洞无义的说法——亦就是通常被用来在没有给出任何理由的情况下断言某项特定的主张或要求是正当的那种说法。关于这个问题，我实际上

---

* 本文译自哈耶克著：*New Studies in Philosophy, Politics, Economics and the History of Ideas*, The University of Chicago Press, 1978, pp. 57 ~ 70。

已在即将出版的《法律、立法与自由》(*Law, Legislation and Liberty*)一书的第二卷中做出了详尽的阐释。事实上,该书第二卷的标题就是“社会正义的幻象”(*The Mirage of Social Justice*)*。因此,该卷的主要宗旨便在于使知识分子们认识到这样一个道理,即他们如此热衷于使用的“社会正义”的概念,从知识的角度来看乃是一个非常糟糕的概念。当然,一些知识分子早已认识到了这个道理,但是没有料到,甚至这种情况也导致了一个不幸的结果:由于“社会的”正义乃是他们所考虑到的唯一一种正义,所以他们也就得出了这样一个结论,即所有使用正义这个术语的说法都是空洞无义的。因此,我不得不在那本书中明确指出,正义的个人行为规则对于维续一个由自由人

---

* 正是考虑到哈耶克在这里指出他已经在《法律、立法与自由》第二卷“社会正义的幻象”中详尽阐明了与“社会正义”相关的问题,因此请读者参见该书第九章“社会正义或分配正义”、第十章“市场秩序或偶合秩序”以及第十一章“抽象规则的规训与部落社会的情绪”。正如哈耶克在该书序言中更为明确指出的:“在我早年致力于对社会正义这个概念进行批判的研究过程中,我始终都有一种无的放矢的感觉。最后,我试图像每个人在遇到这种情况时所应当采取的做法那样,先想方设法把支撑‘社会正义’这个理想的理据视作是正确的。只是在如此尝试以后,我才真正地意识到‘社会正义’这个皇帝原来没有穿衣服;这就是说,‘社会正义’根本就是一个空洞无物、毫无意义的术语。就像汉斯·克里斯琴·安徒生童话中的那个男孩所说的那样,我‘什么也没有看到,因为那里什么也没有’。我越是努力给它下一个明确的定义,它就越是捉摸不定而无从把握——毋庸否认,在遇到那些被证明无法根据某项一般性规则(亦即那种为正义观念所要求的一般性规则)加以证明的特定情势的时候,我们常常会在直觉上体验到这种愤怒。尽管证明一种观念为谬误是极为困难的,但是坦率而言,要做到这一点就更为困难了,即从正面直接证明那个对于许多人来说含有一种准宗教信念且被人们普遍使用的说法(比如‘社会正义’这种说法)不仅在事实上是空洞无物的,而且也仅仅是在暗示我们应当赞同某个特定群体所提出的要求而已。基于这种情况,我认为,仅仅指出那些试图实现‘社会正义’的特定努力不会奏效这一点是远远不够的,所以我还必须对这样一个问题做出解释,即社会正义这个说法本身就是毫无任何意义的,而且使用这种说法的人,如果不是愚昧,就肯定是在欺骗。”——邓正来按

组成的和平社会来说乃是不可或缺的,但是力图实现“社会”正义的各种努力却是与一个由自由人组成的和平社会的维续不相容合的。

从今天的情势来看,“社会正义”这个术语通常都是被当做“分配正义”(distributive justice)这个旧有术语的同义词加以使用的。“分配正义”这个术语也许较好地表达了它所旨在表达的意思,同时也明确说明了为什么它不能被适用于市场经济之结果的原因:在没有人实施分配的地方,就不可能有分配正义。正义只有在作为一种人之行为规则的时候才具有意义,而且任何可以想见的调整个人在市场经济中彼此提供商品和服务之行为的规则也不可能产生一种可以被有意义地称之为正义或不正义的分配。的确,个人会尽可能地按照正义的方式行事,但是需要指出的是,由于每个分立的个人所获得的结果既不是其他人所刻意安排的,也不是其他人所能预见的,所以由此产生的事态(state of affairs)也就不能被称之为正义的或不正义的。

“社会正义”这个说法根本就是空洞无义的,这一点可以见之于下述事实:第一,人们对社会正义在特定情势中所要求的东西根本就无法达成任何共识;第二,如果人们在这些问题上发生了分歧,那么可供人们据以判定谁是正确的已知标准也是根本不存在的;第三,在一个由自由人组成的社会中——亦即个人有权运用自己的知识去追求自己的目的的社会中,人们绝不可能在事先就有效地制定出一种分配方案。实际上,个人对其行为所承担的道德责任乃是与实现任何这种刻意的整体分配模式不相容合的。

一次小型的调查表明,尽管有很多人都对现行存在的那种分配模式感到不满,但是他们当中却没有人真正地明确知道究竟什么样的分配模式在他们看来是正义的模式。就此而言,我们所发现的只是这样一种情形,即人们往往是根据直觉而把种种个别情形判断成不正义的。迄今为止,还没有人能够在这个方面发现一项可供我们据以在它所调整的所有特定情势中推论出何者是“社会正义的”一般性规则——当然，“同工同酬”这项规则(the rule of equal pay for equal work)除外。显而易见,自由竞争,亦即那种不考虑作为社会正义诉求之基础的品行或需要等类似因素的竞争,有助于这种同工同酬规则的实施。

二

大多数人之所以在发现他们并不真正知道“社会正义”的确切含义以后依旧笃信“社会正义”,实是因为他们以为,既然几乎所有其他的人都信奉“社会正义”,那么这个说法肯定是有一些道理的。人们之所以在不知道某个信念具有什么重要意义的情况下依旧普遍信奉这个信念,其原因就在于我们所有的人都从此前存在的与今不同形态的社会当中(人类在那个形态的社会中生存的时间要比人类在当今的社会中生存的时间长很多)继受了某些并不能够适用于现代文明的根深蒂固的本能。事实上,人类都是从原始社会演化而来的。当时,在某些特定的条件下,越来越多的人正是通过否弃那些把古老群体凝聚在一起的原则而成功生存下来的。

在过去的万年岁月中,人类发展了农业、建立了城镇并且最终形成了“大社会”(the Great Society)。但是我们绝不能忘记这样一个事实,即在此以前,人类在50人左右的小群体中生活的时间至少是这个时间的100倍。人们在这种群体共有的领土内共同分享食物、从事狩猎活动并遵循着一种严格的统治秩序。这种古代的原始社会的需求决定了许多在今天依旧支配着我们而且我们也赞同用以支配其他人的道德情感。在这种群体当中,至少对于所有的男性来说,在最有德望的男性首领的指导下共同追求某个前定的物理性共同目标,在很大程度上讲,既是该群体得以存续的一个条件,也是该群体根据不同成员对其存续的重要性而对不同份额的猎物进行分配的一个依据。据此我们可以相当肯定地说,当时习得的许多道德情感不仅通过教育或模仿的方式而在文化上得到了传播,而且还变成了与生俱来的东西或者遗传决定的东西。

然而需要指出的是,并非所有自然而然的东西(亦即对于我们来说属于上述意义上的自然而然的东西)都必定会在不同的情势中有助于或有益于人种的繁衍。在原始社会中,这种小群体确实有着不少至今仍对许多人都颇具吸引力的东西,比如说,它们都有着一个统一的目的或者一个共同的目的序列,以及它们都根据人们对个人品行的共同评价而对手段或资源进行一种刻意的分配。然而,上述种种构成这种群体之凝聚力的基础的东西,同时也对这种社会得以发展的可能性设定了诸种限制。这是因为这种群体能够与之相调适的事件或者该群体能够利用的机会,只是该群体的成员可以明确意识到的那些事件或机会。更为糟糕的是,在这种群体中,个人几乎不能做其他成员不赞成的任何事情。那种认为原始社会中的个人是自由的想法,纯属是一种幻想。对于一种社会动物来说,根本就没有什么自然的自由(natural liberty)可言,因为自由实是文明的一种造物。在这种群体中,个人根本就没有为人们所公认的独立行动的领域可言;即使是群体首领发布的指令也只有在常规活动中才能指望得到人们的服从、支持和理解。如果每个人都必须为当下的唯社会论者所梦想的那种有关所有需求的共同序列服务,那么个人也就没有任何自由尝试的可能性了。

三

抽象的行为规则对具体的强制性义务的逐渐替代,根据这种抽象行为规则进行的竞争对根据共同的指令进行的统一行动的逐渐替代,进而培育出一种自生自发的秩序,实是一项伟大的进步,因为它使文明的发展乃至开放社会(the Open Society)的最终形成具有了可能。当然,这项伟大的进步还使人们获得了一项巨大的收益,亦即它使这样一种过程有了可能。而我们知道,正是经由这个过程,所有以我们所说的市场价格这种符号形式表现出来的广为分散的相关信息得以为越来越多的社会成员所使用了。但是值得我们注意的是,它同时也意味着,这个过程中的结果对不同个人和不同群体所产生的影响无法再满足那些古老的本能了。

论者们曾经不止一次地建议用 catallactics 这个词来称谓那种解释市场运行的理论,而 catallactics 这个词则源出于古希腊语,指称以物易物或交换之意的动词:*Katalattein*。在古希腊,*Katalattein* 这个词除了意指"交换"以外,实际上还意指"被社会或共同体所接纳"或"化敌为友"。自我发现该词还具有这种含义以来,我就多少有些喜欢上这个词了。因此,我提议,我们应当把市场竞赛(亦即我们能够据以激励陌生人高兴地接纳我们并为我们服务的市场竞赛)称之为"偶合秩序之竞赛"(game of catallaxy)。

事实上,市场过程与我们在《牛津英语词典》(*The Oxford English Dictionary*)中发现的"竞赛"(game)一词的定义完全吻合。所谓"竞赛",也就是"一场按照规则展开的、并由更高的技艺、更大的力量或好运所决定的竞赛"。从这个意义上说,它既是一种技艺的竞赛,也是一种运气的竞赛。总而言之,这种偶合秩序之竞赛有助于激励每个参与者为公共资产做出最有价值的贡献,而每个人又都可以从这项公共资产中赢得一份份额,尽管这种份额是不确定的。

这种竞赛很可能是由那些离乡背井而且不顾本部落义务的人发起的,因为他们试图通过为他们并不认识的其他人提供服务这种方式获得收益。当新石器时代早期的贸易者载着数船火石斧从英格兰出发,穿过英吉利海峡去交换琥珀甚或葡萄酒的时候,我们可以说,他们的目的不再是满足熟人的需求,而是为了获取最大的收益。更为准确地说,由于他们只对那些能够为他们的产品提供最好价钱的人感兴趣,所以他们也就接触到了他们完全不认识的人。通过向那些无疑也能够很好地利用所买工具的陌生人提供石斧的做法,他们的生活水平得到了很大的提高,其程度要远远高于他们把石斧卖给邻人所能达致的生活水平。

四

据此我们可以说,由于抽象的信号——价格取代了熟人的需求而成了人们努力的目标,所以在资源的使用方面也就开放出了各种全新的可能性——但是需要指出的是,这还需要有一些完全不同于此前的道德态度来激励人们开发这些资源。这种变化主要发生在港口及贸易路线交汇地区逐渐发展起来的那些集中了贸易和手工艺生产的新都市中心。正是在这些都市中心,那些摆脱了部落道德约束的人建立起了商业共同体,并且逐步确立起了偶合秩序之竞赛的新规则。

为了简明扼要起见,我不得不在这里对相关问题做某种程度的简单化处理并采用一些人们熟知的术语,尽管这些术语用在此处并不十分恰当。当我的讨论从狩猎群体(人类在其间有着最为悠久的历史)的道德规范直接跨到那些使开放社会的市场秩序成为可能的道德规范的时候,我实际上省略了对这两个历史阶段期间所存在的一个长时间的居间性阶段的讨论;尽管这个居间性阶段远远短于人类在小群体中的生活历史，但是却要比都市化的商业社会所经历的时间长得多。此外，由于一神教宗教教义正是从这个阶段开始记载人们对道德规范所做的编纂工作的，所以这个居间性阶段也是十分重要的。它就是人类在部落社会生活的那个阶段。从许多方面来看，它都代表了介于原始的熟人社会(face-to-face society)的具体秩序与开放且抽象的社会之间的一个过渡性阶段。在原始的熟人社会中，所有的成员都彼此相识而且都服务于共同的特定目的，而在开放且抽象的社会中，一种秩序之所以得以形成，实是因为个人在运用他们各自的知识追求各自的目的的过程中遵循着相同的抽象的竞赛规则。

当我们的情感仍然受制于那些适合于小规模狩猎群体之存续的本能的时候，我们的默会传统便受着那些对“邻人”(亦即同部落的成员)的义务的支配——当然，在这种情况下，人们在很大程度上仍是把陌生人当做他们所承担的道德责任范围以外的人来看待的。

如果在一个社会中，个人的目的因其赖以为基础的具体知识的不同而必定不尽相同，而且人们也会渐渐地在未来与尚不认识的合作伙伴进行产品交换，那么在这样的社会中，共同的行为规则就会一步一步地取代特定的共同目的而成为社会秩序与和平的基础。个人间的互动之所以变成了一种竞赛，实是因为每个个人都被要求去遵循这些共同的规则，而无须去考虑特定的结果，除了为其本人及其家庭谋求生计的问题以外。那些因促使这种竞赛变得极为有效而得到逐渐发展的规则，主要是财产法规则和合同法规则。当然，这些规则反过来又使劳动分工逐渐展开以及独立工作间的相互调适具有了可能，而我们知道，这种相互调适恰恰是有效的劳动分工所必需的一个条件。

五

然而,这种劳动分工所具有的重要意义往往得不到人们的充分理解,这是因为大多数人——部分是在亚当·斯密(Adam Smith)给出的那个经典性阐释的影响下——把劳动分工理解成了一种刻意设计的内部安排。在这种安排中,不同的个人根据一种设计好的共同生产某些产品的程序而前后相继地做出各自的努力。然而,事实上,市场对不同的企业在提供原材料、工具及半成品过程中的努力所做的协调(而这是最终商品的生产所必需的一个条件),很可能要比大量专业化工人之间所实施的那种有组织的合作重要得多。

的确,竞争性市场的成就在很大程度上取决于上述所说的那种不同企业间的劳动分工或专业化,然而反过来看,正是这种竞争性市场才使得不同企业间的劳动分工或专业化具有了可能。生产者在市场上发现的价格即刻就会告诉他应当生产什么产品和用什么手段生产这种产品的信息。他能够从这样的市场信号中知道:第一,他可以期望按照各种能够冲抵他生产该产品之费用的价格出售他的产品;第二,为了达到这个目的,他只需使用必需的资源。生产者为了获利而做出的自私性企图和努力,可以促使他去做而且也使得他能够去做他自己应当做的事情,进而尽可能地增进该社会中不确定的任何成员的机会——但是这种做法却必须以这样一个条件为依凭,即他所能获悉的那些价格只能由市场力量予以决定,而不能通过政府的强制性权力加以决定。因为我们知道,只有那些由自由市场所决定的价格才能够实现供需平衡。当然,自由市场确定的价格所具有的作用还不止于此,因为它们还能够确使社会中所有分散的知识得到考虑并得到使用。

市场竞赛致使那些进行并参与这种竞赛的社群得到了发展和繁荣,因为它增进了这些社群当中所有人的机会。市场竞赛之所以能够使这些社群得到发展和繁荣,实是因为市场对个人提供的服务所做的酬报是以那些在整体上不可能为任何人所知道的客观事实为依凭的,而不是以某个人对他们应当获得的酬报的看法为依凭的。然而值得我们注意的是,它还意味着:第一,尽管技艺和勤奋会增进每个个人的机会,但是它们却不能保证每个个人得到一份确定的收入;第二,尽管这个能够使所有分散的知识都得到运用的非人力过程会通过确立价格信号的方式告知人们应当做什么事情,但是它却不会考虑需求或品行的问题。然而,那些能够增进价格(尤其是服务方面的价格)作用的买卖和生产活动,仍取决于这些价格为人们提供的这样一种信息,即他们在整个的活动模式中能够在何处发现最有效的位置——在这个位置上,他们有可能为总产出做出最大的贡献。据此我们可以说,如果我们把那项酬报规则(亦即那种能够在最大程度上增进社会中不确定的任何成员的机会的酬报规则)视作是正义的,那么我们也就应当把那种由自由市场所决定的酬报视作是正义的酬报。

六

一如前述,由于人类在与自由社会不同的组织社会中生活了特别长的时间,所以这种社会中的某些因素依旧支配着那些指导我们行事的情感。据此我们可以说,上述由自由市场所决定的酬报不可避免地会与那些有助于这种组织社会的相对酬报截然不同。这个问题已经变得越来越重要了,因为从今天的情势来看,价格已经不再被认为是由各种未知的情势决定的,而且许多国家的政府也渐渐地认为由它们来决定价格能够产生许多有益的结果。当政府开始扭曲市场价格信号——它们根本就没有办法判断这些价格信号的适当与否(政府与任何其他人一样,并不拥有所有积淀于价格之中的信息)——以期通过这种方式为那些宣称具有特别资格的群体谋求好处的时候,问题也就不可避免地发生了:不仅在有效使用资源的方面发生了问题,而且更为糟糕的是,人们根据供需平衡关系所能期望展开的那些买卖活动之前景也因此受到了很大程度的侵损。

当我们的酬报是以我们不知道的情势作为间接基础的时候,我们就会在这种情势的驱使下去运用较为相关的信息,这一点可能很难理解,但是我却相信这一点是不容置疑的。因此,套用现代控制论的术语来说,反馈机制使一种自我生成的秩序(a self-generating order)得到了维续。这正是亚当·斯密所洞见到的并被他称之为“看不见的手”(the invisible hand)的运作方式——当然,亚当·斯密的这个说法却被那些毫无理解力的嘲弄者讥讽了近两百年。事实上,正是由于“偶合秩序之竞赛”无视人们有关应得者的观念并且根据人们依凭相同的形式规则在竞赛中所取得的成就对其进行酬报,所以与任何其他设计方案所能企及的结果相比较,“偶合秩序之竞赛”能够对资源做出更为有效的配置。我认为,在人们因竞赛能够改进所有人的前景而进行这种竞赛(当然,这种前景的水平实是我们所知道的任何其他安排有可能为人们提供的那种前景所无法比拟的)的过程中,只要所有的人都遵循相同的规则并且不施以欺诈,那么我们就必须把其间所产生的结果视作是公平的。如果我们接受了从这种竞赛中获得的收益,那么个人或群体再诉诸政府权力以使自己获利的做法,便属于欺诈行为——当然,不论我们在这种市场竞赛以外采取什么行为,哪怕是为那些未能从这种竞赛中获益的人提供一种体面的最低程度的救济,都不属于那种欺诈行为。一如我们所知,市场竞赛的结果部分取决于技艺和特定的个别情势,部分则取决于纯粹的运气。因此,尽管一些论者指出,不同的个人所具有的原初地位——虽说他们的前景因其参与这种市场竞赛而得到了改进——乃是截然不同的,但是这种观点却不能成为他们反对市场竞赛的有效理据。准确地说,我们可以对这种所谓的反对意见做出这样的回应,即市场竞赛的目的之一乃在于尽可能充分地利用不同的个人所拥有的那些必定不同的技艺、知识和环境。父母能够留传给孩子的不尽相同的道德品格、知识天赋和物质财产,实是一个社会能够按照这种方式用以增进社会总资产(亦即个人从中获得各自收益的那种总资产)的最大财富——需要指出的是,在一般情况下,正是为了能够把那些道德的、知识的和物质的财富留传给后人,父母们才会去获取、创造并保有那些财富。

七

据此我们可以说,偶合秩序之竞赛必定会达致这样一种结果,即许多人拥有的财产要比其同胞认为他们所应当拥有的财产多得多。与此同时,有更多的人所拥有的财产要比其同胞认为他们所应当拥有的财产少得多。因此,许多人希望通过诉诸权力机构的某种再分配方案来纠正这种状况,也就不会令人感到惊讶了。但是问题在于:他们认为可以被用来进行分配的总产品之所以存在,完全是**因为**市场乃是在几乎不关注需要或应得者的情况下为各种不同的努力提供酬报的——当然,这样的酬报也是吸引或激励那些掌握着特定信息、物质手段和个人技艺的人在任何时候都能够把它们用于他们能够做出最大贡献的领域所必需的条件。那些倾向于稳稳当当地接受一份确有保障的契约性收入而不愿意去冒险探寻变化莫测的机会的人,与那些有着高收入的人相比较,确实会感到自己处于不利的地位。但是我们知道,那些人之所以获得了高收入,实是因为市场竞赛这个过程对资源所做的持续性再配置所致。

的确,一些成功人士的实际收益颇丰。然而,不论这种成功是应得的还是偶然取得的,这种高收益都是把资源引向它们可以为社会总资产做出最大贡献的领域的一个要件。当然,所有的人都是从这些总资产中获得他们各自份额的。如果个人所取得的上述那种收入不被视作是**正义的**,那么我们也就没有那么多东西可以分享了,因为一如我们所知,正是个人所取得的那种高收入会激励他们对社会总资产做出最大的贡献。因此,即使是极高额的收入,有时候也是正义的。更为重要的是,存在着取得这种高额收入的机会,甚至还可能是那些略少进取心、运气欠佳或智性平平的人取得其赖以为生计的稳定收入的一个必要条件。

尽管很多人都对这种不平等现象感到不满,但是这种不平等却是产生大多数西方人现在享有的相对较高收入的一项基本条件(当然它的作用还远非如此)。一些人似乎认为,降低这种收入的一般水平——至少是减缓这种收入的增长率——对于实施他们所认为的那种更为正义的分配措施来说,并不是一种太高的代价。但是值得我们注意的是,就今天实施这类幻想来说,甚至存在着一个更大的障碍。一如我们所知,偶合秩序之竞赛对正义关注甚少但却极有助于增加产出,因此,正是作为这种竞赛的结果,世界上的人口才得到了如此大幅度的增加。而我们知道,如果大多数人的收入没有得到这么多的增长,那么我们也就根本无法养活如此众多的人口了。再者,只有当我们尽可能充分地运用这种能够激励人们为生产活动做出最大贡献的市场竞赛的时候,人口才会得到进一步的增长。

八

如果说人们一般都意识不到偶合秩序之于他们的意义以及他们的生存对偶合秩序的依赖性有多大,又如果说他们经常会把这种偶合秩序痛斥为一种不正义的东西,那么在我看来,这种情况也是极为正常的。之所以会出现这种情况,实是因为这种偶合秩序根本就不是他们设计的,所以他们也就无法理解它了。一如前述,偶合秩序之竞赛乃是以一种为其他人提供好处的方法为基础的,而在这种竞赛中,如果个人在常规规则的范围内只追求他自己的利益(这种利益未必就意指该词所具有的那种日常含义即“自私的”,但是无论如何却是他自己的利益),那么他的利益就会得到最大程度的实现。

这种秩序所要求的乃是这样一种道德态度,即人们必须根据这种竞赛的规则诚实地展开竞争(只受抽象的价格信号的指导并且绝不能因为他们对那些与其打交道的人的品行或需要所具有的同情或看法而施以偏袒)。当然,这种要求不仅是指向企业人士的,而且也是指向所有那些被莫名其妙地称之为“自营职业者”(self-employed)的人的——如果那些企业人士和“自营职业者”想把最大的好处带给他们的同胞,那么他们就必须不断地选择和变更他们努力的方向。显而易见,如果人们在这种竞赛中雇佣一位办事效率低下的员工而不是一位办事效率很高的员工,同情一位无能的竞争者,或者偏袒其产品的特定使用者,那么这种做法就不仅意味着一种个人的损失,而且也意味着他们未能践履他们对公众所承担的义务。

开放社会或大社会(the Open or Great Society)所要求的那些新的自由道德规范乃是逐渐传播开来的。这些道德规范提出了这样一项首要的要求,即相同的行为规则应当适用于一个人与该社会中所有其他成员的关系——

家庭成员之间的血缘关系除外。就旧有道德规则扩展适用于为数更多的其他人的情势而言,大多数人,尤其是知识分子,一开始都以肯定的方式把它视作是一种道德进步。但是值得我们注意的是,他们在当时显然没有认识到这样一个问题,即把规则平等地适用于一个人与所有其他人的关系,不仅必定意味着那些在此之前无此要求的人现在要承担新的义务了,而且也意味着那些曾经得到某些人承认但却不能被扩展适用于所有其他人的旧有义务不得不随之消亡。后来,当他们发现这个问题的时候,他们便转而坚决反对这种做法了。

在义务扩展适用的过程当中,肯定会伴随着义务内涵的减少;而那些有着极深的道德情感的人所反对的正是这一点。的确,这些必定会被否弃的义务对于小群体的凝聚力来说乃是至关重要的,但却是与一个由自由人组成的大社会的秩序、生产活动及和平不相容合的。此外,这些义务也是人们在今天以"社会正义"之名宣称在道德上有权向政府提出的所有那些要求,即政府必须把它能够通过强力从那些在偶合秩序竞赛中比他们更为成功的人手中取得的东西给予他们。以这样一种人为的方式来改变不尽相同的生产活动方向所具有的相对吸引力,只能起到遏制生产的作用。

如果人们所预期的报酬不再能够为他们提供这样一种信息,即他们把努力投向何处才能够为总资产做出最大的贡献,那么有效运用资源的情形也就变得不可能了。只要社会资产的规模赋予了个人和群体从这种社会资产中谋取一定份额的道德要求,那么那些可以真正被称之为"搭便车者"(free riders)的要求也就变成了阻碍经济发展的一个无法忍受的障碍物。

九

有人告诉我,非洲还存在着这样一些社区,其间,一些渴望采用现代商业方法的年轻有为的人士发现,试图通过现代商业方式来改进他们的境况根本就是不可能的,因为他们所在社区的部落习俗要求他们与他们所有的亲属一起分享他们经由做出较大努力以及他们所拥有的技艺和运气而获得的产品。在这种地方,一个人收入的增长仅仅意味着他必须与日益增多的要求者一起分享他的收入。因此,他的收入永远不可能在实质上超过他所在社区的一般收入水平。

“社会正义”在我们社会中的有害作用主要在于它阻止个人实现他们本可以去实现的东西——因为他们本来可以用作进一步投资的资源或资金被剥夺了。此外,它还意味着把一项极不妥当的原则适用于一种生产力极高的文明。而我们知道,这种文明之所以有如此之高的生产力,实是因为收入是以一种极不平等的方式分配的,从而稀缺资源的使用可以被引向而且也仅限于它们能够带来最大回报的领域。一如我们所知,正是由于这种不平等的收入分配,贫困者在一种竞争性的市场经济中所获得的收人才能够多于他们在一种中央指令经济制度中有可能得到的收入。

所有这些都是强制性的抽象的个人行为规则战胜共同的特定目的而作为社会协调的唯一方法所达致的结果——当然,这种协调方法还只是处于一种不尽完善的状态,但是它的发展却使得开放社会和个人自由这两项目标的实现有了可能。值得注意的是,唯社会论者在今天所意图扭转的正是这种发展趋势。唯社会论者乃是以那些遗传性本能作为支撑的,但是对那些创生了新抱负的新财富水平的维续却需要有一种后天习得的戒律作为支撑:我们当中的一些自称为“被异化者”的未开化者就拒绝接受这种戒律,尽管他们仍旧要求从其他人因遵循这种戒律而产生的财富中得到好处。

十

在我结束本文以前,我还想对人们一定会提出的一种反对意见做出简要的回应,因为这种反对意见乃是以一种广为传播的误解为基础的。我认为:第一,在一种文化选择的过程中,我们所做的要比我们理解的好;第二,我们称之为智性的东西,乃是经由一种试错的过程(a process of trial and error)而与我们的制度同步形成的。但是,我的这个论点肯定会遭到反对,并被贬斥为“社会达尔文主义”(social Darwinism)。然而,把我的论点指责为“社会达尔文主义”实是一种极为低劣的手段,因为这种指责乃是以一种错误的认识为基础的。的确,在19世纪后半叶,一些社会科学家,在达尔文的影响下,过分强调了自由竞争中对最有能力的个人进行自然选择的重要性。我并不想贬低这种自然选择的重要性,但是我必须指出,这并不是我们从竞争性选择当中获得的主要益处。这乃是一种有关文化制度的竞争性选择,而就这种选择的发现而言,我们并不需要达尔文理论的帮助,相反,倒是我们在法律和语言这样的领域中对文化制度竞争性选择这个问题所达致的不断加深的理解给了达尔文生物学理论极大的帮助。我所关注的问题并不是先天特性的遗传进化,而是那种经由学习的文化进化(cultural evolution)*——事实上,文化进化有时候还会与那些原始的自然本能发生冲突。此外,显见

* 所谓“文化进化”(cultural evolution),主要是指社会行为规则的文化进化。我曾经就此问题指出:“行动的有序结构与其所依据的那些规则系统,在哈耶克看来,都是‘人之行动而非人之设计的结果’,然而他同时又强调指出,这些相似性并不能做无限的扩大,因为行动结构的生成依据规则,而规则的文化进化则不然。哈耶克的这一论式向我们揭示了两种不同的‘看不见的手’的进化过程:一种进化方式乃是在一规定的环境中展开的,或者说,这种进化过程的结果乃是在(接下页注)

不争的是，文明的发展所凭靠的并不是那些**被人们认为**最富成效的规则或制度的普遍盛行，而是那些**被证明为**最富成效并且会引领人们达致其认知能力所不能企及之境地的规则或制度的发展——当然，那些规则或制度之所以能够引领人们达致其认知能力所不能企及的境地，实是因为他们并不完全理解那些规则或制度所致。

(接上页注)受到制约的意义上被决定的。这就是作为自发社会秩序的行动结构的进化方式。因此，这一方式的一个特征在于它是在明确可辨的规则基础限制下发生的，而且是一永久循环的过程；而它的另一个特征则在于它是否定性的，它规定了何者不能存在，而不是何者能存在。另一种进化方式乃是在非规定的环境中发生的，或者说，这种进化过程的结果由于不存在规定的条件而在很大程度上是不确定的。这就是作为自发社会秩序的道德、法律以及其他规则系统的进化发展方式。这一方式的特征在于它不遵循任何'进化之法则'。"参见拙著：《自由与秩序》，江西教育出版社 1998 年版，第 31 ~ 32 页。著名经济学家布坎南也指出，哈耶克乃是一个文化进化论者，因为他认为，文化进化业已形成或产生了非本能行为的抽象规则，人们一直依靠这些抽象规则生活，但却并不理解这些规则。这些规则显然反对人的本能倾向，但是人们依据个人理性也无力评价和理解这些规则的作用方式。参见布坎南：《自由、市场与国家》，平新乔等译，上海三联书店 1989 年版，第 115 页；同时又请参见哈耶克：《法律、立法与自由》第三卷"自由社会的政治秩序"跋文第二节"文化进化的过程"，邓正来等译，中国大百科全书出版社 2000 年版，第 500 ~ 503 页；哈耶克：《不幸的观念：社会主义的谬误》，刘戟锋等译，东方出版社 1991 年版，第 24 页；又请参见 V. Vanberg, "Spontaneous Market Order and Social Rules: A Critical Examination of F. A. Hayek's Theory of Culture Evolution," in J. C. Wood and R. N. Woods, ed., *F. A. Hayek: Critical Assessments* (Ⅲ), London and New York: Routledge, 1991, pp. 177 ~ 201。——邓正来按